2023优秀统计课题集粹

浙江省统计局 编

GLAMOUROUS
DATA

数字的魅力

基于统计视野的
浙江经济社会发展研究
（2023）

浙江工商大学 出版社
ZHEJIANG GONGSHANG UNIVERSITY PRESS

·杭州·

图书在版编目(CIP)数据

数字的魅力：基于统计视野的浙江经济社会发展研究. 2023 / 浙江省统计局编. — 杭州：浙江工商大学出版社，2024.10

ISBN 978-7-5178-6010-5

Ⅰ. ①数… Ⅱ. ①浙… Ⅲ. ①区域经济发展－研究－浙江－2023②社会发展－研究－浙江－2023 Ⅳ. ①F127.55

中国国家版本馆 CIP 数据核字(2024)第 083186 号

数字的魅力
——基于统计视野的浙江经济社会发展研究（2023）

SHUZI DE MEILI

——JIYU TONGJI SHIYE DE ZHEJIANG JINGJI SHEHUI FAZHAN YANJIU（2023）

浙江省统计局 编

责任编辑	吴岳婷	
责任校对	李远东	
封面设计	蔡思婕	
责任印制	祝希茜	
出版发行	浙江工商大学出版社	
	（杭州市教工路 198 号　邮政编码 310012）	
	（E-mail：zjgsupress@163.com）	
	（网址：http://www.zjgsupress.com）	
	电话：0571-88904980,88831806(传真)	
排　　版	杭州朝曦图文设计有限公司	
印　　刷	浙江全能工艺美术印刷有限公司	
开　　本	710mm×1000mm　1/16	
印　　张	22.5	
字　　数	333 千	
版印次	2024 年 10 月第 1 版　2024 年 10 月第 1 次印刷	
书　　号	ISBN 978-7-5178-6010-5	
定　　价	78.00 元	

编辑委员会

目　录

"政策工具—创新价值链"双重视域下 新能源汽车产业政策量化评价 与协同优化研究

一、绪论

(一)研究背景和意义

发展新能源汽车产业是目前世界各国解决能源危机和环境污染的重要途径,更是实现碳达峰、碳中和的强有力手段。为加强新能源汽车产业的宏观规划,以确保新能源汽车产业长远的高质量发展,中国各级政府自2009年开始,从供需双侧相继出台了关于新能源汽车推广试点和价格补贴的系列扶持政策,如鼓励充电设施建设、免征购置税、财政补贴及免费专用牌照等,并发布《新能源汽车产业发展规划(2021—2035年)》,提出到2025年新能源汽车新车销量要达到汽车新车销量总量的20%左右,2021年起国家生态文明试验区、大气污染防治重点区域公共领域新增或更新用车要全部使用新能源汽车。在国家战略规划和一系列扶持政策的驱动下,新能源汽车产销量快速增长,产业发展进入快车道。但与传统燃油车相比,由于存在着销售价格偏高、充电配套设施不完善和技术成熟度偏低等问题,消费者对新能源汽车的接受度不高,扶持政策实施的实际成果与预期目标仍有较大差距。

同时,新能源汽车产业作为创新驱动下的战略性新兴产业,其创新价值链代表着新能源汽车从技术创新源的获得到把创新源转化为新产品,并最终实现产品推广与企业价值增值的过程,各个环节环环相扣、连续递进,整个创新价值链均离不开政策的有力保障。首先,政策对创新价值链各环节的推动可以作为新兴产业成长的阶段性政策目标;其次,创新价值链的环节划分是对新能源汽车产业成长过程的一个分解,这有助于细致探讨不同类型的扶持政策如何助推新能源汽车产业阶段性成长。从宏观层面来看,中国政府近年来从供需双侧出台了一系列新能源汽车产业"补贴型"和"非补贴型"政策以引导新能源汽车产业进行研发创新、技术推广并将创新成果转化为商业价值,同时推动消费者提升对新能源汽车的市场需求,这些政策有效地促进了新能源汽车产业规模的迅速扩张,但是产业政策对于研发创新及技术推广等环节的激励效应一直不乏争议。从微观层面来看,由于新兴产业政策在实施过程中常常面临"逆向选择"和"道德风险"问题,部分新能源车企为了套取政策利益,一味追求创新数量而忽略创新质量,甚至出现恶性"骗补"等现象,显然有悖于新能源汽车产业政策的意图。因此,科学评价新能源汽车产业供需双侧的政策工具,以创新价值链的视角对新能源汽车产业政策效应进行整体把握与正确判断,进而优化政策工具选择以保证政策实施的前瞻性、连续性和实效性,对于推动新能源汽车产业的可持续高质量发展和全社会的节能减排具有重要的现实意义。

(二)理论基础

1.政策工具分类理论

政策工具的分类有助于解释政策工具的性质,可为合理选择和使用政策工具提供参考。政策工具分类法中最为经典的为 Rothwell & Zegveld (1991)提出的政策工具分类模式,他们提出将技术创新和政策工具相结合,将政策工具主要划分为供给面政策、环境面政策和需求面政策三大类。依此,本文将新能源汽车产业政策划分为供给型、需求型与环境型三大类,考察扶持政策对新能源汽车产业发展的供求效应。其中,供给型主要考察扶持政策对产业生产者(例如整车或关键零部件生产企业)行为的影响;需求型重点考察产业扶持政策对新能源汽车消费者行为的影响,即新能源汽车在消费市场的表现;环境型考察政府制定的相关措施是否对行业进行了规范引导,营造了良好的产业运营环境,从而间接地推动新能源汽车产业的发展。具体如图1所示:

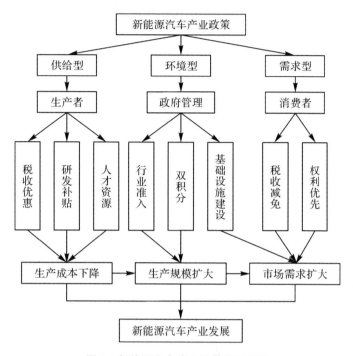

图1　新能源汽车产业政策作用机制

图1展示了新能源汽车产业政策对于产业发展的作用机制。首先,在供给侧,为激励企业进行新能源汽车的研发制造,相关政策分别通过所得税优惠、技术创新奖励与人才资源供给等措施为企业生产提供支持,降低生产成本。其次,为了形成良好的行业准入、管理与运营机制,政府在环境端对新能源汽车产业进行了规范引导,同时为新能源汽车营造了便利的使用环境,促进新能源汽车的大规模生产与推广。最后,需求侧政策主要从税收减免与权利优先等方面降低消费者购车成本,进而扩大市场需求。

2.创新价值链理论

创新价值链是指从创新的产生到创新成果转化,并最终实现产业价值增值的过程。它是一个环环相扣、连续递进的价值创造过程(任志成,

2013）。新能源汽车产业作为国家战略性新兴产业,其产业发展同样需要经过创新的产生、转化与应用等完整过程。如图 2 所示,首先创新的产生环节表现为新能源汽车相关技术的研发,它代表了产业技术从无到有的过程,创新的创造价值主体为各研发机构与研发型企业;其次,创新的转化环节主要包括新能源汽车企业成立、运营与产品生产等部分,这一过程将创新技术转化为具有价值的商品;最后,创新的应用环节主要表现为新能源汽车产品的推广与使用两个方面,以新能源汽车市场为主要载体,这一过程实现了创新成果最终服务于社会,创新的应用环节创造价值的主体为消费者与新能源汽车应用单位或集体。

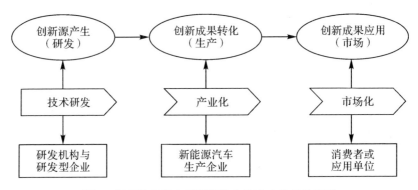

图 2　创新价值链在新能源汽车产业中的具体表现

　　基于上文的分析,新能源汽车产业创新价值链可分解为"技术研发—产业化—市场化"三个环节,其中,技术研发环节代表创新的产生,价值创造主体为研发机构或研发型企业;产业化环节代表创新成果的转化,价值创造主体为新能源汽车生产企业;市场化环节则代表创新成果的推广应用,价值创造主体为消费者或应用单位。

二、"政策工具—创新价值链"政策质量与效能评价

　　政策质量是指政策设计的协调性与合理性。协调性指同一政策工具中的政策条款之间是否存在政策冗余、冲突或不一致,合理性则指政策目标能

否服务和推动产业经济系统的高效运行。政策效能指对政策设计达到预期结果程度的估计及政策对产业发展影响的程度,政策效能很大程度上体现了政策顶层设计是否能被执行者完全领会并付诸有效行动。基于此,本研究构建了"政策工具-创新价值链"二维视域框架,探究新能源汽车创新价值链各环节的政策质量与效能。

(一)"政策工具—创新价值链"二维框架构建

依据创新价值链与政策工具相关理论基础,构建"政策工具-创新价值链"分析框架(见图3),对新能源汽车产业创新价值链政策质量进行评价。

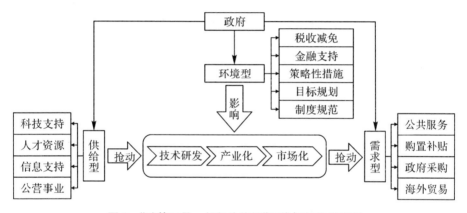

图3 "政策工具—创新价值链"二维框架作用机制

如图3所示,供给型政策工具从资源供给(科技支持、人才资源、信息支持、公营事业)角度为新能源汽车产业创新价值链发展提供推动力;环境型政策工具旨在通过为产业提供良好的成长环境(税收减免、金融支持、目标规划、策略性措施、制度规范),对创新价值链产生影响;需求型政策工具则以扩大新能源汽车技术、产品的市场需求为手段(公共服务、购置补贴、政府采购、海外贸易),拉动产业创新价值链发展。考虑到一项政策所包含的内容可能涉及多个政策工具类型或创新价值链环节,需要对各项政策文本进行条款划分,并对各维度的政策条款分布情况进行分析,从政策合理性与协调性角度出发对我国新能源汽车产业政策设计质量进行评价。

(二)政策文本选取与预处理

1.政策文本选取

从各政府部门网站与北大法律信息网获取政策文本,剔除准入名单、处罚条令等无效文件后共获取新能源汽车产业政策 130 项,列示见表 1。

表 1 政策文件列表(部分)

编号	政策名称	发布时间	发文字号
1	"863"计划电动汽车重大专项	2001 年 9 月	—
2	汽车产业发展政策	2004 年 5 月	国家发改委令 2004 年第 8 号
3	国家中长期科学和技术发展规划纲要(2006—2020 年)	2005 年 12 月	国发〔2005〕44 号
4	国家发展改革委关于汽车工业结构调整意见的通知	2006 年 12 月	发改工业〔2006〕2882 号
5	新能源汽车生产准入管理规则	2007 年 10 月	国家发改委公告 2007 年第 72 号
6	关于开展节能与新能源汽车示范推广试点工作的通知	2009 年 1 月	财建〔2009〕6 号
...	...	...	...
129	工业和信息化部办公厅、国家市场监督管理总局办公厅关于做好锂离子电池产业链供应链协同稳定发展工作的通知	2022 年 11 月	工信厅联电子函〔2022〕298 号
130	工业和信息化部、国家发展改革委、国务院国资委关于巩固回升向好趋势加力振作工业经济的通知	2022 年 11 月	工信部联运行〔2022〕160 号

2.政策条款划分与编码

将新能源汽车产业政策对应的政策条款作为基本分析单元,按照"政策编码-章节-条款"进行编码,最终共得到 990 条政策条款及其编码,部分条款编码示例如表 2 所示:

表2 政策条款编码(部分)

政策编号	条款内容	条款编码
2	国家引导和鼓励发展节能环保型小排量汽车。汽车产业要结合国家能源结构调整战略……	2-3-2
2	国家支持研究开发醇燃料、天然气、混合燃料、氢燃料等新型车用燃料,鼓励汽车生产企业开发生产新型燃料汽车。	2-3-3
3	开发低能耗与新能源汽车,重点研究开发混合动力汽车,替代燃料汽车和燃料电池汽车……	3-1-6
…	…	…
130	加强产业政策与金融政策协同,发挥产融合作平台作用,综合运用信贷、债券、基金、保险、专项再贷款等各类金融工具,促进集成电路、新能源汽车、生物技术、高端装备、绿色环保等重点产业创新发展。	130-6-2

注:政策1无明确的政策性文件,故相关条款从政策2计起。

(三)"政策工具—创新价值链"政策质量分析

1.政策条款分布

对编码的政策条款进行分类识别,汇总"政策工具—创新价值链"二维框架下政策条款分布数量与比例情况,如表3所示。

表3 "政策工具—创新价值链"框架政策条款分布 单位:条

政策工具		技术研发	产业化	市场化	总计
供给型	公营事业	1	5	33	39 (3.94%)
	科技支持	91	1	0	92 (9.29%)
	人才资源	6	1	7	14 (1.41%)
	信息支持	14	30	33	77 (7.78%)
	小计	112 (11.31%)	37 (3.74%)	73 (7.37%)	222 (22.42%)

政策工具		技术研发	产业化	市场化	总计
环境型	策略性措施	8	44	91	143 (14.44%)
	金融支持	5	5	39	49 (4.95%)
	目标规划	6	21	20	47 (4.75%)
	税收减免	0	1	32	33 (3.33%)
	制度规范	20	200	131	351 (35.45%)
	小计	39 (3.94%)	271 (27.37%)	313 (31.62%)	623 (62.93%)
需求型	公共服务	1	4	53	58 (5.86%)
	购置补贴	1	5	43	49 (4.95%)
	海外贸易	2	15	4	21 (2.12%)
	政府采购	2	4	11	17 (1.72%)
	小计	6 (0.61%)	28 (2.83%)	111 (11.21%)	145 (14.65%)
合计		157 (15.86%)	336 (33.94%)	497 (50.20%)	990 (100.00%)

由表 3 可知，我国当前新能源汽车产业政策应用以环境型工具作为主要手段，其占比达到 62.93%。其次为供给型工具，政策条款数量占比为 22.42%。而需求型工具最为缺乏，占比仅为 14.65%。

环境型工具方面，产业相关制度规范占比最高，达 35.45%。其次为策略性措施，条款数量占比为 14.44%，说明国家在致力于完善产业规范的基础上，为促进产业发展，推出了大量实质性举措。金融支持、目标规划与税收减免等政策条款分布则相对较为均匀,分别占比 4.95%、4.75% 与 3.33%,这也表明国家对新能源汽车产业内相关企业在金融、税收等方面的支持力度相对较弱。

供给型工具在政策体系中占比为 22.42%,排名第二。其中,政府对于科技支持与信息支持等方面较为重视,政策占比分别达到 9.29% 与 7.78%,但对于人才资源的支持力度却严重不足,政策占比仅为 1.41%。此外,公营事业占比 3.94%。

需求型工具占比最低,仅为 14.65%。其中,公共服务与购置补贴占比较高,分别为 5.86% 与 4.95%。然而,当前的产业政策体系对于新能源汽车的海外贸易与政府采购方面支持力度明显不足,占比仅为 2.12% 与 1.72%。

2."政策工具—创新价值链"二维视角政策质量分析

绘制政策质量分析框架下创新价值链各维度的政策条款占比情况图,如图 4 所示。

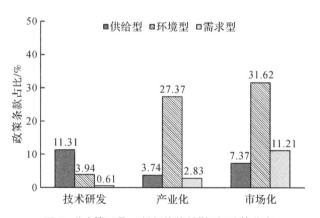

图 4 "政策工具—创新价值链"框架政策分布

首先,供给型政策工具对创新价值链的支持力度主要分布在技术研发与市场化的头尾环节,政策条款占比分别为 11.31% 与 7.37%,技术研发环节主要集中为科技支持,而市场化环节主要表现在信息支持与公营事业两方面。相比之下,对产业化环节的支持力度较为薄弱,政策占比仅为 3.74%,结合表 3 可以发现,造成供给型工具对创新价值链的支持力度分布不均的主要因素为人才资源政策工具分布较少。

环境型政策工具对创新价值链的支持主要体现在产业化与市场化两个环节,占比分别为27.37%与31.62%。其中,制度规范与策略性措施成为主要影响因素。结合表3可知,制度规范工具方面,当前政策体系在着力对新能源汽车产业进行大力度规范化的同时,也对新能源汽车产品推广应用过程的规范性进行了严格的监管,然而技术研发环节的相关制度规范却明显不足。策略性措施工具对创新价值链的支持力度主要集中在市场化环节,充分体现了国家对新能源汽车推广使用过程实质性推进的侧重。除了制度规范与策略性措施以外,环境型政策中的各项政策工具均表现出对技术研发环节支持力度较为薄弱的特点。

需求型政策工具对创新价值链的支持主要集中在市场化方面。由表3可知,当前国家主要通过公共服务与购置补贴两项措施来促进新能源汽车的推广应用,拉动产业发展。而"需求型—产业化"与"需求型—技术研发"类别的政策支持力度依然薄弱。需求型政策工具侧重于通过拉动市场需求来促进产业发展,"需求型—产业化"维度政策占比较低。相比之下,"需求型—技术研发"维度政策支持力度不足的问题更需要引起关注。

(四)创新价值链政策效能评价

1.政策效能评价指标体系建立

借鉴彭纪生(2008)、李新娥(2020)、王进富(2019)等的评价方法,从政策力度、政策目标明确性、政策措施具体性、政策时效性及政策作用范围五个角度构建新能源汽车产业政策评价指标体系,如表4至表8所示。

表4 政策力度评分标准

政策力度得分	量化评分标准
5	全国人大常委会颁布的法律
4	国务院颁布的条例及各部委部令
3	国务院颁布的暂行条例及各部委的决定、条例、规划、规定

续　表

政策力度得分	量化评分标准
2	各部委意见、办法、方案与通知
1	其他

表5　政策目标明确性评分标准

目标明确性得分	量化评分标准
5	"必须""明确""严格""按照"等严格性表述
4	"不低于""超过""达到"等明确性表述
3	"充分利用""加强""加快"等一般性表述
2	"在……前提下,亦可""完善"等建议性表述
1	"可根据""可按照"等自愿性表述

表6　政策措施具体性评分标准

措施具体性得分	量化评分标准
5	提出详细的执行方式,并给出详细的控制标准
4	提出详细的执行方式,并给出简要的控制标准
3	提出详细的执行方式,未给出控制标准
2	提出简要的执行方式,未给出控制标准
1	有描述性或宏观内容,未提出执行措施

表7　政策时效性评分标准

政策时效性得分	量化评分标准
5	长期:5年以上
3	中期:3—5年
1	短期:1—2年

表8　政策作用范围评分标准

作用范围得分	量化评分标准
5	国家

续　表

作用范围得分	量化评分标准
3	省、市
1	区、县及以下

2. PMC 指数模型构建

运用 PMC 指数模型不仅能分析单项政策的内部一致性,还能多维度量化评价政策的效能优劣,其模型构建大致包括变量分类与参数识别、指标值计算、PMC 指数计算及 PMC 指数可视化几个步骤。

(1)变量分类与参数类别。基于上文分析,选取政策力度、政策目标明确性、政策措施具体性、政策时效性与政策作用范围等指标作为评价指标。具体如表 9 所示:

表 9　政策作用范围评分标准

变量	变量代码	取值范围
政策力度	P	[1,5]
政策目标明确性	D	[1,5]
政策措施具体性	M	[1,5]
政策时效性	T	[1,5]
政策作用范围	R	[1,5]

(2)指标值计算。设"政策工具－创新价值链"框架维度数为 n,第 i 维度共包含 m 项政策条款,则第 i 维度下政策力度效能的计算方法为:

$$P_i = \frac{1}{m}\sum_{j=1}^{m} P_{ij}, i=1,2,\cdots,n, j=1,2,\cdots,m \tag{1}$$

同理,政策目标明确性效能的计算方法为:

$$D_i = \frac{1}{m}\sum_{j=1}^{m} D_{ij}, i=1,2,\cdots,n, j=1,2,\cdots,m \tag{2}$$

政策措施具体性效能的计算方法为:

$$M_i = \frac{1}{m}\sum_{j=1}^{m} M_{ij}, i=1,2,\cdots,n, j=1,2,\cdots,m \tag{3}$$

政策时效性效能的计算方法为：

$$T_i = \frac{1}{m}\sum_{j=1}^{m}T_{ij}, i=1,2,\cdots,n, j=1,2,\cdots,m \tag{4}$$

政策作用范围效能的计算方法为：

$$R_i = \frac{1}{m}\sum_{j=1}^{m}R_{ij}, i=1,2,\cdots,n, j=1,2,\cdots,m \tag{5}$$

（3）PMC指数计算。PMC指数模型要求各变量权重相当，故本项目PMC指数计算方式如式（6）所示：

$$PMC_i = \frac{P_i(D_i+M_i+T_i+R_i)}{10} = \frac{\sum_{j=1}^{m}P_{ij}\sum_{j=1}^{m}(D_{ij}+M_{ij}+T_{ij}+R_{ij})}{10m^2}$$

$$\tag{6}$$

其中，$PMC_i \in [0.4,10]$。借鉴张永安（2017）、丁潇君（2019）等学者对产业政策的等级划分法，依据PMC指数对政策进行级别划分，具体如表10所示：

表10　政策等级划分

PMC指数	10~9	8.99~7	6.99~5	4.99~3	2.99~0
评价	完美	优秀	良好	可接受	不良

（4）PMC指数可视化。PMC曲面图是对PMC指数的可视化处理，将各指标值绘制出曲面图形，可使模型结果更为直观。

3.创新价值链政策效能评价

以前文所划分的政策条款为基本单元，结合量化评分标准对政策力度、政策目标明确性、政策措施具体性、政策时效性与政策作用范围等指标进行量化评分，并计算"政策工具—创新价值链"政策分析框架下各维度的PMC指数，具体结果如表11与图5所示。

表 11　PMC 指数模型结果

创新 价值链	政策 工具	政策 力度	政策目标 明确性	政策措施 具体性	政策 时效性	政策 作用范围	PMC
技术 研发	供给型	1.91	3.31	2.91	3.70	4.73	2.79
	环境型	2.00	2.90	2.79	3.92	4.85	2.86
	需求型	1.67	2.50	2.67	4.00	4.67	2.28
	小计	1.92	3.18	2.87	3.76	4.76	2.79
产业化	供给型	2.57	3.95	3.68	2.84	4.89	3.97
	环境型	2.95	4.10	3.54	2.90	4.82	4.57
	需求型	2.00	3.64	3.21	2.14	4.86	2.78
	小计	2.83	4.04	3.53	2.83	4.83	4.35
市场化	供给型	2.11	3.78	3.47	2.59	4.40	3.02
	环境型	2.20	3.76	3.41	2.74	4.51	3.18
	需求型	2.07	4.13	3.48	2.77	3.95	2.98
	小计	2.16	3.85	3.44	2.72	4.37	3.11
总计		2.35	3.81	3.38	2.92	4.59	3.48

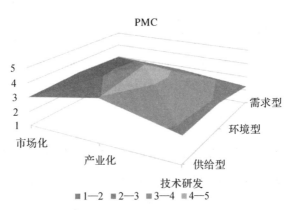

图 5　"政策工具—创新价值链"框架 PMC 曲面

　　由表 11 可以发现,当前新能源汽车产业政策 PMC 总指数仅为 3.48,
政策效能仅处于可接受范围内。从政策效能各指标来看,造成该情况的主
要原因是政策力度与政策时效性两项指标得分较低,其中,政策力度得分仅
为 2.35,可见当前新能源汽车产业政策体系对产业发展的干预程度较低,

政府主要通过扶持手段引导产业自主发展;而政策时效性得分为 2.92,表明当前产业政策主要实施周期需要适当调整。

从创新价值链角度来看,产业化环节政策效能最高,PMC 总指数达到 4.35,结合图 5 可知,产业化环节中,环境型政策工具的 PMC 指数达到 4.57,说明当前政策体系主要着力于营造产业化发展环境,推进产业规范化与标准化;而技术研发环节 PMC 指数仅为 2.79,在创新价值链各环节中效能最低,这也是造成政策体系整体效能不足的主要原因。图 5 显示技术研发环节各项政策工具 PMC 指数均不足 3,结合前文政策质量分析可知,技术研发环节政策条款数量在创新价值链中占比同样最低。当前政策体系在新能源汽车产业技术研发方面存在严重不足,不仅在政策数量上有所欠缺,政策效能也明显薄弱,亟须加强对技术研发环节的关注与支持,突破技术创新水平不足对产业发展的制约。

三、新能源汽车产业创新价值链政策效应测度

为探究政策实施成效是否能够达到预期,构建 PSM-DID 模型对新能源汽车产业创新价值链各环节的政策效应进行测度。

(一)模型原理与模型设计

DID 模型通过计算受到政策冲击的实验组与未受到政策冲击的对照组的平均变化的差异来测度政策效应。2009 年起我国正式开展新能源汽车示范推广试点工作,提出"十城千辆"计划,选择部分大中城市成为首批推广示范试点,因此本文选取入选"十城千辆"计划的 25 个试点城市作为样本进行分析。全国新能源汽车推广是分时点、分地区逐步推进的,因此构建多时点 DID 模型,将 2007 年至 2020 年之间受到政策冲击的城市作为实验组,未受到政策冲击的城市作为对照组,基于全样本构建如下的多时点 DID 模型:

$$Y_{it} = \alpha_0 + \alpha_1 treat_i + \alpha_2 P_t + \alpha_3 treat_i \cdot P_t + \gamma'_i Cons_i + \varepsilon_{it} \qquad (7)$$

其中,被解释变量 Y_{it} 是个体 i 在第 t 期的被解释变量值。核心解释变量包括政策虚拟变量 $treat_i$、时间虚拟变量 P_t、政策虚拟变量和时间虚拟变量的交互项 $treat_i \cdot P_t$,交互项估计系数 $\hat{\alpha}_3$ 则为政策实施所带来的净效应测度。$\gamma'_i Cons_i$ 为协变量部分。

(二)变量选取与数据处理

1. 变量选取

基于新能源产业特征与相关研究,分别对供给面、环境面、需求面政策以及创新价值链各环节发展水平衡量指标进行识别定义,相关变量及说明如表 12。

表 12　主要变量及说明

变量类型	变量名称	变量代码	变量定义及计算方法
被解释变量	研发水平	$\ln patent$	地区新能源汽车企业专利数量取对数
	产业化水平	$\ln enterprise$	地区新能源汽车企业数量取对数
	市场化水平	$\ln charge$	地区新能源汽车充电桩保有量取对数
解释变量	供给面政策	$treat_1$	若该城市实施了供给面政策,则 $treat_1$ 赋值为 1,否则为 0
	环境面政策	$treat_2$	若该城市实施了环境面政策,则 $treat_2$ 赋值为 1,否则为 0
	需求面政策	$treat_3$	若该城市实施了需求面政策,则 $treat_3$ 赋值为 1,否则为 0
	时间虚拟变量	$post$	政策实施前取 0,政策实施后取 1
	交互项	did	政策虚拟变量×时间虚拟变量
协变量	经济发展水平	$gdprate$	地区生产总值增长率
	政府规模	gov	地方政府一般预算支出/地区生产总值
	工业化水平	$industry$	第二产业产值/生产总值
	劳动力成本	$\ln salary$	职工平均工资(元)取对数
	劳动力结构	$labor$	第二产业从业人员比重

续　表

变量类型	变量名称	变量代码	变量定义及计算方法
协变量	教育水平	$lnedu$	每万人中在校大学生人数(人)取对数
	交通便利程度	$lntraffic$	人均道路面积(平方米)取对数

2. 数据获取与预处理

数据收集过程中,发现呼和浩特市数据缺失较为严重,故作剔除处理;此外,长沙相关指标的记录较少,且 2009 年起湖南省实行长株潭新能源汽车区域共同发展政策,相关指标均以长株潭城市群(长沙、株洲、湘潭三市)作为整体进行记录,因此涉及长沙市相关变量均以长株潭城市群相关指标进行代替。通过收集整理,最终获得 2007—2020 年 24 个城市面板数据共计 336 条记录,各变量描述性统计如表 13 所示。

表 13　主要变量描述性统计

变量名称	变量代码	Mean	Std	Min	Max
研发水平	$lnpatent$	4.514	2.237	0.000	8.960
产业化水平	$lnenterprise$	1.102	1.107	0.000	4.043
市场化水平	$lncharge$	5.569	3.604	0.000	12.840
经济发展水平	$gdprate$	0.099	0.041	−0.050	0.270
政府规模	gov	0.144	0.050	0.070	0.350
工业化水平	$industry$	0.427	0.100	0.150	0.620
劳动力成本	$lnsalary$	10.960	0.469	9.533	12.130
劳动力结构	$labor$	0.474	0.132	0.148	0.833
教育水平	$lnedu$	6.137	0.762	2.968	7.484
交通便利程度	$lntraffic$	2.587	0.441	0.924	3.668

(三)创新价值链政策效应分析

1. 倾向得分匹配(PSM)效果分析

以政策虚拟变量为被解释变量、各协变量为解释变量构建 Logit 模型

计算倾向得分,估计结果如表 14 所示:

表 14　Logit 模型结果

变量名称	代码	系数	标准差	T 值	P 值
经济发展水平	$gdprate$	14.763**	4.864	3.040	0.002
政府规模	gov	1.526	2.755	0.550	0.580
工业化水平	$industry$	−2.995	2.122	−1.410	0.158
劳动力成本	$\ln salary$	1.962***	0.524	3.740	0.000
劳动力结构	$labor$	1.361	1.516	0.900	0.369
教育水平	$\ln edu$	−0.568**	0.168	−3.380	0.001
交通便利程度	$\ln traffic$	−0.194	0.327	−0.590	0.554
常数项	$\_cons$	−18.546***	5.906	−3.140	0.002

注:***$p<0.01$,**$p<0.05$,*$p<0.1$。

由表 14 可知,经济发展水平、劳动力成本估计系数在 0.01 水平下显著,而教育水平在 0.05 水平下显著,表明这些变量是影响政策选择的重要因素。采用核匹配构建 PSM 模型,匹配前后实验组与对照组的核密度曲线如图 6 所示。匹配前,实验组与对照组的核密度曲线差异较大,而经过 PSM 模型匹配后,两个组的核密度函数曲线差异明显减小,这表明 PSM 模型能够有效减小模型的选择性偏误。

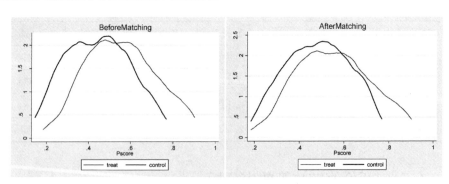

图 6　匹配前后核密度曲线变化情况

2. 双重差分(DID)估计结果分析

构建 DID 模型分别研究供给面、环境面、需求面三类政策对新能源汽车产业创新价值链各环节的政策效应,结果报告于表 15 至表 17 中。

表 15 前两列报告了以研发水平为被解释变量的 DID 估计结果。结果表明,加入控制变量前后交互项系数估计值均显著为正,表明实施供给面政策可以显著提高研发水平,在供给面政策的激励下,有利于技术创新。此外,加入控制变量前后交叉项系数变化不大,进一步验证了采用 PSM 模型后,政策变量不受控制变量影响。观察其余控制变量可以发现,经济发展水平、政府规模、工业化水平、教育水平、劳动力成本、交通便利程度对新能源汽车研发水平产生显著正向影响。将产业化水平作为被解释变量,再进行 DID 分析,得到结果展示于模型 3、模型 4。结果表明,加入控制变量前后交互项系数估计结果在 1% 置信水平下显著为正,说明实施供给面政策能够显著提高新能源汽车产业化水平。模型 5、模型 6 表明供给面政策对新能源汽车市场化水平未产生显著性影响,这可能由于供给面政策重点在于技术开发,暂未对市场化水平产生正向效应。

表 15 供给面政策 DID 模型估计结果

供给面政策	研发水平		产业化水平		市场化水平	
	模型 1	模型 2	模型 3	模型 4	模型 5	模型 6
交互项	2.533*** (3.34)	1.966*** (2.82)	1.290*** (3.96)	0.732*** (3.00)	1.877 (−0.73)	1.115 (−0.18)
经济发展水平		20.324*** (3.97)		7.650*** (4.27)		2.320 (0.48)
政府规模		10.094*** (3.48)		3.532*** (3.48)		7.513*** (2.76)
工业化水平		2.927 (1.36)		−0.083 (−0.11)		4.812** (2.39)
劳动力成本		3.343*** (5.00)		2.233*** (9.54)		7.796*** (12.43)

续　表

供给面政策	研发水平		产业化水平		市场化水平	
	模型 1	模型 2	模型 3	模型 4	模型 5	模型 6
劳动力结构		4.280***(2.80)		1.200**(2.25)		0.481(0.34)
教育水平		0.431**(2.46)		0.179***(2.92)		0.361**(2.20)
交通便利程度		1.367***(−4.15)		0.347***(−3.01)		0.360(−1.17)
常数项	3.725***(23.34)	−38.530***(−4.98)	0.691***(10.06)	−25.590***(−9.45)	4.737***(20.70)	−84.9***(−11.70)
R-squared	0.172	0.351	0.181	0.575	0.175	0.723
F-test	24.988	14.029	26.531	35.018	25.376	67.539

注：***$p<0.01$，**$p<0.05$，*$p<0.1$。

环境面政策对新能源汽车研发水平、产业化水平、市场化水平的影响结果如表 16 所示。估计结果表明，加入控制变量前后交互项系数均显著为正，即环境面政策显著提高了新能源汽车创新价值链各环节的发展水平。其中模型 11 的交互项系数最大，说明环境面政策更加有力地提升了新能源汽车产业的市场化水平。模型 8、10、12 中，观察控制变量，可发现政府规模的系数全部显著为正，表明政府在新能源汽车产业发展中发挥重要作用，政府财政支付能力的提高有助于推动地区新能源汽车产业发展。教育水平系数全部显著为正，表明地区教育水平越高，新能源汽车发展水平越高。交通便利程度系数全部显著为正，表明交通便利能促进新能源企业快速发展。环境面政策全面实施后带来的减税红利及相关法规政策，有利于企业降低成本，从而促进新能源汽车产业的发展。

表 16　环境面政策 DID 模型估计结果

环境面政策	研发水平		产业化水平		市场化水平	
	模型 7	模型 8	模型 9	模型 10	模型 11	模型 12
交互项	1.434*** (5.15)	1.107*** (3.70)	0.623*** (5.64)	0.187* (1.79)	2.845*** (7.94)	0.855*** (2.99)
经济发展水平		23.924*** (4.12)		8.038*** (3.97)		6.720 (1.21)
政府规模		9.144*** (2.96)		3.329*** (3.09)		7.521** (2.55)
工业化水平		2.686 (1.13)		−0.890 (−1.07)		4.923** (2.17)
劳动力成本		3.377*** (4.11)		2.143*** (7.48)		7.697*** (9.80)
劳动力结构		1.552*** (−3.9)		0.420*** (−3.03)		0.099 (−0.26)
教育水平		0.412** (2.02)		0.171** (2.4)		0.340* (1.74)
交通便利程度		3.377*** (4.11)		2.143*** (7.48)		7.697*** (9.8)
常数项	3.562*** (19.31)	−39.130*** (−4.11)	0.596*** (8.14)	−24.580*** (−7.42)	4.118*** (17.35)	−84.63*** (−9.31)
R-squared	0.116	0.307	0.136	0.478	0.237	0.670
F-test	26.527	10.840	31.821	22.445	63.108	49.777

注：***$p<0.01$，**$p<0.05$，*$p<0.1$。

表 17 显示了需求面政策对新能源汽车创新价值链各环节发展水平的影响。回归结果显示各系数均通过了显著性检验，表明需求面政策对新能源汽车的研发水平、产业化水平、市场化水平均产生了正向显著影响，但政策效应存在一定差异，其中研发水平的政策效应最明显，产业化和市场化的政策效应较不明显，这可能是由于需求面政策较少、执行不充分。模型 14、16、18 中加入控制变量，交互项系数的数值虽然在一定程度上减小但仍显著为正，控制变量模型中政府规模、劳动力成本系数均显著为正，表明其对

新能源汽车产业创新价值链各环节发展水平产生了显著正向影响。

表 17　需求面政策 DID 模型估计结果

需求面政策	研发水平		产业化水平		市场化水平	
	模型 13	模型 14	模型 15	模型 16	模型 17	模型 18
交互项	3.588*** (7.87)	1.668*** (4.68)	0.640*** (4.12)	0.224* (1.68)	0.796** (2.10)	0.741* (1.93)
经济发展水平		3.578 (0.72)		9.199*** (4.94)		23.676*** (4.41)
政府规模		9.145*** (3.11)		4.161*** (3.78)		10.958*** (3.46)
工业化水平		4.446** (2.04)		−0.605 (−0.74)		2.096 (0.89)
劳动力成本		6.817*** (9.25)		2.195*** (7.96)		3.187*** (4.01)
劳动力结构		−0.471 (−0.31)		1.491*** (2.65)		4.559*** (2.81)
教育水平		0.254 (1.36)		0.148** (2.13)		0.306 (1.53)
交通便利程度		−0.079 (−0.24)		−0.390*** (−3.19)		−1.290*** (−3.65)
常数项	3.788*** (16.50)	−74.558*** (−8.67)	0.541*** (6.91)	−25.08*** (−7.80)	3.655*** (19.14)	−36.560*** (−3.94)
R-squared	0.319	0.686	0.155	0.530	0.127	0.322
F-test	48.784	48.706	19.104	25.232	15.082	10.591

注：***$p<0.01$，**$p<0.05$，*$p<0.1$。

（四）稳健性检验

PSM 模型要求匹配后的实验组与对照组样本满足共同支撑假设及平衡性假设。以共同支撑检验、平衡性检验组成 PSM-DID 模型稳健性检验过程。

1.共同支撑检验

共同支撑假设要求实验组与对照组的倾向得分处于共同支撑域内,即尽可能满足实验组与对照组样本倾向得分共同取值区间一致。采用PSM模型应用领域最常用的核匹配法进行倾向得分匹配,对匹配结果进行共同支撑检验,结果如图7所示。

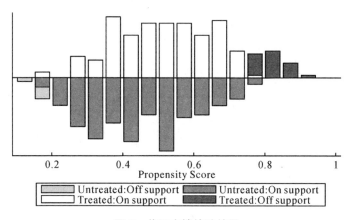

图7　共同支撑检验结果

图7表明,经过PSM处理后,多数样本的倾向得分处于共同取值范围内,仅有少数样本未满足假设而被剔除。这表明匹配后样本通过了共同支撑检验,共同支撑假设得到满足。

2.平衡性检验

平衡性假设是PSM-DID模型需要满足的第二个假设,平衡性检验为检验匹配后实验组和对照组的各变量是否变得平衡,控制变量的均值在匹配后是否具有显著差异。如果不存在显著差异,则表明使用PSM-DID方法是合理的,表18展示了平衡性检验的结果。

表 18　平衡性检验结果

变量	是否匹配 U:匹配前 M:匹配后	均值		标准化偏差	T 检验	
		实验组	对照组	%bias	t 值	P 值
gdprate	U	0.076	0.122	−138.900	−12.460	0.000
	M	0.087	0.09	−9.900	−0.800	0.424
gov	U	0.154	0.125	66.300	5.940	0.000
	M	0.148	0.147	3.400	0.220	0.824
industry	U	0.409	0.446	−36.900	−3.320	0.001
	M	0.432	0.419	12.800	0.830	0.406
lnsalary	U	11.251	10.64	170.700	15.320	0.000
	M	11.077	11.096	−5.200	−0.460	0.643
labor	U	0.475	0.473	1.400	0.130	0.000
	M	0.491	0.468	16.800	1.100	0.900
lnedu	U	6.172	6.104	8.700	0.780	0.273
	M	6.122	6.202	−10.300	−0.780	0.434
lntraffic	U	2.586	2.589	−0.800	−0.070	0.435
	M	2.668	2.621	10.600	0.780	0.944

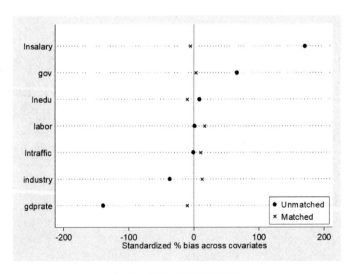

图 8　标准化偏差变化图

表18表明匹配前经济发展水平、政府规模、工业化水平、劳动力成本等变量均存在显著差异；匹配后，各变量之间差异明显减少。此外，匹配前无显著性差异的变量P值在匹配后也有所提升，并且所有变量的标准偏误绝对值在匹配后均有所减少且保持在15%以内。同时，图8报告了匹配前后标准化偏差的变化，所有控制变量的标准化偏差均大幅缩小，PSM模型满足平衡性假设。

四、新能源汽车产业政策协同的环境绩效评估

基于前文的政策工具分析，选取规划引导、财税金融、行业规范、监督保障和技术人事五项政策措施，对新能源汽车产业政策协同的环境绩效进行评估。

(一)政策量化标准确定

借鉴彭纪生等(2008)、张国兴等(2014)、王海和尹俊雅(2021)、彭如霞等(2021)等的思路，从政策力度和政策措施两个维度出发设计量化评分标准，具体如表19和表20所示。

表19　中国新能源汽车产业政策力度量化标准

得分	评价标准
5	省政府颁布的法律、条例、决定等。
4	省政府颁布的意见、方案、指南、细则、办法、规定等；省政府各职能部门颁布的条例、决定等。
3	省政府颁布的通知、规划、计划、公示、公告、建议和纲要等；省政府各职能部门颁布的意见、方案、指南、细则、办法、规定等；市政府及相关职能部门颁布的条例、决定等。
2	省政府各职能部门颁布的通知、规划、计划、公示、公告、建议和纲要等；市政府及相关职能部门颁布的意见、方案、指南、细则、办法、规定等。
1	市政府及相关职能部门颁布的通知、规划、计划、公示、公告、建议和纲要等。

表 20　中国新能源汽车产业政策措施量化标准

政策措施	得分	政策措施量化标准
规划引导措施	5	在企业培育方面制定具体的行动方案;制定详细的公共领域、党政机关、私人领域等的推广目标;编制消费推荐目录;制定具体的示范工程或试点工程的建设方法。
	3	从对上述措施中的某一个或某几个方面予以支持,内容较为详细具体。
	1	仅提及推动新能源汽车产业发展、加大示范推广等,未做具体阐述。
财税金融措施	5	在财政预算、补贴、补助、贴息、奖励上给予大力支持,并制定了财政补助、补贴、投入、奖励的补贴车型、补贴额度等具体补贴标准;在税收上给予大力优惠,明确提出了税收优惠的目录、额度或制定了对违反者进行税收惩罚的办法。
	3	对上述措施中的某几个方面给予支持,内容较为具体,或从某一方面给予支持,内容较为详细具体。
	1	仅提及财政或落实消费税、车辆购置税、信贷优惠等,未做详细阐述。
行业规范措施	5	在充换电基础设施建设、服务等方面,制定切实可行的行动计划,内容十分详细具体。
	3	对上述措施中的某一个或某几个方面予以支持,内容较为详细具体。
	1	仅提及完善基础设施建设、提供电价支持等,未制定具体行动计划。
监督保障措施	5	制定新能源汽车推广、补贴、基础设施建设等方面的工作部门责任分工表,明确各责任单位具体的职责分工;提出对完善政策体系、扩大宣传教育、强化监督保障等政府保障工作的具体要求。
	3	对上述措施中的某一个或某几个方面予以支持,内容较为详细具体。
	1	仅提及各相关部门需加强组织领导,未制定具体行动措施。
技术人事措施	5	从政府视角、企业视角制定具体行动方案提升新能源汽车研发水平;明确具体的技术薄弱环节并制定切实可行的行动措施;明确重点领域人才地图和具体需求。
	3	对上述措施中的某一个或某几个方面予以支持,内容较为详细具体。
	1	仅提及要加快行业技术创新、人才队伍建设等,未制定详细的计划。

(二)政策强度和协同度模型构建

1.政策协同变量设定

将政策协同定义为某项政策内两措施之间的协同。从规划引导措施、财税金融措施、行业规范措施、监督保障措施和技术人事措施中任意选择两项考察政策协同效果,共计可得出 $C_5^2 = 10$ 种政策措施协同指标。设定变量设定如表 21 所示。

表 21 变量定义表

序号	变量代码	变量含义
1	GHCS	规划引导措施与财税金融措施协同
2	GHHY	规划引导措施与行业规范措施协同
3	GHJD	规划引导措施与监督保障措施协同
4	GHJS	规划引导措施与技术人事措施协同
5	CSHY	财税金融措施与行业规范措施协同
6	CSJD	财税金融措施与监督保障措施协同
7	CSJS	财税金融措施与技术人事措施协同
8	HYJD	行业规范措施与监督保障措施协同
9	HYJS	行业规范措施与技术人事措施协同
10	JDJS	监督保障措施与技术人事措施协同

2.政策强度和政策措施协同度模型构建

(1)政策强度测度模型。

考虑到新能源汽车产业政策的密集发布期主要在 2009 年之后,以 2009—2021 年与新能源汽车产业密切联系的政策文件共计 4373 项构成政策数据库,依此计算新能源汽车产业政策(力度、措施)强度的年度值如下:

$$TPG_{it} = \sum_{j=1}^{N} PG_{itj} \times P_{itj}, t \in [2009, 2021] \tag{8}$$

其中，i 表示省(自治区、直辖市)，t 表示政策实施年份，N 表示 t 年实施的政策总数量，j 表示第 t 年实施的第 j 项政策，PG_{itj} 表示省份 i 在 t 年实施的第 j 项政策各项政策措施得分，P_{itj} 表示省份 i 在第 t 年实施的第 j 项政策的政策力度得分。

(2)政策措施协同度测度模型。

参照彭纪生等(2008)对技术创新政策协同的度量方法，计算政策措施两两协同的总协同度如下：

$$MPC_{it} = \sum_{j=1}^{N} P_{itj} \times PG_{itj}^{x} \times PG_{itj}^{y}, x \neq y, t \in [2009,2021] \quad (9)$$

其中，P_{itj} 的含义同上；PG_{itj}^{x} 和 PG_{itj}^{y} 分别代表省份 i 在 t 年实施的第 j 项政策的第 x 和第 y 项政策措施得分，其中 x 和 y($x \neq y$)是从规划引导措施、财税金融措施、行业规范措施、监督保障措施和技术人事措施中任意选择的两项。

(三)产业政策协同的环境绩效测度

1.交通碳排放环境绩效测算

以交通碳排放效率表征交通碳排放环境绩效，选择交通运输业劳动力、资本存量、能源消耗量作为投入指标，以交通运输业增加值作为期望产出指标，以交通运输业碳排放量作为非期望产出指标，运用包含非期望产出的 Super-SBM 模型测度交通碳排放效率，数据来源于 EPS 统计平台和同花顺宏观数据库。

2.空间计量模型构建

考虑到新能源汽车产业具有资本密集度高、产业链长的特点，新能源汽车产业政策的制定会在更大空间范围内对交通运输业发挥碳减排效应，因此考虑加入空间效应，建立空间面板模型分析新能源汽车产业政策协同对交通碳排放效率的影响。

(1)模型设定。

基于 Anselin 等(2013)提出的判定准则，构建反映新能源汽车产业政

策措施协同与交通碳排放情况之间关系的空间杜宾模型(SDM)如下:

$$\ln C_{it} = \rho_0 W_{ij} \ln C_{it} + \beta_1 \ln NMPC_{it} + \beta_2 X_{it} + \theta_1 W_{ij} \ln NMPC_{it} \quad (10)$$
$$+ \theta_2 W_{ij} X_{it} + \mu_i + \upsilon_t + \varepsilon_{it}$$

式中,ρ_0 为被解释变量的空间自回归系数,β_1、θ_1 分别表示核心解释变量的估计系数和空间滞后项系数,β_2、θ_2 表示控制变量的估计系数和空间滞后项系数。

(2)指标选取与变量说明。

以环境绩效(C)为被解释变量,选取上一节测算的交通碳排放效率作为环境绩效的度量内容。核心解释变量为政策措施两两协同的累计协同度,考虑到文章篇幅,只测算财税金融措施与其他政策措施协同的政策效应,变量定义如表22所示。

表22 变量定义与说明

属性	变量名	符号	含义
被解释变量	环境绩效	C	交通碳排放效率
核心解释变量	政策措施两两协同度的累计效应·	NMPC	财税金融措施与其他措施协同
控制变量	地区经济发展水平	PGDP	不变价人均地区生产总值(元/人)
	财政收入占比	FINA	财政收入占地区生产总值比重(%)
	地区人口密度	UPD	城市人口密度(人/平方千米)
	地区产业结构	SIP	第二产业所占比重(%)
	私人汽车拥有量	PV	私人汽车拥有量(万辆)

(3)数据来源与变量描述性统计。

基于数据的可获取性,将数据来源范围定为2015—2020年,西藏、香港、澳门和台湾四个地区的数据存在缺失情况,故不纳入研究范围。因此研究对象为中国30个省(自治区、直辖市),研究数据为平衡面板数据,每个变量都含有180个观测值,各变量描述性统计如表23所示。

表 23　环境绩效各变量描述性统计

变量	均值	标准差	最小值	最大值
C	0.500	0.313	0.099	1.516
$TGHCS$	285.5	192.361	8	957
$TCSHY$	255.589	175.75	2	763
$TCSJD$	318.322	256.573	0	1394
$TCSJS$	125.106	101.472	0	427
$PGDP$	59136.464	26599.001	25946	148562.71
$FINA$	15.536	4.39	8.9	32.7
UPD	2924.9	1098.135	1136	5515
SIP	39.849	7.716	15.8	50.476
PV	644.905	485.484	63.12	2267.94

3.空间相关性分析和模型检验

(1)空间相关性分析。

全局 Moran's I 指数在 1% 的显著性水平下均通过了显著性检验,说明中国交通碳排放存在显著的正向溢出效应(见表 24)。

表 24　2015—2019 年交通碳排放全局 Moran's I 指数

年份	Moran's I 指数	Z 值	P 值
2015	0.306	4.316	0.000
2016	0.335	4.639	0.000
2017	0.328	4.580	0.000
2018	0.346	4.835	0.000
2019	0.351	4.891	0.000
2020	0.364	5.046	0.000

(2)模型检验。

使用 LM 检验、LR 检验和 Wald 检验等方法进行判断(见表 25),根据检验结果可知选择时间固定效应的 SDM 模型最为适宜。

表 25 空间计量模型识别检验结果

检验	统计量	数值	P 值
LM 检验	Moran's I-spatial error	2.154	0.031
	LM-spatial error	2.933	0.087
	Robust LM-spatial error	1.257	0.062
	LM-spatial lag	2.385	0.023
	Robust LM-spatial lag	0.709	0.400
LR 检验	LR-spatial error	116.95	0.000
	LR-spatial lag	101.82	0.000
Wald 检验	Wald-spatial error	58.54	0.000
	Wald-spatial lag	73.71	0.000
	Hausman 检验	42.55	0.002

(四)政策协同的环境绩效实证结果分析

1. 模型初步结果

构建新能源汽车产业政策措施协同和交通碳排放效率的时间固定效应 SDM 模型,结果见表 26。

表 26 含时间固定效应的空间杜宾模型估计结果

变量	系数	t 统计量	变量	系数	t 统计量
$\ln TGHCS$ (2)	0.023	0.91	$W \times \ln TGHCS$ (2)	0.065***	2.68
$\ln TCSHY$ (1)	−0.046**	−2.27	$W \times \ln TCSHY$ (1)	−0.290***	−3.80
$\ln TCSJD$ (1)	0.070***	4.23	$W \times \ln TCSJD$ (1)	0.164***	2.59
$\ln TCSJS$ (1)	0.022	0.88	$W \times \ln TCSJS$ (1)	0.093**	2.02
$\ln PGDP$	1.325***	4.81	$W \times PGDP$	0.730	−0.57
$FINA$	0.037***	6.50	$W \times FINA$	0.002	−0.15
$\ln UPD$	0.021	0.47	$W \times \ln UPD$	0.406*	1.92
SIP	0.005*	1.79	$W \times SIP$	0.027**	2.11

续　表

变量	系数	t统计量	变量	系数	t统计量
lnPV	0.362***	7.50	W×lnPV	1.856***	8.90
Spatial rho	0.515***	3.10	R-squared	0.821	
sigma2_e	0.035***	9.03	Log-likelihood	284.578	

注：***p＜0.01，**p＜0.05，*p＜0.1；ln$TGHCS$（2）表示对变量 ln$TGHCS$ 取二阶滞后，其他变量以此类推；W 表示空间权重矩阵。

由表26可知，空间自回归系数（Spatial rho）为0.515，在1％显著性水平下显著，这表明政策措施协同度对交通碳排放效率的影响具有显著的空间溢出效应。同时，财政税收措施与不同的政策措施协同对交通碳排放效率的影响存在差异。"规划引导＋财税金融"措施协同度系数为正但未通过显著性检验，空间权重矩阵下的回归系数为0.065且通过了显著性检验，可能意味着本地的措施协同不能有效提高交通碳排放效率，但邻地的措施协同却能显著促进其提高。对于"财税金融＋行业规范"措施协同度和"财税金融＋监督保障"措施协同度，虽然其回归系数和空间权重矩阵下的系数均通过了显著性检验，但前者的系数为负值，后者的系数为正值，说明本地和邻地的该类协同措施均未能提升交通碳排放效率，但本地和邻地采取财税金融措施与监督保障措施协同均能有效提高交通碳排放效率。在"财税金融＋技术人事"措施方面，本地采用此类协同措施的系数为正，但未能显著提升交通碳排放效率，相比之下，邻地采用此类措施协同的效果更为突出。

2.空间效应分解

将政策措施协同度的空间效应进行分解，从直接效应、溢出效应和总效应三个方面进一步解释政策措施协同度的空间效应（见表27）。

表27　时间固定效应的空间杜宾模型效应分解

变量	直接效应		溢出效应		总效应	
	回归系数	t统计量	回归系数	t统计量	回归系数	t统计量
ln$TGHCS$（2）	0.003	0.32	0.056**	2.44	0.058**	2.43

续　表

变量	直接效应		溢出效应		总效应	
	回归系数	t 统计量	回归系数	t 统计量	回归系数	t 统计量
$\ln TCSHY$ (1)	−0.038**	−2.02	−0.243***	−3.49	−0.281***	−3.62
$\ln TCSJD$ (1)	0.065***	4.11	0.127**	2.26	0.192***	3.17
$\ln TCSJS$ (1)	−0.009	−0.93	0.087**	2.17	0.077*	1.71
$\ln PGDP$	1.348***	5.02	−0.831	−0.75	0.517	0.42
$FINA$	0.001	0.14	−0.002	−0.20	−0.002	−0.14
$\ln UPD$	0.165***	3.67	0.401***	3.86	0.566***	5.26
SIP	0.004	1.53	0.023**	1.97	0.027**	2.20
$\ln PV$	0.168	1.52	0.390	1.33	0.558	1.59

注：*** $p < 0.01$，** $p < 0.05$，* $p < 0.1$。

从表 27 中可看出，政策措施协同对交通碳排放效率的直接效应、空间溢出效应以及总效应的影响均存在较为明显的差异。

从直接效应来看，"财税金融＋行业规范"和"财税金融＋监督保障"影响系数分别为−0.038 和 0.065，说明财税金融措施与监督保障措施的协同能促进交通碳排放效率提升，而财税金融措施和行业规范措施协同则会抑制交通碳排放效率提升。

从空间溢出效应来看，财税金融措施与规划引导措施、监督保障措施和技术人事措施协同的影响系数均为正数，分别为 0.056、0.127、0.087，说明这三种措施协同会对周边地区的交通碳排放效率起到促进作用；财税金融措施与行业规范措施协同的溢出效应系数值为−0.243，表明这一措施协同会抑制周边交通碳排放效率提升。

从总效应来看，财税金融政策措施与其他政策措施协同的总效应系数都是显著的。具体来看，财税金融措施与规划引导、监督保障和技术人事措施协同均可以有效促进交通碳排放效率的提升，其中财税金融与监督保障措施协同的促升效果最佳；但财税金融与行业规范措施协同的总效应系数为负，表明这一措施协同会抑制交通碳排放效率提升。

五、结论与政策建议

(一)主要结论

(1)环境型政策工具总量过多,供给型政策工具占比尚可,但需求型政策工具总量明显不足。环境型政策工具占比超过 60%,其中制度规范和策略性措施两项占比总和接近 50%,但激励产业创新发展的金融与财税支持等方面的扶持力度明显不足,势将影响技术推进的步伐。供给型政策占比接近 23%,其中力度最大的属科技投入与信息支持,但对于人才资源的投入力度明显不足(仅占 1.41%)。需求型政策占比最低(14.65%),而且过于聚焦购置补贴,容易促使企业滋生"骗补"念头而未能真正激发消费者的购买需求。此外,尽管政策在公共服务领域做了大量推广,但政府采购与海外贸易却相对不足(占比仅为 3.84%)。

(2)创新价值链市场化环节政策支持力度最大,产业化环节处于平均水平,但技术研发环节的政策支持力度偏弱。新能源汽车产业市场化环节支持政策占比最高,超过 50%;产业化环节政策占比 33.94%;而技术研发环节政策占比仅为 15.86%。

(3)新能源汽车产业政策体系综合效能较弱,其中创新价值链产业化环节政策效能最高,其次为市场化环节,技术研发环节政策效能最弱。当前新能源汽车产业政策综合效能 PMC 总指数仅为 3.48,勉强处于可接受范围内。从创新价值链的各环节来看,产业化环节政策 PMC 指数排名最高,达到 4.35;市场化环节政策 PMC 指数为 3.48;技术研发环节政策效能 PMC 指数最低,仅为 2.79。

(4)三类政策工具对创新价值链各环节的驱动效应差异明显,其中技术研发环境的正向效应较为显著,但对产业化与市场化方面的作用和效应则各不相同。PSM-DID 实证结果表明,供给型政策可以起到激励企业提高研发水平和产业化水平的效果,但对市场化环节的驱动效应则不显著,这可能与当前我国新能源汽车产业发展的基础设施建设仍不够完善、信息支持等政策仍不够充分有关;环境型政策的实施显著提升了我国新能源汽车创新价值链各环节的发展水平,其中对市场化水平的提升效果最为显著;需求面政策对新能源汽车各环节均产生了正向显著影响,但对产业化、市场化水平的提升影响均较小。

(5)同一政策措施与不同政策目标的政策协同对环境绩效的政策效果影响不同,其中财税金融措施和监督保障措施协同对环境绩效的促进效果最为显著。空间杜宾模型实证结果表明,财税金融措施与规划引导措施、监督保障措施和技术人事措施协同能够有效促进交通运输碳排放效率提升,具有正向的环境效应,其中"财税金融+监督保障"措施协同的促增效果最佳;但财税金融措施与行业规范措施协同对交通运输碳排放效率提升具有一定的抑制作用,这表明这两类产业政策之间缺乏有效协调,粗略的政策组合反而会在一定程度上降低节能减排效果。

(二)政策建议

(1)调整三类基本政策工具的总量占比,优化类型内部结构。适度减少同类型政策工具反复使用的频次,同时加大激励产业创新的金融财税等政策工具的投放力度;倒逼新能源车企摆脱补贴依赖症,切实转到科技创新的正路上来;充分运用贸易政策工具,大力支持新能源汽车企业对海外研发、生产与销售市场的开发;加大政策扶持力度,为新能源汽车的创新发展提供充足的人才保障。

(2)提高技术研发环节政策的质量与效能,提升技术研发环节政策力度、政策目标明确性与政策措施具体性。首先,应当加大技术研发环节的政策力度,制定更加严格的技术研发相关规定或条例,加大对技术研发环节的监管力度。其次,应制定更加细致明确的技术研发目标规划,结合当前技术研发进程设置合理的中短期目标,及时评估产业技术水平并根据研发进度调整政策方向。最后,应制定更加细致的技术研发政策措施,对政策实施提出更具体的控制标准,为政策执行者提供更加明确的参考依据与行动纲领。

(3)优化市场化环节政策工具的实施,加大充电基础设施建设力度,完善新能源汽车应用保障体系。一方面,应当在政策数量上对充电基础设施有所侧重,为新能源汽车应用环节提供各类充足的政策工具。另一方面,应当提高新能源汽车应用环节的政策效能,在加大政策实施力度的同时,对充电基础设施建设提出明确的目标规划与详细措施,保证新能源汽车推广工作突破应用水平不足所带来的制约。

(4)强化政策主体、政策措施与政策目标的有效协同,拓宽政策受体和涉及面。未来的政策调整中应加强政策主体、政策措施与政策目标之间的协作,综合产业、贸易、财税、金融等多领域政策措施,建立多层次多方位跨部门的政策协同体系,切实加强各区域在新能源汽车产业政策制定和实施过程中的统一谋划、统一落实和统一监督,采取联合措施协同推进交通运输领域污染物排放和大气环境治理工作,协同助力"碳达峰、碳中和"。

项目负责人:周银香

项目组成员:李时兴　陈雄强　徐俊韩

王　妍　徐丹妮　高雅骋

高珊珊　田婧茹

[参考文献]

[1] BERGEK A,BERGGREN C. The impact of environmental policy instruments on innovation:A review of energy and automotive industry studies[J]. Ecological economics,2014,106:112-123.

[2] QUERINI F,BENETTO E. Agent-based modelling for assessing hybrid and electric cars deployment policies in Luxembourg and Lorraine[J]. Transportation research part A,2014,70:149-161.

[3] GASS V,SCHMIDT J,SCHMID E. Analysis of alternative policy instruments to promote electric vehicles in Austria[J]. Renewable energy,2014,61(1):96-101.

[4] LEE Y,KIM C,SHIN J. A hybrid electric vehicle market penetration

　　model to identify the best policy mix：a consumer ownership cycle approach[J]. Applied energy，2016，184：438-449.

[5] MAGRO E，WILSON J R. Policy-mix evaluation：Governance challenges from new place-based innovation policies［J］. Research policy，2019，48(10)：103612.

[6] ROTHWELL R，ZEGVELD W. Reindustrialization and Technology ［M］. London：Longman Group Limited，1985：83-104.

[7] SCHNEIDER A，INGRAM H . Behavioural Assumptions of Policy Tools［J］. The journal of politics，1990(9)：510-529.

[8] TONE K. A slacks-based measure of super-efficiency in data envelopment analysis［J］. European journal of operational research，2002，143(1)：32-41.

[9] 李新娥，何勤，李晓宇，等.基于政策量化的人工智能政策对制造业就业的影响研究[J].科技管理研究,2020,40(23)：197-203.

[10] 彭纪生,仲为国,孙文祥.政策测量、政策协同演变与经济绩效：基于创新政策的实证研究[J].管理世界,2008(9)：25-36.

[11] 彭如霞,夏丽丽,林剑铬.创新政策环境对外商直接投资区位选择的影响：以珠江三角洲核心区六市为例[J]. 地理学报,2021,76（4）：992-1005.

[12] 任志成.战略性新兴产业创新价值链锻造方向选择研究[J].南京社会科学,2013(6)：22-29.

[13] 孙建军,王树祥,苏志文,等. 双元创新价值链模型构建：基于扎根理论的企业创新模式研究[J]. 管理评论,2022,34(5)：340-352.

[14] 王海,尹俊雅.地方产业政策与行业创新发展：来自新能源汽车产业政策文本的经验证据[J].财经研究,2021,47(5)：64-78.

[15] 王进富,杨青云,张颖颖. 基于PMC-AE 指数模型的军民融合政策量化评价[J].情报杂志,2019,38(4)：66-73.

[16] 谢青,田志龙.创新政策如何推动我国新能源汽车产业的发展：基于政策工具与创新价值链的政策文本分析[J].科学学与科学技术管理,

2015,36(6):3-14.

[17] 熊勇清,刘徽.新能源汽车推广应用的"非补贴型"政策作用及其差异[J].科研管理,2022,43(9):83-90.

[18] 张国兴,高秀林,汪应洛,等.中国节能减排政策的测量、协同与演变:基于1978—2013年政策数据的研究[J].中国人口·资源与环境,2014,24(12):62-73.

[19] 张永安,周怡园.新能源汽车补贴政策工具挖掘及量化评价[J].中国人口·资源与环境,2017,27(10):188-197.

[20] 周亚虹,蒲余路,陈诗一,等.政府扶持与新型产业发展:以新能源为例[J].经济研究,2015,50(6):147-161.

浙江省城乡融合发展的
时空演变及影响因素研究

一、引言

城乡融合是城镇化与工业化发展到一定程度的必然要求,是建立新型城乡关系的关键步骤。党的二十大提出要畅通城乡要素流动,坚持乡村振兴,促进城乡融合发展。城乡融合发展作为一个多层次、多视角、多领域的复合型概念,涵盖了经济、社会、空间和生态融合等方面内容,通过推动城乡之间的要素双向流动,提高城乡融合水平,破除城乡二元结构,对缩小城乡差距,最终实现城乡居民共同发展、共享发展成果具有重要意义。同时,数字经济作为一种新兴经济形态,是构建新型城乡关系、推动城乡融合发展进程中的重要推力。浙江省作为共同富裕示范区与数字经济发展领先地区,亟须探究自身城乡融合的发展水平、演变特征、数字经济及其他影响因素的驱动机制,为我国其他区域城乡融合发展提供新鲜经验和对策建议。

二、文献综述

目前,我国关于城乡融合发展的研究,主要集中在以下三个方面:城乡融合发展的内涵、城乡融合发展的评价及时空演变以及城乡融合发展的影响因素分析。首先,在城乡融合的内涵探究方面,城乡融合这一概念最早由恩格斯在其著作《共产主义原理》中提出,恩格斯认为城乡融合的两个标志是工人与农民阶级差别的消失和人口分布均衡化。近年来国内学者对城乡融合发展的理论进行了深入研究。魏后凯(2020)将我国城乡关系分为原始共生、城乡对立、城乡融合三个阶段。陈志钢等(2022)认为在共同富裕的目标下,产业发展、收入分配、教育公平、生态价值转化、村际一体化发展等方面的政策路径将有效推动城乡融合发展。国内对城乡融合发展的定量研究开始相对较晚,但是现有成果非常丰富,主要集中于城乡融合的测度、时空特征以及影响因素分析。施建刚等(2022)基于加速遗传算法的投影寻踪模型测度长三角城乡融合发展水平,并采用核密度估计、探索性空间分析、趋势面分析等方法对长三角城乡融合发展水平的时空特征进行了分析。谭鑫和曹洁(2021)运用2003—2018年中国省级面板数据,采用两步系统 GMM 与随机效应模型,检验了劳动、资本、技术要素集聚对城乡融合发展的作用效果。在数字经济对城乡融合发展影响的研究中,李晓钟和李俊雨(2022)认为数字经济能够加快城乡之间的要素流动,增强生产要素之间的协同性,从而促进城乡经济融合发展。

综上所述,多数文献在分析城乡融合的影响因素时考虑了面板数据,但是对于时间效应和空间效应没有进行深入研究,导致实证结果不够全面。另外,数字经济在城乡融合发展中的作用机理有待深入研究。因此,本文针对现有文献中存在的不足,选取浙江省 11 个地市的城乡融合发展情况为研究对象,探讨包括数字经济在内的各影响因素对城乡融合发展的空间溢出效应,并引入中介效应模型,深入分析不同城镇化水平下数字经济对城乡融合发展的影响是否存在显著差异。

三、研究方法与变量选择

(一)研究方法

1. 熵值法

为保证本次指标体系中的指标权重的客观性以及测度水平的真实性,

本文采用客观赋权法中的熵权法确定指标权重,然后利用定基功效系数法
对数据进行标准化处理,最后进行线性加权得出综合评分。

第一步,数据标准化。为了防止各个指标因单位不同而产生结果的误
差,在计算前先将数据进行标准化处理。假定有 m 个地市,n 个指标,x_{ijt}
表示第 $i(i=1,2,\cdots,m)$ 个地市的第 $t(i=1,2,\cdots,z)$ 年的第 $j(i=1,2,\cdots,$
$n)$ 项指标,则

$$x'_{ijt}=\begin{cases}\dfrac{x_{ijt}-\min(x_j)}{\max(x_j)-\min(x_j)},x_j\text{ 为正向指标}\\[3mm]\dfrac{\max(x_j)-x_{ijt}}{\max(x_j)-\min(x_j)},x_j\text{ 为负向指标}\end{cases}\qquad(1)$$

第二步,计算信息熵,$e_j=-\ln(m)^{-1}\sum\limits_{i=1}^{m}(y_{ijt}\times\ln y_{ijt})$,其中 $y_{ijt}=x'_{ijt}/\sum\limits_{i=1}^{m}x'_{ijt}$。

第三步,计算指标权重,信息熵权重计算公式如下:

$$w_j=1-e_j/(1-e_j)\qquad(2)$$

第四步,根据指标权重,利用线性加权法计算评价得分,公式如下:

$$y=\sum_{j=1}^{m}w_jx_j\qquad(3)$$

2.趋势面分析法

趋势面分析法是利用光滑的曲面来模拟空间分布规律,通过其变化情
况来反映研究对象的变化趋势。运用趋势面分析法可以获得浙江省城乡融
合发展水平在地理上的变化情况。假设 $Z_i(x_i,y_i)$ 为地市的城乡融合效率
值,(x_i,y_i) 为平面空间坐标,由趋势面定义得:

$$Z_i(x_i,y_i)=T_i(x_i,y_i)+\varepsilon_i\qquad(4)$$

式(4)中 $T_i(x_i,y_i)$ 为趋势函数。本文采用二阶多项式计算城乡融合发
展水平的趋势值,趋势函数为:

$$T_i(x_i,y_i)=\beta_0+\beta_1x+\beta_2y+\beta_3x^2+\beta_4y^2+\beta_5xy\qquad(5)$$

式(5)中 ε_i 为自相关随机误差,用来表示真实值与趋势值之间存在
的偏差。

3.中介效应模型

首先建立基准回归模型,对城乡融合发展水平的影响因素进行分析。其次验证数字经济对城乡融合发展水平的影响因素,在基准模型的基础上构建中介效应模型,具体借鉴温忠麟(2004)的做法,采用逐步回归法验证数字经济对城乡融合发展水平影响的直接与间接效应:

$$UrRu_{it} = \alpha_o + \alpha_1 de_{it} + \alpha_2 X_{it} + \lambda_i + \eta_t + \varepsilon_{it} \tag{6}$$

$$Urban_{it} = \alpha_o + \alpha_1 de_{it} + \alpha_2 X_{it} + \lambda_i + \eta_t + \varepsilon_{it} \tag{7}$$

$$UrRu_{it} = \alpha_o + \alpha_1 de_{it} + \alpha_2 Urban_{it} + \alpha_3 X_{it} + \lambda_i + \eta_t + \varepsilon_{it} \tag{8}$$

其中,$UrRu_{it}$ 为城市 i 在 t 时期的城乡融合指数水平,de_{it} 为城市 i 在 t 时期的数字经济指数水平,向量 X_{it} 代表一系列的控制变量;λ_i 为城市固定效应,η_t 为时间固定效应,ε_{it} 代表随机误差项。式(6)基准模型代表数字经济对城乡融合发展的直接效应,式(7)(8)检验了数字经济是否能通过影响城镇化水平赋能城乡融合发展。

(二)变量选择

1.被解释变量

城乡融合发展水平($UrRu$):本文利用熵值法对浙江 11 个地市确定指标权重并测算指数得分,以测算得到的各地市城乡融合发展水平指数作为衡量城乡融合发展水平的被解释变量。依据研究城乡融合发展水平内涵的相关文献以及评价指标体系构建的相关原则,在借鉴前人的研究成果的前提下,本文构建了包括经济发展、居民生活、空间设施以及生态环境 4 个二级指标和 19 个三级指标的城乡融合发展水平评价指标体系,详见表 1 所示。

表 1　城乡融合发展水平评价指标的构建

一级指标	二级指标	基础指标	类型	权重
城乡融合发展水平	经济发展	人均 GDP(元)	综合	0.0417
		第三产业占 GDP 比重(%)	综合	0.0394
		城乡居民人均消费比值(%)	对比	0.0611
		城乡居民可支配收入比值(%)	对比	0.0215

续　表

一级指标	二级指标	基础指标	类型	权重
城乡融合发展水平	居民生活	城镇登记失业率(%)	综合	0.1117
		二、三产业就业人员占比(%)	综合	0.0340
		城镇化率(%)	对比	0.0235
		公共图书馆藏书量(本)	综合	0.1319
		医院病床数(张)	综合	0.0469
		城乡居民生活用电比值(%)	对比	0.0180
	空间设施	城市人口密度(人/km²)	综合	0.0247
		客运量(万人)	综合	0.0659
		公路建设里程(km)	综合	0.0675
		城乡居民住房面积比值(%)	对比	0.0709
	生态环境	环保支出占政府总支出比重(%)	综合	0.0469
		城市建设用地与农用地比值(%)	对比	0.0636
		生活污水处理率(%)	综合	0.0349
		森林覆盖率(%)	综合	0.0430
		人均绿地面积(m²/人)	综合	0.0528

2. 解释变量

数字经济水平(de):采用熵值法和定基功效系数法相结合,通过规模以上工业增加值、国家专利申请授权数、普通高校在校学生数、第三产业增加值、R&D经费投入、邮电业务总收入、移动电话用户总量、宽带用户数、信息传输计算机服务和软件从业人员总数测算获得。另外,经济发展水平(gdp),采用人均生产总值表示;政府干预程度(gov),采用财政支出占地区生产总值的比重表示;城乡收入差距($dispar$),采用城镇与农村可支配收入比值表示;开放程度($open$),采用进出口总额与地区生产总值的比值表示;交通基础建设(tra),采用各市单位面积公路里程数表示。

3. 中介变量

城镇化水平($Urban$):选用常住人口城镇化率表示该变量。随着城镇化水平不断提高,农村发展活力持续释放,人居环境更加优美,城乡发展质量稳步提升,发展差距不断缩小。

4.数据来源

本文选取浙江省 11 个地市的城乡融合发展情况为研究对象,运用 2007—2020 年的数据进行分析。有关数据来源于 2007—2020 年的《浙江统计年鉴》《中国科技统计年鉴》和各城市的统计年鉴,以及国民经济和社会发展统计公报,个别缺失的数据采用回归插值法加以填补,为了减少数据异方差带来的影响,本文对控制变量做取对数处理,各变量的描述性统计分析如表 2。

表 2 变量的描述性统计

变量名称	变量描述	样本量	平均值	标准差	最小值	最大值
$UrRu$	城乡融合指数	154	0.7471	0.2549	0.2212	1.4804
de	数字经济水平	154	1.2168	0.9117	0.1204	4.8718
$Urban$	城镇化水平	154	0.6061	0.0920	0.4031	0.8330
$dispar$	城乡收入差距	154	1.8922	0.3553	1.4250	3.1061
$legco$	经济发展水平	154	4.8328	0.2316	4.2405	5.2964
$open$	开放程度	154	0.4182	0.2672	0.0401	1.3069
tra	交通基础建设水平	154	1.1783	0.3036	0.6177	2.0659

四、实证结果及分析

(一)浙江省城乡融合发展水平的时空演变特征

1.浙江省城乡融合总体发展水平指数变化

根据表 1 得出的浙江省城乡融合发展水平指标权重,测算得出浙江省各地市城乡融合发展水平综合指数,计算结果如表 3 所示。

表3 浙江省城乡融合发展水平综合指数

年份	杭州	宁波	温州	嘉兴	湖州	绍兴	金华	衢州	舟山	台州	丽水
2007	0.807	0.636	0.557	0.407	0.410	0.484	0.497	0.221	0.411	0.408	0.221
2008	0.881	0.672	0.556	0.613	0.458	0.503	0.540	0.293	0.454	0.451	0.246
2009	0.882	0.673	0.566	0.511	0.446	0.485	0.516	0.262	0.429	0.461	0.228
2010	0.961	0.752	0.635	0.797	0.737	0.641	0.602	0.455	0.576	0.581	0.377
2011	1.177	0.895	0.643	0.818	0.690	0.725	0.644	0.395	0.703	0.610	0.382
2012	1.166	0.861	0.774	0.832	0.721	0.702	0.643	0.485	0.642	0.612	0.455
2013	1.222	0.898	0.824	0.898	0.736	0.705	0.686	0.538	0.665	0.647	0.524
2014	1.250	0.875	0.951	0.886	0.696	0.713	0.701	0.552	0.655	0.707	0.540
2015	1.310	0.919	0.891	0.918	0.743	0.768	0.728	0.574	0.660	0.795	0.583
2016	1.351	0.907	0.895	0.917	0.767	0.779	0.799	0.617	0.703	0.816	0.598
2017	1.427	0.971	0.932	0.925	0.792	0.805	0.822	0.668	0.741	0.913	0.648
2018	1.480	1.030	0.967	0.968	0.817	0.861	0.847	0.714	0.805	0.932	0.691
2019	1.471	1.111	1.014	1.040	0.860	0.901	0.883	0.778	0.819	0.965	0.707
2020	1.418	1.053	1.023	1.037	0.905	0.967	0.898	0.825	0.860	1.002	0.815
均值	1.200	0.875	0.802	0.826	0.698	0.717	0.700	0.527	0.652	0.707	0.508

由表3可以看出,浙江省11个地市间城乡融合发展水平得分差距均在1以内,区域间得分差距虽不大,但也不小。从测算结果的平均值来看,浙江省各城市的城乡融合发展水平大致可以分成四个档次:第一档是省会城市杭州,其是唯一一座城乡融合发展水平指数平均值大于1的城市;第二档是宁波、温州、嘉兴,城乡融合发展水平指数平均值大于0.8;绍兴、金华、台州、湖州、舟山五个市的得分较接近,处于第三档;最后一档是衢州和丽水,平均值均在0.5左右,城乡二元结构明显。

另外,从图1可以得知,浙江省城乡融合发展水平总体呈上升趋势。综合指数从2007年的0.460增长到2020年的0.991,增长了115.43%,除2009年出现下滑外,每年均呈增长态势。浙江省城乡融合发展可以划分为三个阶段:第一阶段是2007—2011年,是浙江省城乡融合发展的初步阶段,虽呈上升趋势但并不稳定。第二阶段为2012—2017年的高速发展阶段,该

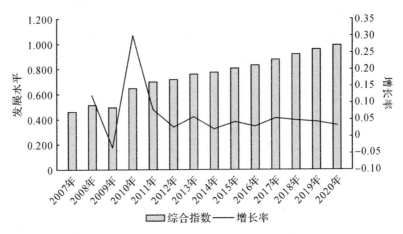

图 1　浙江省城乡融合发展综合指数趋势图

阶段浙江省城乡融合发展水平总体上升。第三阶段是 2018—2020 年,这一阶段为浙江省城乡融合发展的完善阶段,此阶段城乡融合发展水平增速虽然有所下降,但一直维持在较高水平。

2. 浙江省各地区城乡融合发展指数变化

为了研究处于相同区位城市的城乡融合发展水平是否具有相同的变化趋势,本文按是否是国家城乡融合发展试验区将浙江省 11 个地市分为杭嘉湖(杭州、嘉兴、湖州)区域和其他区域(宁波、绍兴、台州、温州、金华、丽水、衢州、舟山)(2019 年 12 月 19 日,国家发展改革委、中央农村工作领导小组办公室、农业农村部、公安部等十八部门联合公布了国家城乡融合发展试验区名单,浙江嘉湖片区入选,而杭州与嘉兴、湖州城乡融合发展较为紧密),研究这些区域城乡融合发展水平的差异。计算结果如图 2、图 3 所示。

在杭嘉湖地区中,杭州、嘉兴、湖州三市的城乡融合发展水平总体均呈上升趋势,但在 2012 年前存在着一定的波动。杭州的城乡融合发展指数最高,基本上是湖州市的两倍,在杭嘉湖地区处于绝对领先的地位。杭州不仅城乡融合发展水平高,且 2019 年前基本保持高增速态势,嘉兴和湖州城乡融合发展水平有着相似的波动上升趋势,但嘉兴市的增长幅度更大。从总体增幅角度来看,杭州更为明显,杭嘉湖地区各城市城乡融合发展水平仍存在较大差异。

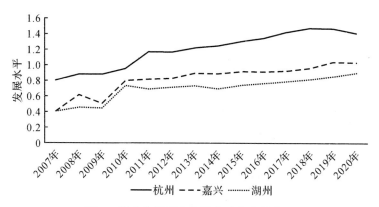

图 2　杭嘉湖地区各市城乡融合发展水平

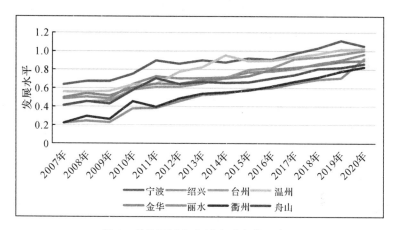

图 3　其他区域各市城乡融合发展水平

在其他区域中,各市城乡融合发展水平总体呈上升趋势,但存在着一定的波动,表明其他区域城乡融合发展增长存在不稳定性,区域之间发展存在不均衡性。总体上看,宁波和温州城乡融合发展具有相似的增长特征,而金华城乡融合发展的增长幅度比宁波大。台州、绍兴、金华、舟山在 2012 年之前,城乡融合发展有着相似的增长趋势,但在 2015 年之后,台州城乡融合发展速度较快,而舟山的增速相较其他三市又有所下降。丽水和衢州城乡融合发展的增长曲线较为相似,增幅明显。从增幅角度来看,温州、衢州、丽水三个城市最为明显,其他城市城乡融合发展水平之间存在的差异有缩小趋势。

(二)浙江省城乡融合发展的时空演变特征

1.浙江省城乡融合发展的空间特征

本文将城乡融合指数分为以下四个水平:低水平(城乡融合指数为
0.60 以下)、中等水平(城乡融合指数为 0.6—0.75)、次高水平(城乡融合指
数为 0.75—0.9)、高水平(城乡融合指数为 0.9 以上)。由表 4 可知,浙江省
城乡融合发展水平具有明显的积聚现象,并且在空间上呈现东高西低的特
征。不难看出,2007 年,各市城乡融合发展水平均未达到高水平,次高水平
区只有杭州,中等水平区有宁波。2011 年,杭州的城乡融合发展达到了高
水平,宁波、嘉兴也达到了次高水平,湖州、绍兴、舟山、金华、台州、温州的城
乡融合水平也有所进步,跳出了低水平区间达到中等水平,低水平区主要集
中在浙南地区。2015 年,高水平区包括杭州、嘉兴、宁波三市,除舟山、丽水
和衢州外其余地区均为次高水平区,次高水平区域为主要区域。2020 年,
全省均达到次高水平及以上,杭州、宁波、嘉兴、绍兴、温州、台州、湖州处于
高水平,金华、舟山、丽水和衢州处于次高水平。

表 4　浙江省城乡融合发展水平演变

年份	杭州	宁波	温州	嘉兴	湖州	绍兴	金华	衢州	舟山	台州	丽水
2007	0.807	0.636	0.557	0.407	0.410	0.484	0.497	0.221	0.411	0.408	0.221
	次高	中等	低	低	低	低	低	低	低	低	低
2011	1.177	0.895	0.643	0.818	0.690	0.725	0.644	0.395	0.703	0.610	0.382
	高	次高	中等	次高	中等	中等	中等	低	中等	中等	低
2015	1.310	0.919	0.891	0.918	0.743	0.768	0.728	0.574	0.660	0.795	0.583
	高	高	次高	高	次高	次高	次高	低	中等	次高	低
2020	1.418	1.053	1.023	1.037	0.905	0.967	0.898	0.825	0.860	1.002	0.815
	高	高	高	高	高	高	次高	次高	次高	高	次高

2.浙江省城乡融合发展的演变趋势

2007 年、2011 年、2015 年、2020 年城乡融合发展水平的空间趋势图揭

示了在地理空间结构方面浙江省城乡融合发展水平的变化规律。在东西方向上,城乡融合发展水平由从西至东呈倒 U 型,但弧度在逐渐减小,呈现出东高西低的空间结构特征,东部区域趋势线投影的弧度逐渐增大,表明东部地区融合发展水平相较于西部地区更高,并且越往东其城乡融合发展水平越高。但上升弧度逐渐上升的趋势线,说明了各地区间的城乡融合发展水平差距在不断增大。在南北方向上,趋势线由倒 U 形逐渐变为正 U 形,在空间趋势结构上由中间低两端高转变为中间高两端低,这可能是由于浙中南地区的宁波、台州、金华等城市的城乡融合水平发展较为迅速。整体而言,从横向来看,浙江省中东部地区的城乡融合发展水平领先于西部;从纵向来看,近几年中间及南部地区的城乡融合发展速度领先于北部地区。

(三)城乡融合发展的影响因素分析

1. 基于基准回归的影响因素分析

回归估计面板数据之前,需要选取合适的计量模型来估计,否则将造成回归参数偏差甚至失效。表 5 中是 OLS 回归模型、时间固定效应模型和双重固定效应模型。在三个模型的回归结果中,数字经济均显著地促进了城乡融合发展。同时,浙江省内各个城市发展具有异质性,城市的个体差异明显,且城乡融合发展与数字经济发展都具有明显的随时间变化趋势,因此,对时间和个体效应加以控制的双重固定效应模型更为符合客观事实。从模型的 R^2 来看,双重固定效应模型的解释程度也更为合理。

表 5 基准回归结果

变量名称	(1)	(2)	(3)
de	0.088*** (6.43)	0.110*** (6.87)	0.055*** (3.38)
dispar	−0.090*** (−3.71)	−0.102*** (−3.42)	−0.110*** (−4.41)
legco	0.583*** (8.96)	0.399*** (4.60)	0.518*** (3.77)

续 表

变量名称	(1)	(2)	(3)
open	0.003 (0.07)	−0.043 (−1.13)	−0.073* (−1.94)
tra	0.190*** (3.87)	0.079** (2.02)	0.184*** (4.02)
Constant	−2.233*** (−7.14)	−1.245*** (−3.01)	−1.837*** (−2.89)
观测值	154	154	154
时间效应固定	No	Yes	Yes
个体效应固定	No	No	Yes
R-squared	0.920	0.937	0.947

t-statistics in parentheses

注：***p<0.01，**p<0.05，*p<0.1。

研究结果表明，数字经济对城乡融合发展水平的直接影响系数为 0.055，且在 1% 的水平下与其呈现显著的正相关关系。说明数字经济的发展可以直接提升城乡融合发展水平，分析其机理，数字经济可以加速城乡之间的要素流动，推动产业基建的升级，改变生产生活方式，从经济、空间、生活、生态多个维度来促进城乡融合的发展。从控制变量来看，经济发展水平和交通基础建设水平均在 1% 的水平下与城乡融合发展水平呈现显著正相关关系。经济的发展与城乡融合二者本身就具有密不可分的关系，激活城乡经济、发展壮大优势产业、推动经济高质量发展，是城乡融合的必然途径。交通基础建设可以密切城乡之间的资源流通，形成合作互补的格局，是城乡融合的物质基础。而城乡收入差距在 1% 水平下与城乡融合发展水平呈现显著的负相关关系，这说明经济发展不平衡导致的过大的收入差距，是城乡融合发展甚至社会和谐发展的阻碍。开放程度在 10% 的水平下与城乡融合发展水平呈现负相关，这可能是因为进出口贸易产业的发展需要一定的城市基础，不易在乡村发展，对相关资源和人员产生了虹吸效应。

2. 基于中介效应的城乡融合发展影响因素分析

考虑数字经济发展水平对于城乡融合发展水平的促进作用可能源于城

镇化进程的不断推进,故选取中介效应模型对上述机制给予检验,表 6 为城
镇化水平的中介效应回归结果。

表 6　中介效应回归结果

变量名称	(1)	(2)
	urban	UrRu
de	0.016** (2.42)	0.085*** (6.29)
urban		0.320* (1.82)
dispar	−0.053*** (−4.63)	−0.081*** (−3.21)
legco	0.179*** (5.83)	0.528*** (7.51)
open	0.002 (0.08)	−0.010 (−0.26)
tra	0.023 (0.98)	0.197*** (4.12)
Constant	−0.158 (−0.81)	−2.959*** (−7.31)
Observations	154	154
R-squared	0.815	0.927

t-statistics in parentheses

注:***p<0.01,**p<0.05,* p<0.1。

表 6 的第一列考察了数字经济发展对城镇化水平的影响,结果表明,数
字经济在 5% 的水平下与城镇化呈现显著正相关,即数字经济的发展能显
著促进城市城镇化水平的提高。第二列考察了数字经济发展和城镇化对城
乡融合发展的影响,结果表明,数字经济和城镇化分别在 1% 和 10% 的水平
下与城乡融合发展呈显著正相关关系,系数的方向一致且显著,证明城镇化
是数字经济和城乡融合发展的中介变量。中介效应检验结果表明,城镇化
是数字经济影响城乡融合的机理路径。数字经济的发展将显著提升城镇化

水平,并且城镇化水平的提高会赋能城乡融合发展,积极缩小城乡差距,协调城市和农村发展的正外部性。

五、结论与建议

(一)研究结论

第一,根据城乡融合发展水平指数测算结果来看,近年来浙江省城乡融合发展水平整体呈上升态势,但也存在着一定的波动情况。杭州、宁波和嘉兴三市的城乡融合发展水平居省内前列,衢州和丽水两市一直保持着相对较低的水平,区域性差异一直存在。

第二,回归结果表明,数字经济发展、经济发展水平提升和交通基础建设水平提升能促进城乡融合发展,而城乡收入差距扩大与开放程度提升对城乡融合发展起抑制作用。中介效应检验结果表明,城镇化是数字经济影响城乡融合的机理路径。数字经济的发展将显著提升城镇化水平,并且城镇化水平的提高会赋能城乡融合发展,积极缩小城乡差距,协调城市和农村发展的正外部性。

(二)对策与建议

基于上述研究结论,提出如下对策建议:

第一,正视省内城乡融合发展不平衡问题。在中心城市(杭州、宁波等)周边培育新兴的"增长极",推进中心城市—城镇—农村三位一体的网络化空间布局。完善中心城市、城镇和农村之间的道路建设,条件允许的地方,将农村和城镇纳入公共交通网内,扩大网络光缆的铺设范围,从区域整体上盘活中心城市"扩散"效应,带动城乡协调发展。

第二,打破城市与农村之间的地理隔阂。强化乡村与城市之间的人力、经济、产业联系,加强资源优势互补。推动数字经济向纵深发展,促进其与实体经济高水平融合,释放其对城乡经济高质量发展和乡村振兴的助推作用。深化数字技术对城乡社会公共服务资源分配的推动作用,改善教育、医疗、养老等领域的城乡利益断层情况,激发数字经济在农村地区的覆盖潜能,充分发挥其"普""惠"效应。

项目负责人:辛金国

项目组成员:卓勇良　刘　昱　冯　雅

闫晨昱　童佳耀　马帅西

[参考文献]

[1] 魏后凯.深刻把握城乡融合发展的本质内涵[J].中国农村经济,2020
(6):5-8.

[2] 陈志钢,茅锐,张云飞.城乡融合发展与共同富裕:内涵、国际经验与实
现路径[J].浙江大学学报(人文社会科学版),2022,52(7):68-78.

[3] 施建刚,段错丰,吴光东.长三角地区城乡融合发展水平测度及其时空
特征分析[J].同济大学学报(社会科学版),2022,33(1):78-89.

[4] 谭鑫,曹洁.城乡融合发展的要素集聚效应及地区差异比较:基于省级
面板数据的实证研究[J].经济问题探索,2021(7):44-52.

[5] 李晓钟,李俊雨.数字经济发展对城乡收入差距的影响研究[J].农业技
术经济,2022(2):77-93.

[6] 姚毓春,张嘉实.数字经济与城乡融合发展耦合协调的测度与评价研究
[J].兰州大学学报(社会科学版),2023,51(1):54-67.

[7] 江兰兰.共同富裕视角下中国城乡融合水平评价研究[J].技术经济与
管理研究,2022(9):119-123.

[8] 谢守红,周芳冰,吴天灵,等.长江三角洲城乡融合发展评价与空间格局
演化[J].城市发展研究,2020,27(3):28-32.

[9] 辛金国,张虹虹.绿色发展推动城乡融合发展研究:基于PVAR与门槛
模型的实证检验[J].调研世界,2023(2):3-12.

[10] 辛金国,张恒威.乡村振兴与城乡融合联动发展综合评价研究:基于浙
江省的实证分析[J].统计科学与实践,2022(1):26-30.

基于碳排放统计监测的智能减排
决策可视分析系统研究

一、引言

随着世界各国经济的快速发展,能源消耗不断增多,温室气体排放量不断增多,全球变暖已经是不争的事实。全球变暖威胁人类生存和可持续发展,引发了极端气候、自然灾害、粮食减产等问题。温室气体控制是全球共同责任,《巴黎协定》要求各国努力实现温室气体排放峰值,并在 21 世纪下半叶实现净零排放。中国是温室气体排放大国之一,承诺在 2030 年前将单位生产总值二氧化碳排放下降 60%—65%,并提出 2030 年前碳排放下降 65%以上的新目标。2020 年,习近平主席提出"碳达峰"和"碳中和"的目标,这是中国对国际社会的承诺,也是促进高质量发展的战略计划。现阶段,中国正处于快速工业化和城镇化的进程中,能源需求带来的碳排放快速增加,中国的碳减排形势十分严峻。因此,实施碳监测和减排措施迫在眉睫。

目前,国际上呼吁减少碳排放的声音日益高涨,多国围绕《京都协议书》探索低碳经济政策,寻找可行的发展路径。为满足紧迫的碳减排需求,学者们进行了许多相关研究,包括对碳排放测算、驱动因素与减排路径的研究。然而,当前大多数研究未考虑碳排放数据的空间差异和区域间的复杂关联,导致产生分析误差,不利于决策。这些问题给碳减排政策的制定和实施带来了挑战。因此,本文致力于创新性碳排放分析方法研究,综合考虑空间异质性和复杂关联,以推动智能碳减排方案的决策和实施。研究内容包括以下几点。

(一)基于投入产出数据的碳转移特征可视分析

碳转移是指产品生命周期中由于经济活动导致的隐含碳排放的转移。产业部门之间复杂的碳转移关系难以捕捉,因此,我们设计了基于投入产出数据的碳转移特征可视分析工具,通过多区域投入产出模型计算碳转移规模,构建碳转移网络;使用 node2vec 模型将产业部门表示为向量,投影至低维空间以分析碳转移关系;设计了交互视图展示不同时间步的碳转移特征,帮助用户感知时序变化规律。通过交互可视化系统,实现了面向碳转移的可视分析,为地区产业部门的碳转移提供合理指导,促进区域经济可持续发展,为碳减排决策提供理论支持。

(二)中国碳排放的时空特征可视分析研究

我国碳排放呈现明显时空差异,研究其成因和演变对科学制定碳减排政策至关重要。本文提出了一个探索中国碳排放时空特征的可视分析系统,基于地理空间加权网络建立模型,进行空间特征处理;设计了一组丰富的视图来呈现碳排放的空间分布、相关性和时间演化特征,如地图视图、网络视图和时间平行坐标视图;通过检测模型和可视化设计,实现了一个可视分析系统,使用户能够交互式探索,并更深入地了解碳排放组成和时空演化。本文利用中国碳排放数据集验证了系统在探索碳排放空间相关性和时间演化方面的有效性,显示了其在我国碳减排政策制定中的潜在应用价值。

二、基于投入产出数据的碳转移特征可视分析

(一)引言

商品和服务的生产中通常会使用化石燃料,这就带来了二氧化碳排放。

这些排放通常被计入生产部门的碳排放账户,即使商品和服务是为其他地区生产的。根据以消费为基础的原则,贸易中的碳排放应该计入使用部门而不是生产部门的账户。国际和地区间的产业需求与贸易分工导致高碳排放产业或产品在地区之间形成碳转移。随着经济的发展,地方经济贸易增加,导致大量贸易隐含碳转移。

投入产出表是典型的网络关系结构,反映了各经济部门之间相互依赖的关系。投入产出分析被广泛用于计算贸易中的隐含碳转移,提高了计算精度。部门间的碳转移网络是基于产业部门之间的贸易关联构建的,各地域能源结构、技术以及经济发展水平的差异导致地域部门间的贸易联系紧密度不同,因此地域部门间的碳转移的结构特征复杂。而随着时间的推移,各地区的经济发展水平等影响因素会发生变化,因此地域部门间的碳转移特征随着时间推移呈现出复杂的演变规律,不利于了解和制定碳减排政策。

近年来,国内外学者已经基于投入产出数据对碳转移特征进行了大量探索性研究。可视分析技术可以充分利用人类视觉感知系统,通过网络图可视化辅助用户理解部门间的碳转移特征。因此,本研究拟开发面向碳转移特征分析的可视化系统,面临挑战如下:(1)基于所有产业部门构建的碳转移网络规模大且网络关系复杂,难以清晰地呈现全部产业部门之间的碳转移关系;(2)碳转移网络中隐含了丰富的空间转移特征,其复杂特性给特征提取带来了极大的困难;(3)碳转移特征会随着时间和政策等的变化发生改变,导致碳转移呈现出复杂的时序演变规律,给探索用户特征带来了极大的困难。

针对上述三个挑战,本研究利用可视化技术开发了一套可视分析工具以直观地呈现碳转移特征。首先,基于 MRIO 模型利用各省份产业部门的投入产出表数据,对各个省份及产业部门间的碳排放转移量进行了测度;利用碳转移关系构造了省份及地域部门之间的碳转移网络,利用 node2vec 模型将地域部门转换为高维向量表征,进而利用 t-SNE 算法将部门投影至低维空间生成投影散点图。其次,使用基于密度的聚类算法对散点图进行聚类,提取碳转移特征;以基于投影散点图设计的部门间的碳转移时空网络和聚类矩阵图等多个并列视图展示不同时间步的碳转移特征的时空演变。最后,集成便捷的用户交互模式,设计与研制碳转移特征可视分析系统,支持用户从多个角度交互地探索碳转移特征。

(二)相关工作

1.碳排放数据分析

投入产出分析在碳转移特征研究中得到广泛应用,主要研究方法包括单区域投入产出模型(SRIO)、双边贸易投入产出模型(BTIO)和多地区投入产出模型(MRIO)。其中,多区域模型常用于计算不同区域间的碳转移规模。例如,Lv 等(2019)结合多区域投入产出模型和社会网络分析法,厘清了各个省份在碳转移网络中的空间分布和角色。Yuan 等(2022)采用投入产出模型和多区域投入产出模型估算了黄河流域 9 个省份与产业部门间的隐含碳转移量。Zhou 等(2018)利用多区域投入产出模型估算了国内贸易中隐含的碳排放,并研究了其关键行业转移。还有的研究采用可视化技术进行碳数据分析。例如,Du 等(2015)用卫星数据进行海气二氧化碳通量时空可视化,展示了海洋碳循环中碳汇和碳源的动态。Andrysco 等(2008)提供了可视化工具以检查高分辨率二氧化碳数据,帮助用户更好地理解二氧化碳在大气中的传输方式。

2.网络图挖掘

网络图挖掘技术旨在提取图的结构属性,其广泛应用于生物信息学、计算机视觉和社会网络分析等领域,主要分为图聚类、图分类和子图挖掘。(1)图聚类:以图形方式对数据进行聚类,包括基于模块化的聚类、图分区和基于密度的聚类。Combe 等(2015)提出的 I-Louvain 方法用于检测属性图中具有真实属性和顶点关联的社区。(2)图分类:将图形数据库中的单独图形分为两个或多个类别。Ma 等(2018)提出的高效图分类算法基于图集重构和图核特征约简,在预测方面有显著改进。(3)子图挖掘:寻找在图数据集中频繁出现在各个图数据中的子结构。Abdelhamid 等(2016)提出的并行频繁子图挖掘系统实现了良好的负载平衡,减少了搜索空间。

3.网络图可视化

网络图可视化是信息可视化中的一个重要领域,通过展示元素间关系帮助用户观察和分析数据。其中,节点链接图是最早引入的描述图形的方法,它将实体表示为节点,将节点之间的关联表示为链接或边。流程图是有效描述节点间流程结构和模式的方法,如弦图和桑基图。空间填充图通过隐式表示节点关系和展示较大图形。图布局算法普遍用于图形的绘制,能够减少边缘交叉从而更好地进行图可视化。经典的图布局方法有力导向布局、圆形布局、径向布局、树形布局等。大规模时空数据通常复杂、高维且难以分析,利用可视化技术能够直观地展示复杂数据特征,如空间网络可视化、时序网络可视化、时空网络可视化。Lu 等(2015)设计了 OD-Wheel 系统,该系统利用圆一线混合视觉设计将出租车起点、终点间的时空交通模式可视化。周志光等(2019)提出了 VisIOT 可视分析系统以展示经济产业结构的关联特征,并设计了社区时序演变图以展示社区结构特征的时序演化规律。Baskaran 等(2017)将时间映射到颜色空间中的时间曲线上,能够有效地进行交通路径数据的时空可视化。

(三)需求分析与系统流程

1.数据描述

本文聚焦我国碳转移及时空演变的可视分析研究,包含省份、部门间的碳流动、碳传播路径、碳转移时空特征和时空演变特征的研究。为保证研究结果的科学准确性,本文选择中国多区域投入产出表和基于 IPCC 分部门排放核算方法的省级碳排放量清单作为研究数据。

2.需求分析

通过与碳排放数据分析领域的两位专家(E1 和 E2)就碳排放空间转移时空特征分析的需求进行深入讨论,得到了以下可视分析任务:

T1:建立地域部门间的碳转移网络,转化初始投入产出数据为碳转移数据,以直观展示碳转移规模和关系。

T2:提取碳排放的空间转移特征,从数据中清晰展示产业部门之间的碳排放转移关系。

T3:分析碳转移特征的时序变化,研究经济、科技、政策等因素导致的碳转移特征变化趋势。

T4:构建碳转移特征可视分析系统平台,满足数据管理、网络构建、特征提取和时空演变分析等功能需求。

3.系统概述

本文基于投入产出数据设计了碳转移特征可视分析框架,如图1所示。

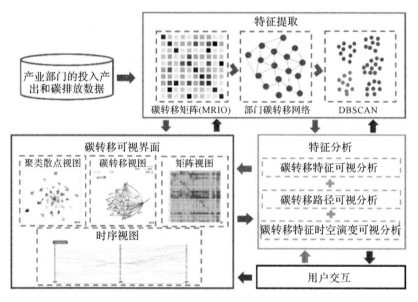

图1　系统流程图

首先,导入初始地域部门的投入产出数据和碳排放数据,对年份、部门等属性信息进行预处理后,利用 MRIO 模型构建碳转移矩阵,并借助地域部门间的碳转移关系构建碳转移网络(T1);其次,将碳转移网络的节点转换为高维向量表征,在降维处理后运用 DBSCAN 聚类算法提取碳转移特征,以探究不同地域部门之间的碳转移关系的空间聚集性(T2);然后构建多个关联视图以展示不同时间步的碳转移特征、碳转移路径等,以探索地域部门间的碳转移时空演变特征(T3);最后,通过设计矩阵图、散点图、双向力导向图等可视化图表,直观地呈现碳转移特征;此外还设计了大量交互供用户探索碳转移时空特征及演变规律(T4)。

(四)碳转移特征可视分析

1.碳转移网络构建

本文基于地域部门的投入产出表,构建不同省份的投入产出表,然后结合地域部门的投入产出表以及省份之间的贸易产品流动关系,利用 MRIO 模型计算省份间的碳转移规模,进而构建省份间的碳转移矩阵 T^{RS},计算公式如下:

$$T^{RS} = D^{RS}(I - A^{RS})^{-1}F^{RS} \qquad (1)$$

其中,D^{RS} 为区域的直接碳排放系数矩阵,I 为单位矩阵,A^{RS} 为各省份的投入产出表的直接消耗系数矩阵,F^{RS} 为各省份的投入产出表的最终需求矩阵。

基于省份间的碳转移矩阵,利用力导向算法获取网络图布局,采用有向边的设计呈现各省份之间的碳转移关联,进而构建所有省份之间的碳转移网络。省份间的碳转移网络是由多个节点和节点之间的边所组成的,其中,网络中的节点代表省份信息,边表示省份之间的碳转移关系,红绿渐变表示碳流入方向,线的粗细表示碳转移规模。设计饼图代替节点显示省份的具体属性信息,红色扇形表示省份碳转移的总流入量,绿色扇形表示省份碳转移的总流出量。此外,基于省份碳转移矩阵,设计了矩阵图展示碳转移情况。①

2.碳转移特征提取

本文基于各区域的投入产出表利用 MRIO 模型量化地计算了中国地域部门之间由贸易产生的碳转移规模,结合部门之间贸易产品流数据的流动关系,构建了所有地域部门间的碳转移网络。然后,基于构建的部门碳转移网络,进行碳转移特征提取。图 2 展示了碳转移特征的提取过程,首先利

---

① 因印刷所限,本文配图无法呈现原图,需彩色图可与出版社联系,下同。

用 GRL 模型提取原始网络的拓扑特征,节点被表示为高维空间向量,其中相似的节点彼此接近。该方法将广度优先游走(BFS)和深度优先游走(DFS)融合到一起,实现一种有偏向性的随机游走过程。node2vec 引入 p 和 q 两个参数,其中 p 决定随机游走时的广度,q 决定游走的深度,选取概率的计算方式为:

$$\pi_{ux} = \alpha_{pq}(t,x) \times w_{ux} \tag{2}$$

其中,w_{ux} 为节点 v 和与节点 x 之间的权值,$\alpha_{pq}(t,x)$ 为随机游走过程中的偏向系数,其计算方式为:

$$\alpha_{pq}(t,x) = \begin{cases} \dfrac{1}{p} & if\ d_{tx} = 0 \\ 1 & if\ d_{tx} = 1 \\ \dfrac{1}{q} & if\ d_{tx} = 2 \end{cases} \tag{3}$$

其中,d_{tx} 表示节点 t 和节点 x 之间的最短路径距离。

t-SNE 是一种有效的降维方法,能够在增强局部特征的同时保留网络的全局特征。本文利用 t-SNE 将高维向量投影到二维空间,其中网络的关联特征得到增强。最后通过 DBSCAN 算法进一步增强各地域部门之间的空间关联特征,碳排放空间转移关系密切的部门被聚到一类。本文设计了降维聚类散点视图[如图 3(e)]以显示地域部门之间碳转移的特征,散点代表地域部门,散点之间的距离和颜色分别代表地域部门之间的碳转移关联程度和聚类所属类别,距离越近表示部门之间碳转移关系越密切。

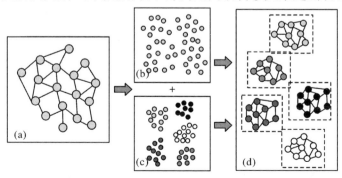

图 2　碳转移特征的提取

3.碳转移时空特征分析

本文利用不同年份的投入产出数据构建了碳转移时空网络,通过特征提取后,设计了多种关联视图,同时展示了不同时间步的碳转移特征,以揭示碳转移模式及其时序变化。还设计了基于聚类的碳传播网络视图,采用有向力导向图展示了部门间的关联关系,边的粗细表示碳转移规模。同心圆节点描述地域部门属性信息,节点内圆的颜色代表部门的聚类,外环颜色描述了部门的省份信息。此外,基于构建的聚类部门传播网络设计了聚类矩阵视图以展示聚类内不同地域部门间的碳转移的具体信息,如碳转移规模等。数字描述了地域部门名称,数字的颜色代表了部门所属省份信息,与碳传播网络视图中节点外环颜色一致。针对各聚类,设计了聚类桑基图以展示部门聚类类别随时间的演变情况,默认情况下不显示该视图。桑基图的颜色与投影散点图中的散点颜色保持一致,线条代表碳排放部门所属类别随时间的演变情况。

4.系统设计与交互

系统提供了丰富的碳转移特征时空关联分析的交互功能,包括时间选择滑动轴和视图隐藏按钮。为了探索省份之间的碳转移关系,用户可点击矩阵图的块来查看两个省份的部门之间的碳转移情况。每个矩阵块可显示不同省份或部门之间的碳转移规模。用户还能通过点击数据视图中的产业部门获取该部门与不同省份的碳转移矩阵。在地图视图中,用户可选择省份,展示该省份与其他省份的碳转移关系网络。并且,本文协调了聚类散点视图、碳传播网络视图和聚类矩阵视图三个视图的交互,帮助用户观察地域产业部门的碳转移时空网络时序变化。

(五)案例分析

1.案例分析

(1)省份碳转移特征分析。以 2017 年为例,我国 30 个省、自治区、直辖市(港、澳、台及西藏因相关数据缺失,不纳入研究)中,碳排放向其他地区转移规模前三的是内蒙古、河北和江苏[见图3(a)]。河北和内蒙古是重要的重化工业和能源生产基地,向其他地区输出大量产品导致碳排放转移规模巨大。江苏作为工业大省,与外地进行大量工业产品贸易,同样导致碳排放转移规模巨大。而从其他地区向本省转移碳排放规模前三的是广东、河南、浙江[见图3(b)]。这些地区制造业密集,需要调入大量能源和原材料,导致碳排放大量转入。此外,相邻地区之间也表现出密切的碳排放转移关系,尤其是北京、天津和河北之间,由于距离近、运输成本低,碳转移更为频繁。

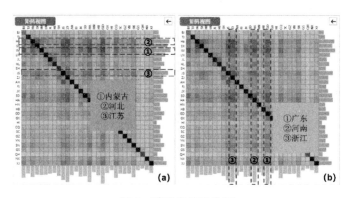

图3 碳转移情况分析

查看农林渔牧水利行业各省份之间的碳转移关系,可以发现碳转出排名前三的地区是黑龙江、内蒙古和江苏[图4(a)],黑龙江是农业大省,内蒙古自治区适宜畜牧业发展,江苏省水资源丰富因而渔业和水利行业繁荣。这三地向其他地区输出大量农产品、畜牧产品和渔产品,因此在相应行业有较大规模碳转出。对于石油天然气开采行业,碳转出规模最大的三个地区为新疆、青海以及陕西[图4(b)],新疆、青海、陕西三地的石油气及矿产资源丰富,西气东输等政策使这些地区的石油天然气资源被运输到其他地区,因此石油天然气开采行业的碳转出规模大。此外,在批发、零售、贸易和餐饮服务行业,黑龙江、河南和河北在碳转出规模中排名前三[图4(c)]。

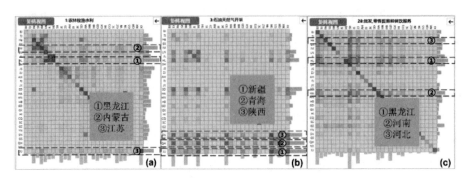

图4 不同行业省份之间碳转移关系

(2)碳转移特征分析。在数据加载后,专家通过聚类散点图的不同聚类进行碳转移特征分析。图5(a)—5(c)显示,大多数聚类仅包含一个地区的部门,表明省份内部的碳转移关系更密切。

在图7中,选择了4个聚类,研究每个聚类内黑色金属冶炼与压延部门的最大权重碳转移路径。2012年,黑龙江、江西、安徽、重庆四个地区中,黑色金属冶炼与压延部门的最大权重转移路径始于该部门,首先转移到运输存储和邮电服务部门[图6(a1)、(b1)、(c1)、(d1)],表明这些省份中,该部门与运输存储和邮电服务部门间的碳转移规模最大。2015年,黑色金属冶炼与压延部门的最大权重碳转移路径与2013年高度相似,同样以运输存储和邮电服务部门为目标[图6(a2)、(b2)、(c2)、(d2)]。然而,2017年,这四个省份的黑色金属冶炼与压延部门的最大权重碳转移路径为从该部门转移到建筑部门。由于取暖季限产,建筑钢材产量减少,钢材需求由社会库存消化,在2017年,最大权重碳转移路径为由黑色金属冶炼与压延部门转移到建筑部门。

(3)碳转移特征的时空规律分析。在观察碳转移特征的时空演变过程中,选择2017年卡其色聚类图[图7(a)],发现新疆非金属矿产开采和选矿部门在2012年和2015年均属于紫色聚类。通过分析该部门的碳传播网络,发现在2012年和2015年,该部门与其他部门之间的碳转移较少,但在2017年与青海的产业部门之间的碳转移较多[图7(b)]。观察聚类矩阵图,发现在2013年和2015年,新疆非金属矿产开采和选矿部门与青海产业部门之间的碳转移规模较小,而在2017年与多个部门间的碳转移规模显著增加[图7(c)]。

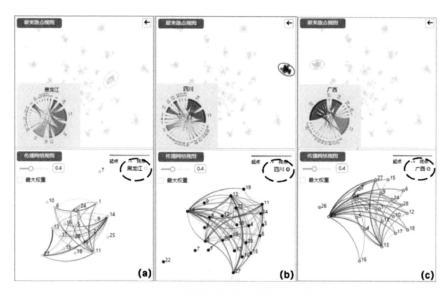

图5 地域部门之间的碳转移特征

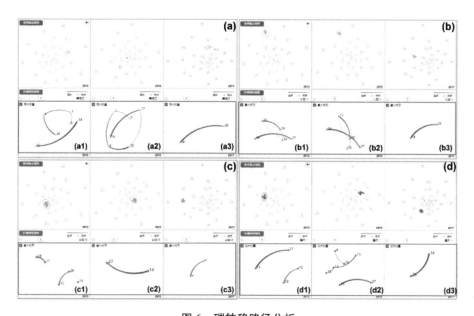

图6 碳转移路径分析

因此,2017年该部门被划分到卡其色聚类。通过点击2012年的紫色聚类,观察其他年份的部门聚类分布,同样发现2017年新疆非金属矿产开采和选矿部门属于卡其色聚类。对比两大聚类中该部门与类内其他部门之间的碳转移关系,发现在 2012 年和 2015 年,该部门与紫色聚类内的新疆部门之间的碳转移规模更大,而在 2017 年与卡其色聚类内的青海产业部门之间的碳转移规模更大。

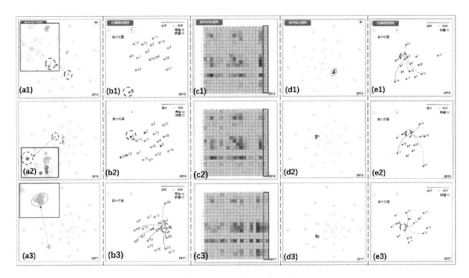

图 7　碳转移特征的时空规律分析

(4)讨论。

通过与专家的沟通以及实际应用,发现系统仍有不足之处。

①碳排放数据来源统计粒度较粗,不能精确地计算和表达各个地域部门之间的碳排放和流动规模,不利于后续的数据分析。在未来的工作中,将进一步与相关部门合作,获得更细粒度的数据,从而更加准确地测算碳排放及碳转移情况。

②数据维度单一,无法从更多维度对碳转移的原因进行分析。在未来的工作中,需要获得更多维度的数据,并进行碳减排策略的仿真模拟以及预测可视化,这对碳减排政策的实施具有实际意义。

三、中国碳排放的时空特征可视分析研究

(一)引言

二氧化碳是导致全球变暖、海平面上升和极端天气频繁发生的主要温室气体。在此情境下,全球各国对碳排放责任的划定引发了争议。中国作为主要碳排放国之一,为实现 2030 年前"碳达峰"和 2060 年前"碳中和"目标,面临巨大减排压力。有效减少碳排放的关键在于制定切实可行的减排政策。中国的广阔国土带来了地理、资源、人口和生活方式的多样性,导致不同区域在碳排放责任划定方面面临复杂问题。因此,深入了解碳排放原因,制定适用于不同地区的减排政策具有挑战性。

目前的碳排放研究主要集中在能源消耗与碳排放的关系上,以揭示碳排放的空间特征并为减排政策提供基础。然而,这些研究未充分考虑地理空间和网络特征,未能有效分析产业结构和地理空间对碳排放的影响。此外,现有研究呈现的碳排放变化多以静态统计图表形式呈现,难以直观观察时空特征和演化,对于实施碳减排政策不够有利。

因此,在与碳排放研究领域的专家进行了深入讨论之后,认为用户需要可视分析工具以促进碳减排决策。分析碳排放原因可以发现面临三个挑战:(1)不同区域的碳排放网络复杂,受地理空间影响,需要整合地理空间和网络结构构建提取碳排放特征的模型;(2)建立基于地理空间和碳排放网络的直观可视分析系统时,由于碳排放数据规模大,提取时空特征和寻找模式具有挑战性;(3)碳排放特征在空间和时间上差异大,呈现复杂的时空演变轨迹,难以可视化地呈现局部区域碳排放的时空特征和演化轨迹。

为了解决上述挑战,本文提出了一个可视分析系统来探索碳排放中的时空特征。首先,提出了基于区域相关的碳排放地理空间加权网络。基于层次分析过程(AHP)的 Louvain 社区检测方法识别了不同地区的碳排放特征,并提取了碳排放特征。在此模型的基础上,提出了一个可视分析系

统,通过集成的可视化图表,如地图视图、矩阵树图、投影轴,可以对碳排放数据进行直观的时空特征探索。随着时间的推移,可由多个协调视图联动展示特征演变,并提出了许多可视化技术,以促进局部区域碳排放时空演变的探索。通过对真实数据集案例的研究,证明了所提出的方法和系统工具的有效性和实用性。

(二)相关工作

1. 空间分析

在空间分析中,各种可视化方法被提出来展示地理数据集。Goug 等(2017)研究了我国空气污染的空间聚集,提出了控制建议。Huang 等(2019)设计了一个分析系统,识别了地图可视化和地理统计分析中的不确定性影响。Tiede(2014)提出了一种基于面向对象数据建模的自动地理空间叠加方法,概述了空间变化模式的可视化。空间统计学在分析中应用广泛。Baumout 等(2004)分析了城市内空间人口和就业的分布,发现大多数城市仍然呈现单一中心模式。Griffith 等(2015)研究了空间自相关对空间平衡的影响,深入了解了经济网络的弹性和脆弱性。

地理空间网络分析融合了地理空间分析和复杂网络科学。在地理空间中,更近的物体相较于更远的物体更相似。Chin 等(2015)提出了改进的地理 PageRank 算法,用于在地理空间网络中进行人类运动识别。Du 等(2015)考虑了网络的全局结构和局部节点信息,设计了一种基于距离的紧密中心性算法。Guo 等(2018)开发了 STOCS 算法,将轨迹数据转换为空间网络,并将其划分为地理区域,以便发现空间群落的运动。

2. 时间分析

时空可视化是一种应用广泛的时间分析方法,用于多个领域,如位置选择、城市规划、空气污染等。Chavan 等(2017)提出了 Scout,一个支持时空数据的交互式可视化系统,利用 GPU 实现实时查询性能。Maia 等(2016)开发了一个离线聚类工具,可在网络上实现可视化时空模式的四维维度,包括空间、时间、内容和社交。Polk 等(2019)提出了一种数据驱动的时空视觉分析法,可应用于个人网球比赛。Huang 等(2021)通过时空聚集和空间统计数据分析 COVID-19 的空间分布格局和演变特征,为疫情防控提供决策信息。博亚丹等人引入了流量图,通过连接时间热图和地理地图展示时间 OD 数据,用于显示流量随时间变化的情况。随着时间数据可用性的增加,动态网络可视化在各个领域得到广泛应用,成为一个热门的研究方向。格雷利奇等人设计了时间参数树,这是一种可视化工具,通过绘制节点链接图在一个视图中可视化加权的动态复合有向图。贝克等人介绍了一种基于并行边缘检测技术的时变图可视化技术,具有可扩展的时间步数。

(三)需求分析和系统概述

1. 数据描述

本文使用的数据是由中国碳核算数据库(CEADS)提供的省级表观碳排放清单数据,包括 1998 至 2017 年中国中央政府直属的 30 个省级行政区(西藏、香港、澳门、台湾由于数据缺失,不在展示的范围内;为叙述方便,下文以"省份"代指省级行政区)的碳排放数据。数据包括来自化石燃料资源和建筑材料资源,包括原煤、原油、天然气和建筑材料。

2. 需求分析

本文的分析任务是通过与两位现场专家(E1 和 E2)在碳排放和视觉分析方面的交流和讨论,获取他们对碳排放数据和时空视觉分析的需求。本文总结了他们的需求和意见,并制定了以下四个分析任务:

T1:构建碳排放地理空间网络,融合空间和网络结构,以研究不同的碳排放特征。

T2:设计模型识别碳排放网络的时空特征,考虑相邻地区的经济社会发展和产业结构相似性。

T3:可视化系统能展示中国碳排放地理空间网络的复杂结构和时空特征,协助专家选择数据特征。

T4:分析碳排放的时空演变,关注经济、科技和政策变化对空间和网络特征的影响。

3.系统概述

本文基于需求设计了一个碳排放数据可视分析系统(见图8)。首先,考虑到不同的碳排放水平,输入初始的碳排放数据。利用层次分析的方法计算每种能源类型以及碳排放源的影响权重,从而计算出每个省份的最终碳排放影响系数,基于地理邻近关系构建了地理空间加权网络,并利用Louvain社区检测方法对邻近省份进行聚类,以探索不同区域(T1、T2)的碳排放空间聚集特征。然后,基于碳排放分析的要求,设计了一套丰富的视觉图表,如地图视图、网络视图、投影轴、矩阵树视图、旭日图和时间平行坐标,分析碳排放的主要成因和直观呈现碳排放的地理空间网络和时空特征(T3)。此外,集成了丰富的交互设计于可视化系统中,使领域专家能够深入了解碳排放的空间特征和时空演化特征(T4)。

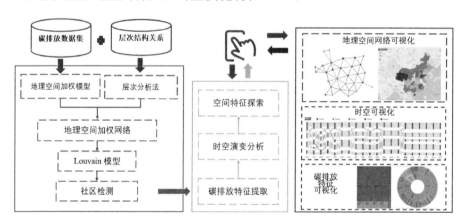

图8 可视分析系统的概述

(四)碳排放特征提取

1.基于层次分析的地理空间加权网络

本研究采用的碳排放数据包括石油、天然气、原煤三种能源和一种与建筑材料相关的碳排放。每种能源都包含多种类型的碳排放源。不同省份的能源类型及其内部碳排放源的层次关系影响着碳排放总量。为了减少相邻省份碳排放聚集效应的差异,计算考虑了能源类型和来源,采用解析层次过程(AHP)计算了两层数据对碳排放的总影响。用 AHP 方法可将问题划分成不同的部分,通过计算每个部分对总体的影响因子,加权求和得到总体的影响系数。层次分析法的步骤如下:

(1)成对比较矩阵的构建。

在本文中,$C = \{C_1, \cdots, C_n\}$ 表达因子,并采用两两比较法计算因子对总值 G 的影响。结果由矩阵表达,$\boldsymbol{A} = (a_{ij})_{n \times n}(a_{ij} > 0)$ 如下:

$$\boldsymbol{A} = \begin{bmatrix} a_{11} & a_{12} & \cdots & a_{1n} \\ a_{21} & a_{22} & & a_{2n} \\ \vdots & & \ddots & \vdots \\ a_{n1} & a_{n2} & \cdots & a_{nn} \end{bmatrix} \tag{1}$$

其中 a_{ij} 表示 C_i 和 C_j 对 G 的影响的比值,$a_{ij} = 1(i = j)$,$a_{ji} = 1/a_{ij}$。因此,$\boldsymbol{A}$ 是一个 n 阶的正倒数矩阵。

(2)成对一致性矩阵的构建。

成对比较矩阵中每行元素的一致性矩阵 $\boldsymbol{A} = (a_{ij})_{n \times n}$,与 n 一致性矩阵 $R^{(k)}(k = 1, 2, \cdots, n)$。根据 k^{th} 构造一致性矩阵的对比矩阵 $\boldsymbol{A}$ 如下:

$$R^k = (r_{ij}^{(k)})_{n*n} = \left(\frac{a_{kj}}{a_{ki}}\right) = \begin{bmatrix} 1 & \frac{a_{k2}}{a_{k1}} & \cdots & \frac{a_{kn}}{a_{k1}} \\ \frac{a_{k1}}{a_{k2}} & 1 & \ddots & \vdots \\ \vdots & \vdots & \vdots & \frac{a_{kn}}{a_{kn-1}} \\ \frac{a_{k1}}{a_{kn}} & \cdots & \frac{a_{kn-1}}{a_{kn}} & 1 \end{bmatrix} \tag{2}$$

采用方根法求解唯一单位向量 $W^{(k)}$ 对应的最大影响 $R^{(k)}$:$W - (k) = (w_1^{(k)}, w_2^{(k)}, \cdots, w_n^{(k)})$。

(3)各因子的影响系数可表示为如下:

$$W = \frac{1}{n}\left(\sum_{k=1}^{n} w_1^{(k)}, \sum_{k=1}^{n} w_2^{(k)}, \cdots, \sum_{k=1}^{n} w_n^{(k)}\right) \tag{3}$$

因此,第 m 个省份的碳排放影响可表示为如下:

$$G = \sum_{j=1}^{3} b_j w_j \sum_{j=1}^{8} a_{ij} w_{ij} \qquad (4)$$

两个省之间的碳排放量差异可以用如下方法计算:

$$e_k = \mid G_i - G_j \mid_{i \neq j} \qquad (5)$$

每个省份可以被表示成网络中的节点,省份组成一个节点集 $V = \{v_1, v_2, \cdots, v_n\}$,相邻省份的碳排放差异可以被表示为网络边的权重 $E = \{e_1, e_2, \cdots, e_m\}$。最后,基于相邻省份的碳排放差异数据,可以构建一个地理空间加权网络 $G(V, E)$,其中节点表示省份,两个节点之间的边表示两个省份之间的碳排放差异,差异越大,边的权重越大。

2. 地理空间加权网络的特征提取

Louvain 是一种基于模块度的社区检测算法,它可以将大规模网络快速划分为不同粒度的社区。本文利用 Louvain 算法识别相邻省份的碳排放网络结构,提取空间特征。Louvain 是一种基于贪心策略的模块度最优算法,社区划分的好坏由模块度大小决定,当社区中的模块度不再增益时,算法达到收敛。其中模块度的计算方法如下:

$$\Delta Q = \left[\frac{C_{in} + k_{i,n}}{2m} - \left(\frac{C_{tot} + k_i}{2m} \right)^2 \right] - \left[\frac{C_{in}}{2m} - \left(\frac{C_{tot}}{2m} \right)^2 - \left(\frac{k_i}{2m} \right)^2 \right] \qquad (6)$$

其中 C_{in} 表示社区 C 中边的权重之和,C_{tot} 是社区 C 中相邻节点的边权重之和,k_i 是指向节点 i 的所有相邻边的权值之和,$k_{i,n}$ 是节点 i 和所有节点相邻的边的权值之和,m 是地理空间加权网络中所有边的权值之和。

(五)碳排放可视化

1. 地理空间网络和空间特征可视化

节点链接图用来布局一个基于力导向模型和地理空间加权网络模型的碳排放地理空间网络,节点代表省份,边表示相邻省份之间的碳排放差异。在 Louvain 模型应用后的地理空间网络上观察特征提取结果。在地理空间网络视图中,不同颜色的节点代表不同的社区类别。地图中相应区域的省份颜色与被选择为某一类别时,颜色相一致。

红色和绿色用于绘制地图视图中的碳排放量图。红色表示高于各省的平均碳排放量。绿色表示低于各省的平均碳排放量。红色越深,碳排放量越高。绿色越深,碳排放量越低。此外,地图上的投影轴用于分析碳排放的空间聚集特征的变化趋势。投影轴有两种模式,通过投影轴可以观察碳排放的空间演化趋势和投影轴两侧的碳排放分布差异。红色和蓝色区域分别是沿投影轴上方和下方区域的碳排放高斯分布曲线,橙色区域表示两侧碳排放的差异。

2.时空特征和时间演化的可视分析

为了分析碳排放随时间变化的特征演变,研究采用了交互展示。平行坐标视图展示了省份聚类类别随时间的变化,使用 Louvain 模型确定,每个类别以不同颜色块表示。矩阵树图展示了选定类别中省份的碳排放原因和平均碳排放情况,包括造成碳排放的能源类型和内部碳排放源。此外,Sunburst 视图表示了选定年份中聚类省份的碳排放分布和比例。选择特定类别后,Sunburst 视图重新布局,展示该类别下各个省份的碳排放组成,并在平行坐标视图中高亮显示对应的省份。

3.交互

本文的系统结合了视觉设计和用户交互来探索时空特征。控制面板提供了几个可修改的参数来查看碳排放的演变,包括年份、省份和投影轴参数,如高斯分布参数、中心点位置和旋转角度。通过选择网络视图中的节点,突出显示地图上对应的省份和平行坐标图中同一聚类类别对应的颜色块,直观地显示具有相同聚类类别的省份和类别的碳排放随时间的变化曲线。在矩阵树图视图上,用户可以在平行坐标视图中观察所选类别的碳排放组成。在平行坐标视图中选择特定的聚类类别时,Sunburst 视图显示所选聚类类别中省份的碳排放组成。

(六)评估

1.案例研究

(1)案例1:碳排放的空间特征探索。该案例探讨了不同地区的碳排放分布情况。本研究设计了一个投影轴,通过高斯分布将投影轴两侧的碳排放量投影到轴上。以 2012 年中国东南一西北向的碳排放量为例,在选择投影轴的角度和中心点后,东南地区的碳排放量明显高于西北地区,如图 9 (a)所示。两个峰值在投影轴的右下方。峰值 1 是由江苏、山东、河北等省份经济发展带来的碳排放量较大造成的。峰值 2 则是由内蒙古、山西等省份的碳排放量大造成的。

图 9(b)中中国地域沿着秦岭一淮河一线被分为南北两部分,可用于比较和分析碳排放差异。东部地区是碳排放的主要集中区域,而中西部地区的排放较少,导致南北差异较大。投影轴上方的区域 1 代表山东、河北、辽宁等省份的碳排放,而区域 3 代表山西、内蒙古的碳排放。此外,投影轴下方的区域 2 显示了较大的碳排放量,主要由经济发达的广东造成。

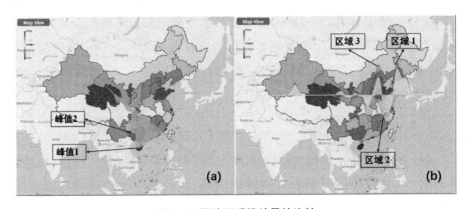

图 9 不同地区碳排放量的比较

(2)案例 2:碳排放的原因分析。观察到类别 1(蓝色)内的碳排放组成随时间的变化。类别 1 中的碳排放主要来自原煤和石油,而天然气和建筑材料的占比较低。在早些年份的这个类别中,是天然气造成了许多种不同碳排放源,但在 2013 年之后,天然气产生的碳排放量趋于稳定,主要是由"转入"引起的[图 10(a1—a3)]。2013、2015 和 2017 年,山东、江苏、广东的碳排放量位居第一个类别的前三名[图 10(c1—c3)],并且天然气主要来源于"转入"。原因在于这三个省份的天然气资源相对稀缺,外部依赖严重,天然气消耗逐渐增加,导致大量天然气引入。

选择类别 4 是为了观察碳排放组成随时间的变化。发现建筑材料带来

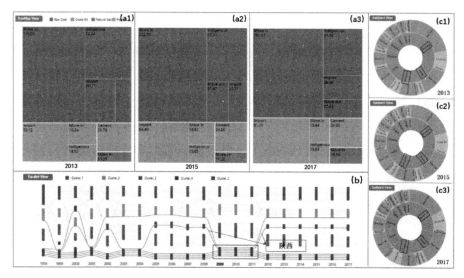

图 10　对碳排放特征的探索

的碳排放占总碳排放的比例最小。陕西省在 2009 年被纳入类别 4 中，并在 2012 年回到了类别 5（紫色），如图 10（b）所示。如图 11 所示，Sunburst 视图中陕西的碳排放情况显示，2008 年和 2012 年其碳排放情况与类别 4 中的省份不同。然而，在 2009 年、2010 年和 2011 年，陕西与类别 4 中的省份碳排放差异较小。

（3）案例 3：碳排放的时空演化特征探索。本文通过时空特征可视化展示了 1998 至 2017 年中国各地碳排放类别的变化，见图 12（e）的平行坐标视图。1998 年至 2003 年，由于地区经济不平衡，碳排放模式不稳定，导致多省经历了区域聚集变化。2008 至 2009 年和 2011 至 2012 年，受金融危机和基础设施政策影响，省级碳排放情况再次不稳定。然而，自 2012 年后，各省碳排放特征类别保持稳定。以类别 2（橙色）为例，可通过地图直观观察到属于该类别的省份。平行坐标视图支持对单个省份碳排放的时空演化分析，如图 12（d）所示，例如四川在 1998 年到 2012 年间类别发生变动，但在 2012 年后趋于稳定。

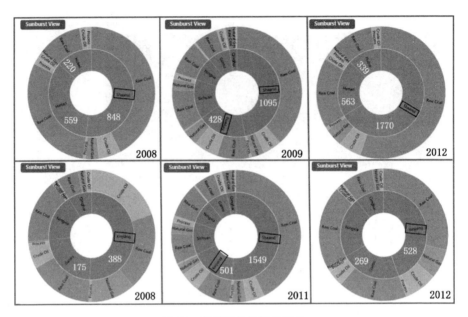

图 11　各省间的碳排放量比

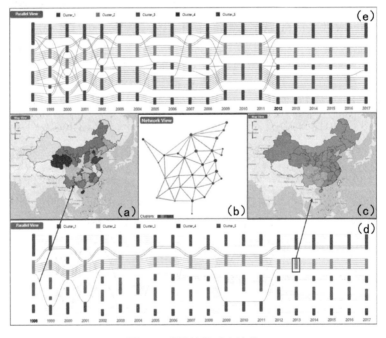

图 12　碳排放的时空演化

2.讨论

专家指出,该系统为分析区域空间特征和碳排放的时空演化提供了足够的证据。其主要优点是,利用 AHP 根据不同程度的碳排放源构建了一个地理空间加权网络,然后利用 Louvain 社区检测模型对相邻省份进行了聚类。此外,还实现了丰富的可视化图表,帮助用户以交互的方式简化和感知各省的碳排放原因和时空演变规律。

四、总结

本项目旨在研究碳排放数据,并提出创新的分析方法,以促进智能决策和实施碳减排方案。研究内容包括:

(1)基于投入产出数据的碳转移特征可视分析。

基于不同地区产业部门投入产出数据设计碳转移特征可视分析工具。首先基于多区域投入产出模型,对于不同地区产业部门之间的碳转移规模进行测算,构建所有地区产业部门之间的碳转移网络;然后在构建的碳转移网络基础上,利用 node2vec 模型将地区产业部门转换为高维向量表征,投影至低维空间直观地探索和分析碳转移关系紧密的产业部门;进一步,设计交互便捷的多个关联视图,同时展示不同时间步的碳转移特征,帮助用户快速地感知和发现碳转移的时序变化规律和异常;最后设计交互方案关联可视化系统,实现面向碳转移的可视分析,支持用户从多个角度交互地感知和探索隐含的碳转移模式及其时序变化特征。案例分析表明,该系统可帮助用户从多个角度分析碳转移特征,为碳减排决策提供理论支持。

(2)中国碳排放的时空特征可视分析研究。

本文提出了一个探索中国碳排放时空特征的可视分析系统。首先,基于地理空间加权网络建立模型,基于地理空间加权网络进行空间特征处理。然后,设计一组丰富的视图来呈现碳排放的空间分布、相关性和时间演化特征,如地图视图、网络视图和时间平行坐标视图。此外,通过检测模型和可视化设计,实现一个可视分析系统,使用户能够进行交互式探索,并更深入地了解碳排放组成和时空演化。通过中国碳排放数据集,本文展示了可视分析系统在探索碳排放的空间相关性和时间演化特征方面的有效性,以及它在我国碳减排政策建设方面的进一步应用价值。

项目负责人:周志光

项目组成员:苏为华　胡中庆　刘玉华

陈圆圆　张　翔　傅骏伟

王　侹　倪瑜那　翟如钰

[参考文献]

[1] 田成诗,盖美.碳排放的驱动因素与减排路径[M].北京:科学出版社,2020:12.

[2] 张海滨,戴瀚程,赖华夏,等.美国退出《巴黎协定》的原因、影响及中国的对策[J].气候变化研究进展,2017,13(5):439-477.

[3] 薛睿.《巴黎协定》格局下的中国碳市场应对[J].生态经济,2017,33(2):45-48,128.

[4] 周志光,石晨,胡淼鑫.VisIOT:经济产业结构关联可视分析[J].统计研究,2019,36(11):3-13.

[5] 李从欣,李国柱.河北省单位GDP碳排放指标地区分解研究[J].当代经济管理,2014,36(9):48-51.

[6] ZHONG Z Q, JIANG L, ZHOU P. Transnational transfer of carbon emissions embodied in trade：Characteristics and determinants from a spatial perspective[J]. Energy, 2018, 147：858-875.

[7] DAVIS S J, CALDEIRA K. Consumption-based accounting of CO_2 emissions[J]. Proceedings of the national academy of sciences of the United States of America, 2010, 107(12)：5687-5692.

[8] TIAN J, LIAO H, WANG C. Spatial-temporal variations of embodied

carbon emission in global trade flows: 41 economies and 35 sectors[J]. Natural hazards, 2015, 78(2): 1125-1144.

[9] Mi Z, Meng J, Guan D, et al. Chinese CO_2 emission flows have reversed since the global financial crisis[J]. Nature communications, 2017, 8(1): 1712.

[10] SU B, ANG B W. Input-output analysis of CO_2 emissions embodied in trade: the effects of spatial aggregation[J]. Ecological economics, 2010, 70(1): 10-18.

[11] LI Y, HEWITT C N. The effect of trade between China and the UK on national and global carbon dioxide emissions[J]. Energy policy, 2008, 36(6): 1907-1914.

[12] DU Q, XU Y, WU M, et al. A network analysis of indirect carbon emission flows among different industries in China[J]. Environmental science and pollution research, 2018, 25(24): 24469-24487.

[13] LV K J, FENG X, KELLY S, et al. A study on embodied carbon transfer at the provincial level of China from a social network perspective[J]. Journal of cleaner production, 2019, 225: 1089-1104.

[14] YUAN X, SHENG X, CHEN L, et al. Carbon footprint and embodied carbon transfer at the provincial level of the Yellow River Basin[J]. Science of the total environment, 2021, 803(1): 149993.

[15] ZHOU D, ZHOU X, XU Q, et al. Regional embodied carbon emissions and their transfer characteristics in China[J]. Structural change and economic dynamics, 2018, 46: 180-193.

[16] ZHU E, QI Q, SHA M. Identify the effects of urbanization on carbon emissions (EUCE): a global scientometric visualization analysis from 1992 to 2018[J]. Environmental science and pollution research, 2021(8): 1-12.

[17] DU Z, FANG L, BAI Y, et al. Spatio-temporal visualization of air-sea CO_2 flux and carbon budget using volume rendering [J].

Computers & geosciences, 2015, 77: 77-86.

[18] MA T, WANG H, ZHANG L, et al. Graph classification based on structural features of significant nodes and spatial convolutional neural networks[J]. Neurocomputing, 2021, 423: 639-650.

[19] BHATTACHARJEE P, MITRA P. A survey of density based clustering algorithms[J]. Frontiers of computer science, 2021, 15 (1): 139-165.

[20] MA T, SHAO W, HAO Y, et al. Graph classification based on graph set reconstruction and graph kernel feature reduction[J]. Neurocomputing, 2018, 296: 33-45.

[21] SUH A, HAJIJ M, WANG B, et al. Persistent homology guided force-directed graph layouts[J]. IEEE transactions on visualization and computer graphics, 2020, 26(1): 697-707.

[22] SCHULZ H J. Treevis. net: A tree visualization reference[J]. IEEE computer graphics and applications, 2011, 31(6): 11-15.

[23] WU Y, XIE X, WANG J, et al. Forvizor: Visualizing spatio-temporal team formations in soccer [J]. IEEE transactions on visualization & computer graphics, 2018, 25(1): 65-75.

[24] CUI W, LIU S, TAN L, et al. Textflow: Towards better understanding of evolving topics in text[J]. IEEE transactions on visualization and computer graphics, 2011, 17(12): 2412-2421.

[25] WU F, ZHU M, WANG Q, et al. Spatial-temporal visualization of city-wide crowd movement[J]. Journal of visualization, 2017, 20(2): 183-194.

[26] MAHESH K K, RAMA M R A. A fast DBSCAN clustering algorithm by accelerating neighbor searching using groups method [J]. Pattern recognition, 2016, 58: 39-48.

[27] GONG B, ZHENG X C, GUO Q, et al. Discovering the patterns of energy consumption, GDP, and CO_2 emissions in China using the

cluster method[J]. Energy, 2019, 166(1): 1149-1167.

[28] JIN X, ZOU B, WANG C, et al. Carbon emission allocation in a chinese province-level region based on two-stage network structures [J]. Sustainability, 2019, 11(5): 1-24.

[29] LUO X, AO X, ZHANG Z, et al. Spatiotemporal variations of cultivated land use efficiency in the Yangtze River Economic Belt based on carbon emission constraints[J]. Journal of geographical sciences, 2020, 30(4): 535-552.

[30] TURKAY C, SLINGSBY A, HAUSER H, et al. Attribute signatures: Dynamic visual summaries for analyzing multivariate geographical data [J]. IEEE transactions on visualization and computer graphics, 2014, 20(12): 2033-2042.

数字经济视域下长三角产城
融合发展的统计研究

一、研究背景

改革开放以来,中国经济发展方式发生了巨大转变,城镇化水平也在不断提升——2021年末全国常住人口城镇化率为64.72%,比1978年增加40多个百分点。在城市建设日新月异的同时,也产生了一些亟待解决的问题。其中,高速城镇化进程中的产业发展与城市功能融合并不十分紧密,部分地区的产城分离现象较为突出。在全面深化改革的关键阶段,如何妥善解决产业发展与城市功能的融合无疑是实现经济高质量发展过程中面临的重大现实问题之一。

党和国家对产城融合发展十分重视,《国家新型城镇化规划(2014—2020年)》指出,在新型城镇建设中必须要高度重视城市功能混合和产城融合。习近平总书记在《国家中长期经济社会发展战略若干重大问题》中强调,要建设一批产城融合、职住平衡、生态宜居、交通便利的郊区新城,推动多中心、郊区化发展。国家"十四五"规划也提出要坚持产城融合,完善郊区新城功能,实现多中心、组团式发展。长三角地区作为我国改革开放的重要窗口,其城镇化的路径和成效无疑具有广泛的引领带动作用。然而,不可否认长三角部分地区的城镇化发展仍然存在规划不尽科学、布局不尽合理的问题,与产业集聚区相分离的"卧城""鬼城"严重影响着城市产业与城市功能协调发展的步伐。

近年来,随着信息技术和电子商务等产业的发展,长三角地区数字经济日益活跃。数字经济通过大量数字基础设施建设来实现连接,可极大地降低社会交易成本、实现引导资源发挥作用的功能,逐渐成为拉动长三角经济增长、促进其高质量发展的引擎。数字经济具有促进技术创新、产业融合、绿色发展、信息共享等显著特征,在推动产业发展中发挥着提质增效作用的同时,也引导经济集聚和科技溢出效应的产生;而且数字经济还通过互联网、物联网、区块链等新一代信息技术帮助人们脱离工作场所的束缚,为灵活的工作形式创造可能,以此缓解产城分离所带来的通勤不便,从而影响城市产业与城市功能的协调发展。那么,就长三角地区而言,数字经济究竟会如何影响产城融合发展?背后存在怎样的内在机理和传导路径?影响程度又有几何?这些问题的研究,对于推动长三角地区高质量发展目标的实现来说,不仅必要而且极具现实意义。

二、数字经济影响产城融合发展的机理解析

产城融合是指由产业、城镇、人、土地、就业、居住等实体要素和思想、观念、政策理念、制度、社会环境等非实体要素共同构成的产城融合发展模式。产城两者在融合过程中相互影响、相互促进,并通过实体和非实体两个要素的交叉渗透,两个体系形成了多个子体系,从而在发展过程中形成了更高层次的复合体系。

在产城融合整个系统中,最为核心的要素是产业、城市以及进行生产生活的人。首先从产业方面看,通过将产业发展与城市规划紧密结合,可以打造具有竞争力的产业集群,提高城市经济的竞争力和创新力,同时也为居民提供更好的就业机会。其次从城市规划、城市管理以及城市环境等方面看,提升城市的品质和形象,可以优化城市生活环境,提高城市的竞争力和吸引力。针对人这一主体而言,产城融合意味着将人作为最重要的要素进行考虑,关注公共服务的配套提供,改善居民的生活和工作条件,提高居民的生活品质和幸福感。

近年来,数字经济在数字技术支持下不断发展,其创新需求不断地推动着科技的发展和应用,也因此推动产业、城市发展并提高人民的生活质量。在整个产城融合发展系统中,数字经济正是通过对产、城、人的直接影响及通过产城融合系统内子系统相互作用所带来的间接影响,对产城融合系统施加作用(如图1)。

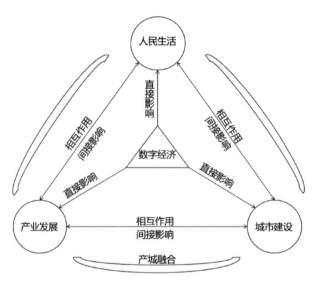

图1　数字经济影响产城融合发展的总体机制

(一)数字经济推动产城融合发展的内在机理

1.数字经济推动工业发展

数字经济可以促进工业产业绿色发展,是中国工业绿色高质量发展的重要动力(Li Liu等,2022)。具体来说,数字经济可以通过传感器和物联网实现设备之间的互联互通,提高生产效率和准确性,实现智能化数字化生产。其发展使得各种生产和行业数据得以收集和处理,为决策提供更加精准和实时的参考,同时也可以辅助企业实现智能化的调整和优化。随着生产效率的提高,资源浪费现象也随之减少,使得工业企业对环境的影响下降。

2. 数字经济推动服务业发展

对于服务业而言,电子商务的发展使人们的购买行为发生了很大的变化,这极大地推动了服务业的数字化进程。黄文杰(2021)认为数字经济可以改变服务贸易的业态形式、范围和属性,数字经济在总体上对服务贸易发展起到了积极的推进作用。随着物联网和大数据等技术不断发展,越来越多的服务业开始引入智能化技术,提供更便捷、高效、智能的服务,在提升服务品质的同时,还能够减少人力成本。数字经济基于大数据提供的多样化和个性化服务模式能够更好地满足消费者的需求。

3. 数字经济推动城市服务提升

数字经济推动产业升级的同时,促进了城市发展质量的提高,对城市交通、医疗、教育等领域产生了积极影响。首先,在城市交通方面,通过物联网、云计算、人工智能等数字技术的应用,实现了城市交通的智能化管理,有利于缓解交通拥堵、提高交通运输效率。汪明珠(2017)认为智慧交通代表了一种新的经济形态,应该充分发挥互联网和其他数字技术在生产要素配置中的优势和集成作用。而将数字经济的创新成果应用于交通运输领域,有助于提高社会整体的创新能力和生产力。其次,数字时代的数字医疗是电子化、大数据驱动的医疗(曹艳林,2022),大数据、人工智能等技术的应用使医疗行业得到创新发展,如远程医疗系统的建设使得患者可以在家问诊,提高了医疗服务的效率和舒适度,同时缓解了城市医疗资源压力。最后,数字经济可以实现教育的智能化,为学生提供更加优质、多样化、针对性的教育资源。

随着数字经济不断发展,城市服务不再局限于固定地点,而是通过数字化和智能化手段提高服务和资源的流动性和效率,大大缓解了城市空间承载压力,在促进资源共享的同时,为生产生活提供了针对性服务,使得城市在原有的硬件基础上获得了更大的空间承载能力和服务能力,让城市可以服务更多的产业、吸引更多人才。

4. 数字经济提高人们生活质量

武前波等(2022)认为杭州数字经济发展促进了城市人口的增长与集

聚,杭州在人口流入的过程中,集聚了大量创新型人才,有利于进一步拓展数字产业发展领域,营造良好的城市创新空间和创新环境,提高当地人民生活质量。Tao Cen 等(2022)也发现数字经济可以推动乡镇生活质量提高。

数字经济推动产业发展,必然促进城镇化进一步发展。随着城镇化的发展,产业结构会不断优化升级,过程一般为由以农业为主导转向以工业为主导,最终转化为以服务业为主导(Singelman,1978)。数字经济催生了更多服务数字化的相关职业,改变了劳动力市场需求,为就业创造了更多机会,也推动着人们收入提高。

5.数字经济推动产城融合

数字经济促进生产效率,优化人才结构,而其本身带来的新职业将使得劳动力市场需求变化,改变就业结构。同时,随着资源利用效率提高,可减少不必要的生产污染,改善城市环境。此外,数字经济能更有效地利用城市服务资源,提升城市负载能力,为大众提供更有针对性的服务以提高生活质量。数字经济直接促进产业、城市建设、人民生活发展,并间接通过产城融合系统对产城融合发展产生积极作用。数字经济推动产城融合机制见图2。

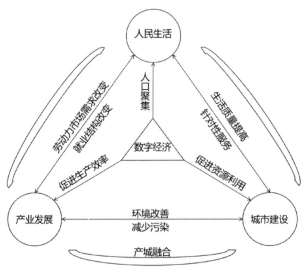

图2　数字经济推动产城融合机制

(二)数字经济阻碍产城融合发展的内在机理

综上所述,数字经济对产城融合发展具有积极的推动作用,然而就地区而言,其影响作用存在差异。如戚晓曜(2022)认为深圳存在产城融合发展不协调问题,王敏(2021)进一步发现了数字经济对服务业的优化升级在河北地区作用明显较弱,田刚元(2022)提出黄河流域上游城市的数字经济能效明显弱于下游城市,在部分地区还可能起了消极阻碍作用。因此,数字经济不仅对产城融合产生积极推动作用,也可能通过如下方式阻碍产城融合发展。

1.数字经济产生的职住分离效应

数字经济的发展使一些新兴行业不再需要大规模的办公场所,而是更加注重远程办公和网络连接。这会导致一些传统城市规划无法满足数字经济的需求,进而无法实现产城融合的目的。

2.数字经济产业集聚的负面影响

数字经济的发展也会带来聚集效应,一些数字经济产业会集聚在某些城市的中心地带,而城市中心地带的高房价和生活成本,使许多数字经济从业者选择远离市中心,追求更低廉的生活成本和更宽广的发展空间,这就会导致数字经济产业区和城市其他地区之间产生空间错位,进而阻碍产城融合的进程。

3.数字经济给传统产业带来冲击

一些传统产业由于无法适应数字经济的需求,面临产业转型和升级困难而失去竞争力。这也可能导致城市产业结构的变化和失业问题的加重,从而阻碍了城市产业的转型和发展,间接阻碍了产城融合的深入推进。

综上,数字经济阻碍产城融合发展的机理如图3所示。

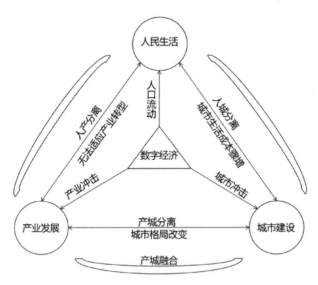

图3　数字经济阻碍产城融合发展机制

三、研究范围及数据来源

(一)研究范围

本文所研究的范围是长三角地区。2010年国务院正式审批通过的《长江三角洲地区区域规划》将浙江、江苏、上海列入长三角地区,2014年在《国务院关于依托黄金水道推动长江经济带发展的指导意见》中将安徽作为长江三角洲城市群的一部分。2016年,国家发改委规划确定长三角地区是上海市、江苏省、浙江省、安徽省范围内的26座城市。长三角的区域随着时代的发展不断地变动,而今上海市、江苏省、浙江省和安徽省三省一市全境范围都纳入了长三角地区。故本文以三省一市全境范围内共41个地级及以上城市作为研究范围。

(二)数据来源

本文数据来源于长三角地区41个地级市2012—2021年度统计年鉴及

《中国城市统计年鉴》,城市层面数据的统计口径为"全市",包括市区、市辖县和县级市。数字金融普惠程度来自北京大学数字金融研究中心课题组所制的 2011—2020 年数字普惠金融指数。

四、长三角地区数字经济发展水平测度及其时空演进

(一)数字经济发展水平测度指标体系

本文结合数字经济发展的新态势和新特征,并借鉴郑月明等(2023)对数字经济的相关测度研究,从互联网普及率、互联网相关从业人员数、互联网相关产出、移动互联网用户数、数字创新能力及数字普惠金融发展六个方面进行指标构建。

最终,本文构建的数字经济发展指标体系包含 4 个准则层和 6 个指标层,其中数字金融普惠指数由北京大学数字金融研究中心测度,共包含覆盖广度、使用深度、数字化程度 3 个维度,共计 33 个具体指标,其具体指标利用蚂蚁集团所提供的支付宝、余额宝、花呗、芝麻信用等的相关使用数据,通过指标无量纲化法、层次分析法、指数合成法实现测度,可以较好地反映人民对移动支付的使用程度,反映数字金融普惠程度。

(二)数字经济发展水平测度方法——熵值法

熵值法是根据各项指标数值的变异程度来确定指标权数的,并将结果转化到 0—1 范围内,是一种客观赋权法,结果可比性好。具体步骤如下:

①构建 41 个样本市 6 个指标的数据矩阵 $\boldsymbol{X}_{ij} = (x_{ij}), 0 \leqslant i \leqslant 41, 0 \leqslant j \leqslant 6, x_{ij}$ 为第 i 个城市第 j 项指标的数值。

②指标无量纲化。

对于正向指标:

$$Y_{ij} = \frac{X_{ij} - \min(X_i)}{\max(X_i) - \min(X_i)} \tag{1}$$

对于负向指标：

$$Y_{ij} = \frac{\max(X_i) - X_{ij}}{\max(X_i) - \min(X_i)} \quad (2)$$

③计算指标比值。

$$P_{ij} = \frac{Y_{ij}}{\sum_{i=1}^{41} Y_{ij}}, i = 1, \cdots, 41; j = 1, \cdots, 6 \quad (3)$$

④计算指标信息熵。

$$E_j = -\ln(41)^{-1} \sum_{i=1}^{41} P_{ij} \ln P_{ij} \quad (4)$$

⑤计算指标权重。

$$w_j = \frac{1 - E_j}{k - \sum_{i=1}^{41} E_j}, j = 1, \cdots, 6 \quad (5)$$

⑥计算综合评分。

$$S_i = \sum_{j=1}^{6} w_j \cdot x_{ij} \quad (6)$$

依据以上步骤,求得 41 个城市自 2011 年至 2020 年 6 个指标各自的权重,历年权重数据如表 1 所示。

表 1　数字经济测度指标体系

目标层	准则层	指标层	指标性质	单位	权重
数字经济测度	基础设施	每万人互联网用户数(X_1)	正向	户	0.0791
		每万人移动电话用户数(X_2)	正向	户	0.1029
	产业现状	电信业务总量(X_3)	正向	万元	0.1714
		计算机和软件从业人员(X_4)	正向	人	0.4577
	创新能力	地方科技、教育财政支出(X_5)	正向	万元	0.1555
	数字金融普惠程度	数字金融普惠指数(X_6)	正向	—	0.0334

(三)长三角地区数字经济发展水平及其时空演进特征

1.长三角地区数字经济发展水平测度结果

依据表 1 中的指标权重,结合公式(6)计算可得到 41 个城市 2011 年至 2020 年数字经济发展水平数据,如表 2 所示。

表 2　长三角城市数字经济发展水平(2011—2020 年)

城市	2011	2012	2013	2014	2015	2016	2017	2018	2019	2020
上海	0.3257	0.3636	0.5789	0.6253	0.6282	0.6425	0.7005	0.7760	0.8528	0.8444
杭州	0.1719	0.1997	0.2320	0.2398	0.2620	0.2972	0.3456	0.3541	0.3882	0.4195
南京	0.1059	0.1218	0.2558	0.2589	0.2662	0.2802	0.2974	0.3523	0.3515	0.3680
苏州	0.1165	0.1365	0.1845	0.1862	0.1902	0.2072	0.2336	0.2404	0.2659	0.2786
合肥	0.0514	0.0634	0.0808	0.0956	0.1124	0.1290	0.1386	0.1603	0.1724	0.1861
舟山	0.0328	0.0409	0.0482	0.1123	0.1235	0.0711	0.0691	0.0725	0.0753	0.1725
宁波	0.0910	0.1040	0.1140	0.1225	0.1299	0.1373	0.1562	0.1546	0.1657	0.1714
无锡	0.0778	0.0848	0.1072	0.1098	0.1173	0.1331	0.1442	0.1537	0.1654	0.1708
温州	0.0718	0.0827	0.0903	0.0923	0.1003	0.1068	0.1147	0.1219	0.1265	0.1303
常州	0.0512	0.0594	0.0702	0.0705	0.0763	0.0908	0.1015	0.1087	0.1145	0.1245
金华	0.0556	0.0692	0.0808	0.0855	0.0903	0.0941	0.1036	0.1154	0.1151	0.1226
南通	0.0484	0.0572	0.0706	0.0726	0.0764	0.0851	0.0956	0.0974	0.1077	0.1162
湖州	0.0338	0.0426	0.0583	0.0616	0.0651	0.0710	0.0840	0.0956	0.1004	0.1160
嘉兴	0.0581	0.0691	0.0787	0.0820	0.0864	0.0939	0.0999	0.1006	0.1054	0.1146
台州	0.0513	0.0617	0.0675	0.0700	0.0756	0.0814	0.0875	0.0945	0.1008	0.1045
绍兴	0.0481	0.0592	0.0654	0.0708	0.0761	0.0818	0.0886	0.0939	0.0972	0.1038
盐城	0.0346	0.0439	0.0527	0.0528	0.0594	0.0692	0.0776	0.0836	0.0904	0.0970
扬州	0.0386	0.0441	0.0548	0.0574	0.0617	0.0730	0.0813	0.0840	0.0886	0.0917
镇江	0.0300	0.0392	0.0476	0.0500	0.0548	0.0659	0.0764	0.0787	0.0862	0.0898
泰州	0.0288	0.0394	0.0423	0.0477	0.0513	0.0628	0.0714	0.0737	0.0801	0.0830
丽水	0.0248	0.0311	0.0378	0.0400	0.0454	0.0504	0.0563	0.0606	0.0656	0.0772

续　表

城市	2011	2012	2013	2014	2015	2016	2017	2018	2019	2020
徐州	0.0388	0.0489	0.0593	0.0618	0.0656	0.0763	0.0835	0.0889	0.0954	0.0767
芜湖	0.0210	0.0305	0.0401	0.0453	0.0517	0.0603	0.0656	0.0718	0.0746	0.0759
淮安	0.0227	0.0299	0.0390	0.0417	0.0462	0.0540	0.0621	0.0646	0.0702	0.0740
衢州	0.0264	0.0270	0.0365	0.0387	0.0453	0.0452	0.0553	0.0595	0.0648	0.0736
连云港	0.0258	0.0339	0.0620	0.0427	0.0469	0.0550	0.0617	0.0636	0.0691	0.0720
滁州	0.0151	0.0239	0.0314	0.0377	0.0418	0.0504	0.0538	0.0612	0.0667	0.0710
六安	0.0145	0.0214	0.0270	0.0314	0.0439	0.0475	0.0584	0.0641	0.0655	0.0685
宿迁	0.0192	0.0273	0.0362	0.0388	0.0428	0.0504	0.0576	0.0611	0.0682	0.0668
阜阳	0.0163	0.0246	0.0353	0.0247	0.0328	0.0374	0.0434	0.0569	0.0609	0.0646
马鞍山	0.0162	0.0244	0.0322	0.0315	0.0352	0.0437	0.0491	0.0561	0.0591	0.0630
安庆	0.0190	0.0259	0.0327	0.0375	0.0412	0.0448	0.0504	0.0563	0.0580	0.0606
宣城	0.0196	0.0252	0.0328	0.0324	0.0364	0.0403	0.0469	0.0528	0.0560	0.0576
亳州	0.0096	0.0167	0.0230	0.0248	0.0333	0.0409	0.0487	0.0469	0.0497	0.0564
宿州	0.0140	0.0198	0.0265	0.0352	0.0506	0.0511	0.0534	0.0523	0.0544	0.0564
蚌埠	0.0209	0.0203	0.0297	0.0305	0.0364	0.0416	0.0468	0.0501	0.0536	0.0554
黄山	0.0175	0.0234	0.0299	0.0279	0.0312	0.0348	0.0414	0.0477	0.0525	0.0537
淮北	0.0110	0.0173	0.0244	0.0294	0.0320	0.0400	0.0426	0.0461	0.0496	0.0526
淮南	0.0135	0.0213	0.0261	0.0290	0.0339	0.0401	0.0421	0.0458	0.0481	0.0502
铜陵	0.0137	0.0238	0.0307	0.0346	0.0397	0.0342	0.0536	0.0427	0.0462	0.0490
池州	0.0103	0.0161	0.0221	0.0219	0.0288	0.0333	0.0386	0.0434	0.0473	0.0484

注:表格中城市顺序是根据其 2020 年测度结果由大到小排序所得,以下同。

2.长三角地区数字经济发展水平的时空演进特征

为使数字经济发展进程得到更清晰地展示,本文利用 Geoda 对 2011 年、2014 年、2017 年和 2020 年 4 个代表性年份的数字经济发展水平进行可视化处理,为使发展进程显示得更加明显,本文选择以 0.05、0.10、0.15、0.25 为分界点绘制 2011—2020 年中国数字经济发展空间格局演变地图,如图 4 所示。

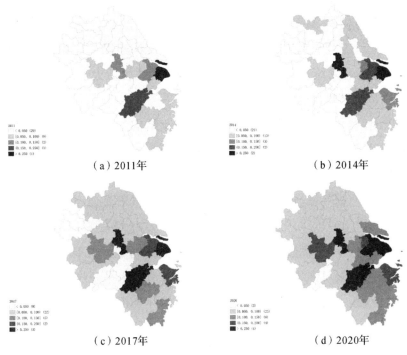

（a）2011年 （b）2014年

（c）2017年 （d）2020年

图4 长三角数字经济发展空间格局（2011—2020年）

从图4的变化可以直观地发现，在10年间，长三角地区数字经济发展
的整体水平在不断提升。其中上海发展水平一直处于全区域领先地位，杭
州、南京和苏州也迅速发展。而安徽省整体发展相对落后，其省会城市数字
经济发展水平在省内虽处于领先地位，但与长三角发达地区比较而言不高。
对于非省会城市而言，浙江各地级市总体发展速度高于江苏省、安徽省，其
中江苏北部城市及安徽偏内陆城市发展水平及速度都较为落后。可见互联
网企业可以积极带动整个区域的数字经济发展。

五、长三角地区产城融合发展水平测度及其时空演进

（一）产城融合发展水平测度指标体系

产城融合中产、城、人是最核心的三个因素，其中产业是产城融合发展

的动力所在,对产城融合发展全过程起到了支撑性作用。城市建设是产业、人民生活服务的载体,其发展程度决定了一个地区对产业、对人口的承载能力。而人则是一切生产生活的主体。基于此,本文构建以长三角地区产城融合发展水平为总系统,以产业发展、城市建设、人民生活为子系统,囊括了14个具体指标的产城融合发展测度指标体系。

进一步地,本文首先从产业规模角度和产业结构角度来衡量子系统的产业发展,分别使用地方人均生产总值和第二、三产业增加值占地区生产总值的比重来代表。其次从城市基础设施、公共服务及生态环境等角度来衡量城市建设,该准则具体分为基础医疗、基础教育、城市交通、环境质量,分别用每万人人均床位数、每万人中小学生在校人数、每万人城市道路面积及每万人实有公共营运车辆数和人均园林绿地面积及每亿元二氧化硫排放量来代表。最后,从人口聚集程度、就业结构、收入消费水平三个方面对人民生活进行评价,其中人口聚集程度由人口密度指标来衡量,就业结构由二、三产业人员占比进行衡量,收入消费水平由人均消费零售额及职工平均工资进行衡量。具体见表3。

(二)产城融合发展水平测度方法

1. 熵值法

前文中已对熵值法进行详细描述,此处不再赘述。

2. 耦合协调度模型

耦合协调度模型在研究多个系统的耦合协调关系方面应用广泛,其综合考虑多个方面、多种因素,考虑到层次结构之间的联系和影响,可用于各类系统间耦合协调关系的探讨。计算公式如下:

$$C = \left\{ \frac{f(x) \cdot f(y) \cdot f(z)}{\left[\frac{f(x) + f(y) + f(z)}{3} \right]^3} \right\}^{\frac{1}{3}} \quad (7)$$

$$D = \sqrt{C \cdot T}, \quad T = a \cdot f(x) + b \cdot f(y) + c \cdot f(z) \quad (8)$$

其中,C为耦合度,取值范围为$[0,1]$,C越大说明三个系统耦合状态越好,C越小说明三个系统耦合状态越不好,将趋向无序发展;D为耦合协调度,取值范围为$[0,1]$,D越大说明三个系统发展水平越协调,反之则说明三个系统之间协同程度低;T为三个系统的综合协调指数。a、b、c为待定系数,借鉴其他文章中的做法,设定$a=b=c=\frac{1}{3}$。

利用Stata14.0软件,根据熵值法计算得到最终各个子系统内的各项具体指标权重,结果如表3所示。

表3 长三角产城融合系统测度指标体系

系统	子系统	具体指标	指标性质	单位	权重
长三角地区产城融合发展水平	产业发展	地均生产总值(X_1)	正向	万元/平方千米	0.7911
		第二产业增加值占地区生产总值比重(X_2)	正向	%	0.1139
		第三产业增加值占地区生产总值比重(X_3)	正向	%	0.0950
	城市建设	每万人人均床位数(X_4)	正向	张/万人	0.0914
		每万人中小学生在校人数(X_5)	正向	人/万人	0.1206
		每万人城市道路面积(X_6)	正向	万平方米/万人	0.2302
		每万人实有公共营运车辆数(X_7)	正向	辆/万人	0.2626
		每亿元二氧化硫排放量(X_8)	逆向	吨/亿元	0.0197
		人均园林绿地面积(X_9)	正向	平方米/人	0.2755
	人民生活	人口密度(X_{10})	正向	人/平方千米	0.3412
		第二产业人员占比(X_{11})	正向	%	0.1312
		第三产业人员占比(X_{12})	正向	%	0.1346
		人均消费零售额(X_{13})	正向	元/人	0.2074
		职工平均工资(X_{14})	正向	元	0.1856

(三)长三角地区产城融合发展水平及其时空演进特征

1. 长三地区产城融合发展水平测度结果

用熵值法计算出各项指标权重后,将子系统的测度评分通过式(10)计算出。

$$M_1 = 0.7911X_1 + 0.1139X_2 + 0.0950X_3 \tag{9}$$

$$M_2 = 0.0914X_4 + 0.1206X_5 + 0.2302X_6 + 0.2626X_7 + 0.0197X_8 + 0.2755X_9 \tag{10}$$

$$M_3 = 0.3412X_{10} + 0.1312X_{11} + 0.1346X_{12} + 0.2074X_{13} + 0.1856X_{14} \tag{11}$$

再将其代入耦合协调度模型中计算,最终得到 2011—2020 年长三角地区 41 个城市的产城融合发展水平,具体结果如表 4 所示。

表 4　长三角地区城市产城融合发展水平(2011—2020 年)

城市	2011	2012	2013	2014	2015	2016	2017	2018	2019	2020
上海	0.8211	0.8337	0.8511	0.8690	0.8868	0.8772	0.8933	0.9126	0.9533	0.9890
南京	0.5941	0.6219	0.6545	0.6888	0.7126	0.7400	0.7612	0.7834	0.8130	0.7804
苏州	0.5553	0.5927	0.6134	0.6095	0.6304	0.6601	0.6802	0.7005	0.7323	0.7231
无锡	0.6012	0.6195	0.6402	0.6410	0.6572	0.6752	0.6706	0.6944	0.6912	0.6838
常州	0.5306	0.5505	0.5735	0.5940	0.6179	0.6442	0.6184	0.6266	0.6284	0.6303
杭州	0.5383	0.5590	0.5226	0.5514	0.5705	0.5901	0.6161	0.6287	0.6375	0.6297
合肥	0.4866	0.4428	0.4635	0.4847	0.5127	0.5315	0.5625	0.5702	0.6170	0.6151
舟山	0.4601	0.4874	0.5163	0.5287	0.5330	0.5463	0.5579	0.5712	0.5796	0.5974
宁波	0.5111	0.5252	0.5467	0.5661	0.5836	0.6093	0.6536	0.5834	0.5925	0.5968
镇江	0.4844	0.4718	0.5064	0.5252	0.5621	0.5374	0.5596	0.5589	0.5483	0.5589
南通	0.4293	0.4501	0.4707	0.4670	0.4933	0.5161	0.5283	0.5494	0.5244	0.5545
芜湖	0.4159	0.4263	0.4426	0.4817	0.4820	0.4458	0.4629	0.4761	0.5088	0.5375
扬州	0.4389	0.4453	0.4586	0.4696	0.4810	0.5086	0.5144	0.5402	0.5409	0.5329
徐州	0.4267	0.4476	0.4633	0.4878	0.4661	0.4858	0.4969	0.5139	0.5306	0.5231
绍兴	0.3823	0.3999	0.4505	0.4733	0.4494	0.4685	0.4807	0.4890	0.5074	0.5119
湖州	0.3639	0.3789	0.3939	0.4107	0.4298	0.4465	0.4724	0.4912	0.5071	0.5015
泰州	0.3748	0.3887	0.4100	0.4229	0.4510	0.4697	0.4816	0.4999	0.5227	0.4894
马鞍山	0.3467	0.3647	0.3701	0.3940	0.4098	0.3765	0.4186	0.4429	0.4656	0.4884
温州	0.4035	0.4200	0.4336	0.4457	0.4629	0.4778	0.4859	0.4670	0.4836	0.4878

续　表

城市	2011	2012	2013	2014	2015	2016	2017	2018	2019	2020
台州	0.3656	0.3845	0.4057	0.4231	0.4362	0.4527	0.4647	0.4821	0.4941	0.4827
盐城	0.3361	0.3583	0.3561	0.3885	0.3917	0.4340	0.4174	0.4259	0.4373	0.4726
淮安	0.3357	0.3578	0.3685	0.3844	0.3893	0.4101	0.4352	0.4516	0.4838	0.4688
连云港	0.3666	0.3868	0.3608	0.3649	0.3972	0.4205	0.4338	0.4438	0.4623	0.4597
蚌埠	0.3499	0.3709	0.3849	0.4078	0.4200	0.4292	0.4687	0.4716	0.4603	0.4579
宿迁	0.3494	0.3657	0.3208	0.3451	0.3708	0.3911	0.4128	0.4254	0.4591	0.4570
铜陵	0.4422	0.4553	0.4849	0.5032	0.5339	0.4046	0.4119	0.4352	0.3773	0.4486
金华	0.3715	0.3918	0.4081	0.4206	0.3827	0.4082	0.4216	0.4373	0.4616	0.4397
铜陵	0.4422	0.4553	0.4849	0.5032	0.5339	0.4046	0.4119	0.4352	0.3773	0.4486
淮北	0.4048	0.4044	0.3999	0.4024	0.4007	0.4124	0.4219	0.4370	0.4042	0.4352
淮南	0.3886	0.4097	0.4191	0.4225	0.4386	0.3924	0.3950	0.3744	0.3968	0.4192
衢州	0.3308	0.3146	0.3324	0.3620	0.3870	0.3910	0.3687	0.3861	0.3924	0.3911
亳州	0.2532	0.2515	0.2685	0.2840	0.3060	0.3162	0.3225	0.3222	0.3711	0.3871
嘉兴	0.4285	0.4443	0.4596	0.4798	0.4960	0.4815	0.4991	0.5107	0.5356	0.3854
宿州	0.2807	0.2422	0.2608	0.2842	0.2989	0.3118	0.3498	0.3421	0.3707	0.3791
滁州	0.2973	0.2988	0.3215	0.3358	0.2449	0.2837	0.2917	0.3209	0.3716	0.3785
六安	0.2531	0.2026	0.2527	0.2659	0.2711	0.2812	0.3191	0.3176	0.3545	0.3734
黄山	0.2816	0.2990	0.3159	0.3294	0.3295	0.3486	0.3003	0.3285	0.3521	0.3679
宣城	0.1706	0.2390	0.2630	0.2450	0.2209	0.2841	0.2809	0.3030	0.3286	0.3527
池州	0.2540	0.2754	0.2948	0.3094	0.3478	0.2658	0.2672	0.2829	0.3266	0.3487
丽水	0.2854	0.3014	0.3180	0.2720	0.2884	0.3179	0.3315	0.3474	0.3603	0.3454
安庆	0.2130	0.2502	0.2650	0.2808	0.3048	0.3094	0.3058	0.3336	0.3560	0.3338

2. 总体融合发展水平的时空演进

目前关于耦合协调度的等级划分,并没有确定的划分方式。本文借鉴相关文献并参考本文数据测度结果,将产城耦合协调度划分为以下五个阶段模型:$0 < D \leqslant 0.3$ 为发展失调阶段模型,$0.3 < D \leqslant 0.5$ 为发展协调阶段模型,$0.5 < D \leqslant 0.6$ 为初级协调阶段模型,$0.6 < D \leqslant 0.7$ 为中级协调阶段

模型,$0.7 < D \leqslant 1$ 为高级协调阶段模型。

　　基于此,通过 Geoda 对 2011 年、2014 年、2017 年、2020 年四年的产城融合发展指数进行可视化处理,如图 5 所示。

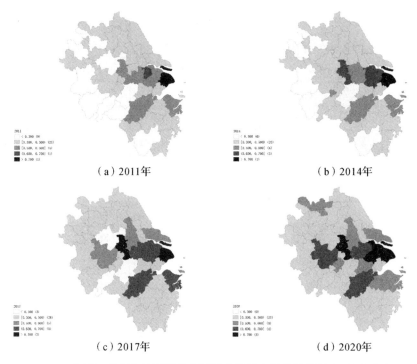

（a）2011年　　　　　　　　　　（b）2014年

（c）2017年　　　　　　　　　　（d）2020年

图 5　长三角地区总体产城融合发展空间格局(2011—2020 年)

　　由图 5 可知,长三角地区产城融合发展水平近十年不断提高。2011 年仍有 9 个城市发展水平处于失调状态,但 2020 年长三角地区所有城市产城融合发展都进入发展协调阶段及更高水平的协调阶段。同时,上海的产城融合发展始终保持高级协调状态,南京、苏州也分别在 2015 年、2018 年步入高级协调阶段。此外,区域之间的产城融合发展水平仍然存在较大的差异。其中东部沿海城市尤其是靠近河流入海口的城市发展水平明显高于西部处于内陆的城市。而上海作为发展水平最高的城市,对周围城市,尤其是对江苏省南部城市、浙江省北部城市的经济起到了较大的辐射带动作用。同时,浙江南部、江苏北部、安徽大多数城市产城融合发展水平相对较落后且发展速度较慢。

3.子系统融合发展水平的时空演进

(1)产业发展子系统。

通过 Geoda 对 2011 年、2014 年、2017 年、2020 年四年产城融合发展系统中的产业发展子系统进行可视化处理,选择分界点为 0.10,0.15,0.20,0.25,如图 6 所示。

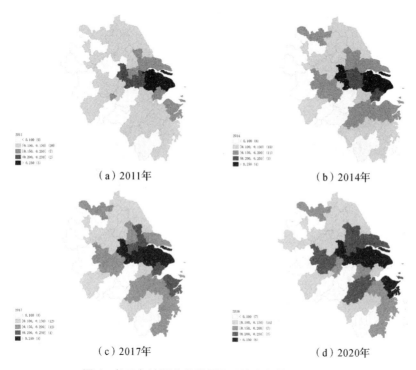

(a)2011年 (b)2014年

(c)2017年 (d)2020年

图 6　长三角地区产业发展子系统空间格局(2011—2020 年)

通过图 6 可以发现,长三角东部地区产业发展程度普遍高于西部地区,虽然整体发展程度普遍提高,仍有一部分地区发展较为落后,如丽水市发展速度明显落后于浙江省整体发展水平,安徽省整体于落后长三角其他地区,此外苏北地区发展也较为缓慢。

(2)城市建设子系统。

通过 Geoda 对 2011 年、2014 年、2017 年、2020 年四年产城融合发展系统中的城市建设子系统进行可视化处理,选择分界点为 0.20,0.30,0.40,

0.50,可使长三角地区城市发展动态得到鲜明展示,如图7所示。

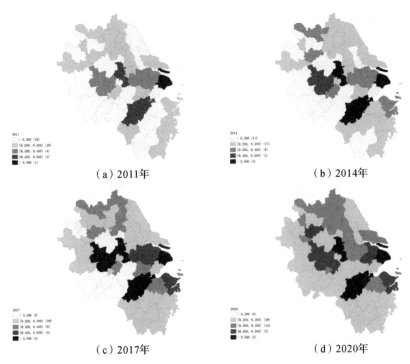

（a）2011年 （b）2014年

（c）2017年 （d）2020年

图7 长三角地区城市建设子系统发展空间格局(2011—2020 年)

通过图7可以发现,长三角各省会城市的城市建设发展在各自省份中处于较为发达地位,且各个地区的发展水平差距也得到了一定缩小,可见各地都着重关注城市基础设施配备,以吸引人才。在三个省份中,江苏省发展程度优于安徽省、浙江省,十年间,江苏省各个地级市大多得到了发展,安徽省、浙江省发展速度相对略落后,但也得到了较大发展。

（3）人民生活子系统。

通过 Geoda 对 2011 年、2014 年、2017 年、2020 年四年产城融合发展系统中的人民生活子系统进行可视化处理,选择分界点为 0.25,0.30,0.35,0.40,可使长三角地区的人民生活发展动态得到鲜明展示,如图8所示。

由图 8 可知,长三角沿海地区人民生活发展程度普遍高于内陆,其中仍有一部分地区发展较为落后,如丽水市发展相对浙江省整体而言较为缓慢,而安徽省整体落后于长三角其他地区较多。江苏省总体发展情况较好,各

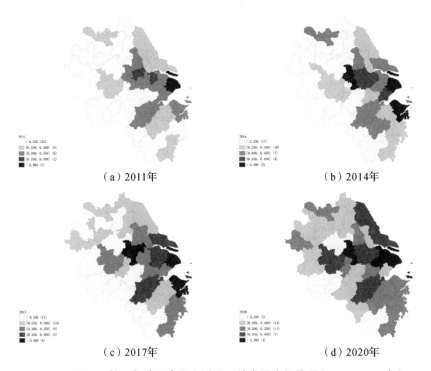

（a）2011年 （b）2014年

（c）2017年 （d）2020年

图8 长三角地区人民生活子系统发展空间格局(2011—2020年)

个地级市发展水平均得到较大进步。

（4）2020年长三角地级市产城融合水平分析。

本文通过观察2020年长三角各城市子系统产城融合数据(见表5)，可知上海作为产城融合发展水平最高的城市，其产业发展、城市建设及人民生活指数三个子系统的得分遥遥领先于其他城市。南京、苏州作为步入产城融合高级协调状态的后起之秀，与上海市相比仍有较大差距，但其子系统的得分均在0.4以上，同样高于大多城市的发展水平。对于产城融合处于中级协调发展状态的城市，无锡、常州虽然在城市建设得分上低于杭州、合肥，但是在产业发展上高于它们，可以看出省会城市产城融合发展差异主要源于建设发展规划的不同。观察产城融合得分低于0.4的城市，可以发现这些城市主要是产业发展得分较低，其中11个城市中有7个城市产业发展得分低于0.1。这些城市大多属于浙南地区、安徽省，说明该地区产业发展与其他子系统匹配度不高，仍然有相当大的发展空间。

表5　长三角地区各子系统产城融合发展指数(2020年)

城市	产业发展子系统	城市建设子系统	人民生活子系统	产城融合子系统
上海	0.8861	0.6681	0.6556	0.9890
南京	0.3838	0.6478	0.4685	0.7804
苏州	0.4012	0.4586	0.4444	0.7231
无锡	0.4459	0.3957	0.3783	0.6838
常州	0.3279	0.3764	0.3638	0.6303
杭州	0.2127	0.5459	0.3732	0.6297
合肥	0.2026	0.4963	0.3825	0.6151
舟山	0.2118	0.3833	0.4082	0.5974
宁波	0.2586	0.4014	0.3386	0.5968
镇江	0.2360	0.3053	0.3601	0.5589
南通	0.2150	0.3269	0.3540	0.5545
芜湖	0.1730	0.4131	0.3145	0.5375
扬州	0.2090	0.3091	0.3319	0.5329
徐州	0.1587	0.3808	0.3260	0.5231
绍兴	0.1862	0.3230	0.3068	0.5119
湖州	0.1639	0.2946	0.3392	0.5015
泰州	0.2085	0.2923	0.2711	0.4894
马鞍山	0.1616	0.2692	0.3400	0.4884
温州	0.1664	0.2967	0.3059	0.4878
台州	0.1555	0.2671	0.3396	0.4827
盐城	0.1210	0.2916	0.3646	0.4726
淮安	0.1295	0.3698	0.2811	0.4688
连云港	0.1308	0.3207	0.2903	0.4597
蚌埠	0.1187	0.4029	0.2674	0.4579
宿迁	0.1271	0.3435	0.2787	0.4570
铜陵	0.1318	0.3943	0.2412	0.4486
金华	0.1454	0.2315	0.3042	0.4397

城市	产业发展子系统	城市建设子系统	人民生活子系统	产城融合子系统
阜阳	0.1046	0.2938	0.3240	0.4375
淮北	0.1367	0.3040	0.2536	0.4352
淮南	0.1073	0.3240	0.2627	0.4192
衢州	0.1099	0.2348	0.2695	0.3911
亳州	0.0947	0.2675	0.2697	0.3871
嘉兴	0.1143	0.2107	0.2747	0.3854
宿州	0.0921	0.2540	0.2720	0.3791
滁州	0.1123	0.2416	0.2409	0.3785
六安	0.0815	0.2548	0.2962	0.3734
黄山	0.0904	0.2580	0.2541	0.3679
宣城	0.0973	0.2006	0.2602	0.3527
池州	0.0923	0.2351	0.2359	0.3487
丽水	0.0932	0.2141	0.2441	0.3454
安庆	0.1030	0.2270	0.2083	0.3338

六、长三角地区数字经济影响产城融合的实证分析

(一)模型构建及变量说明

1.模型构建

为探究长三角地区数字经济发展对产城融合发展的影响,本文在邹德玲(2022)提出的产城融合影响因素回归模型的基础上,根据城市化发展相关理论及我国高质量发展政策方向,以数字经济变量(DE)作为模型的核心解释变量,同时选取城镇化发展水平、高素质人才培养、金融业发展水平和对外开放程度等作为主要控制变量,建立面板模型,最终构建的计量模型形

式为：

$$Y_{it} = \alpha + \beta_1 DE_{it} + \beta_2 Z_{it} + \mu_i + \eta_t + \varepsilon_{it} \qquad (12)$$

式(12)中，i 和 t 分别表示地级市和时间，Y_{it} 表示第 i 个地级市第 t 年的产城融合发展指数，DE_{it} 表示第 i 个城市第 t 年的数字经济发展水平，Z_{it} 表示前述的所有控制变量，μ_i 和 η_t 分别表示个体固定效应和时间固定效应，ε_{it} 为随机误差项。数字经济发展水平作为模型的核心解释变量，预计其系数为正。

2. 变量说明及描述性统计

为探究数字经济对经济增长的影响效应，本文选取 2011—2020 年长三角各地级市面板数据进行分析，除去被解释变量产城融合发展指数，主要解释变量数字经济发展指数，以城镇化发展水平、高素质人才培养、金融业发展水平、对外开放程度作为核心的控制变量。

其中，城镇化发展水平代表农村人口流动进入城镇的水平，随着农村人口转变为城镇人口，必然会增加城市人口规模和劳动力资源，对产业发展、城市建设产生深远影响，因此本文采用城镇常住人口与全市常住人口比值反映城镇化水平（urban）。

高素质人才是当下我国经济发展方向转向高质量发展的重要影响因素，同时也是长三角地区发展的重要资源，对于产城融合具有积极的推动作用。高素质人才培养水平（talent）由高等院校在校大学生人数与全市常住人口比值进行度量。

金融业总体发展对当下产业发展具有重要的引导作用，对产城融合发展同样具有相当的影响。金融业发展水平（finance）可由贷款额占 GDP 的比重进行度量。

对外开放程度体现了城市信息、货物等对外流通的情况，对于引入技术、人才等具有积极作用，对产城融合发展来说也是不容忽视的影响因素。对外开放程度（open）由进出口总额占 GDP 的比重来衡量。

本节所用数据均来自各省市统计年鉴及历年城市统计年鉴，各个变量的描述性统计结果如表 6 所示。

表6 变量描述性统计

变量名	变量数	均值	标准差	最小值	最大值	极差
Y	410	0.4517	0.1332	0.1706	0.9890	0.8185
DE	410	0.0904	0.1099	0.0096	0.8528	0.8432
urban	410	0.6106	0.1194	0.3130	0.8960	0.5830
finance	410	1.1809	0.4375	0.4725	3.0538	2.5813
talent	410	0.0189	0.0172	0.0022	0.1032	0.1010
open	410	0.3378	0.4098	0.0178	4.6784	4.6606

(二)长三角地区数字经济影响产城融合基准回归结果

1.模型检验与筛选

根据已有文献的处理方法,本文运用Stata14.0软件分别使用混合回归模型、个体固定效应模型、随机效应模型对数据进行回归分析,并进行两两比较。首先,使用F检验对混合回归模型与固定效应回归模型进行检验,结果显示,F检验拒绝"所有虚拟变量个体均为0"的原假设,即认为存在个体效应,应使用固定效应回归模型。其次,使用LM检验来比较混合回归模型与随机效应回归模型,最终LM检验强烈拒绝"不存在个体随机效应"的原假设,故应使用随机效应回归模型。最后,由于固定效应回归模型与随机效应回归模型均显著优于混合回归模型,对两者使用豪斯曼检验,从而筛选最适合的回归模型,最终检验强烈拒绝"H0:γ=0"的原假设,即认为应使用固定效应回归模型,结果见表7。

表7 回归分析结果

变量	混合回归模型	固定效应回归模型	随机效应回归模型
DE	0.524*** (16.60)	0.403*** (4.05)	0.430*** (4.90)
urban	0.670*** (15.31)	0.419*** (3.41)	0.502*** (4.31)

变量	混合回归模型	固定效应模型	随机效应模型
finance	−0.046*** (−5.54)	0.040** (2.17)	0.021 (1.18)
talent	0.598*** (3.21)	1.517** (2.13)	0.990** (2.29)
open	0.027* (1.73)	−0.003 (−0.97)	0.000 (0.06)
常数项	0.029 (1.38)	0.084* (1.72)	0.063 (1.27)
观测值	410	410	410
R^2	0.864	0.804	0.845

注:括号内为标准误,***、**和*分别表示在1%、5%和10%水平下显著,以下同。

2. 实证分析结果解读

个体固定效应回归模型的拟合优度达到0.804,说明模型回归效果较好。其中数字经济发展指数、城市化发展、金融业发展、高素质人才培养四个因素通过1%显著性检验,且回归系数为正,与预期相符。

由结果可以发现数字经济发展、高素质人才培养对产城融合发展起到显著的促进作用。对于对外开放程度,其未通过显著性检验,且回归系数为负,统计不显著但可能存在经济显著,因此不排除对外开放程度对产城融合发展存在负面作用。对外开放对产城融合造成负面影响的可能原因在于长期的贸易顺差可能会使当地经济对外贸过度依赖,若国际经济形势或政策出现变化,会对产业发展造成负面影响,进而影响人民生活,从而对产城融合发展造成负面影响。

(三)数字经济影响产城融合的异质性分析

1. 数字经济影响产城融合的区域异质性分析

为进一步探究数字经济影响产城融合发展对于各省市影响,下文将基于三省一市角度,对三省一市相关数据进行回归分析。对于上海市,选用混合回归模型,对于浙江、安徽、江苏三省,则采用与上述实证分析相同的方法,经过检验,最终选择个体固定效应回归模型。具体回归分析结果如表8所示。

表8 三省一市回归分析结果

变量	上海	浙江	江苏	安徽
DE	0.105 (0.80)	0.584** (3.08)	0.651*** (7.17)	0.933*** (5.15)
urban	1.097* (2.77)	0.503** (2.73)	0.515*** (5.94)	0.217* (2.01)
finace	0.052 (0.74)	−0.029 (−1.45)	0.030 (0.94)	0.045*** (3.35)
talent	38.987** (3.75)	2.212 (1.66)	−0.670* (−2.11)	2.360* (1.88)
open	−0.172 (−1.37)	−0.000 (−0.11)	−0.002 (−0.38)	−0.159*** (−5.36)
常数项	−0.878** (−3.32)	0.089 (0.79)	0.098* (2.04)	0.139*** (4.02)
观测值	10	110	130	160
R^2	0.979	0.615	0.855	0.710

总体上可以发现,对于三省一市而言,各个地区的数字经济发展对于产城融合发展都具有较为显著的促进作用,城市化对产城融合也具有较大的推进作用。

对于上海而言,产城融合发展的最大推动力是高素质人才培养、城市化。可见上海作为中国现代化程度最高、经济最为发达的城市之一,城市化与人才培育是其产城融合发展的关键推动力量。首先,城市化对于上海产城融合发展有着重要作用。上海作为中国的经济中心城市,其城市化进程已经较为领先。城市化可以带来大量的人口和资本,刺激城市建设的快速发展,同时也为产业发展提供了更加稳定的市场需求。城市化还提升了城市交通建设水平,提高了城市生活的便利性和生活质量,这使得上海成为更加吸引人才和企业的优质城市。其次,人才培育也是上海产城融合发展的重要推动力量。上海在全国拥有着最为完善的高等教育体系,包括了很多世界知名高校。这些学府吸引了国内外大量的优秀学子和专业人才,在为上海发展提供了源源不绝的人才支持的同时,也为产城融合带来了新的知识和技术支持。

对于浙江、安徽、江苏三省而言,数字经济对产城融合发展起到了较大且显著的推动作用。可见这三省的数字经济处于迅速发展的阶段,对其他产业、城市建设等具有较强推动效果。浙江是中国电子商务最发达的省份之一,网易、阿里等一系列互联网巨头坐落在杭州;江苏是中国传统产业数字化转型的主战场之一;安徽也积极推动工业互联网、数字文化等领域的发展,合肥、芜湖等地运用数字经济助力新旧动能转换。作为继上海之后的较发达地区,数字经济对三省发展具有较大的推进作用。

2. 不同产城融合类型下数字经济影响效应的异质性分析

为进一步探究数字经济在不同产城融合发展程度下对于城市的影响。本文将基于产城融合测度结果,对各个城市相关数据进行回归分析。由于处于高级协调阶段的城市样本较少,此处实证分析将产城融合中级协调发展阶段、高级协调发展阶段并为中高级协调发展阶段,并进行回归分析。参考现有文献并检验,最终选择混合回归模型。具体回归结果如表9所示。

表9 不同产城融合类型下数字经济影响效应异质性分析结果

变量	发展失调 $(0<D\leqslant0.3)$ 地级市	发展协调 $(0.3<D\leqslant0.5)$ 地级市	初级协调 $(0.5<D\leqslant0.6)$ 地级市	中高级协调 $(0.6<D\leqslant1)$ 地级市
DE	1.004** (2.35)	1.304*** (8.47)	0.160 (1.66)	0.381*** (8.02)
urban	−0.002* (−1.77)	0.003*** (6.84)	0.003* (1.93)	0.008*** (4.11)
finace	0.020 (0.75)	−0.049*** (−5.55)	−0.018 (−1.42)	−0.084*** (−4.56)
talent	2.485** (2.35)	1.257*** (4.82)	0.104 (0.46)	0.453 (1.40)

变量	发展失调 (0<D≤0.3) 地级市	发展协调 (0.3<D≤0.5) 地级市	初级协调 (0.5<D≤0.6) 地级市	中高级协调 (0.6<D≤1) 地级市
open	0.043 (0.94)	0.005 (0.49)	0.028*** (2.73)	0.013 (1.13)
常数项	0.291*** (8.89)	0.216*** (11.91)	0.355*** (4.37)	0.073 (0.55)
观察值	42	252	65	51
R^2	0.284	0.599	0.378	0.893

由表9可以发现,数字经济对于产城融合发展全过程都有一定的促进
作用,其中对于发展失调、发展协调阶段的模型而言,数字经济的促进效果
高于更高级别的产城融合协调模型。由此可以发现,数字经济对产城融合
的推动作用对于产城融合落后地区来说更强。可能是因为数字经济能够通
过推动新一代信息技术和经济的融合,提高生产效率和经济增长率。在产
城融合落后地区,数字经济的发展可以带来新兴产业、新产品和新业态,为
地区的经济发展注入新的动力。数字经济加速了空间互联互通,让落后地
区的市场实现更加高效、快捷的交易环节,进一步推动了产城融合的实现。

七、结论与建议

(一)研究结论

本文旨在探究长三角地区数字经济对产城融合的影响。首先,从推动
效应和阻碍效应两个方面剖析了数字经济对产城融合的影响机理;其次,利
用熵值法和耦合协调度模型等开展对长三角地区数字经济和产城融合发展
水平的统计测度,并对其时空演进特征进行探讨;最后,结合面板计量模型
来实证分析数字经济对产城融合的影响效应,得出如下结论:

①长三角产城融合发展水平近10年来稳健上升。上海市作为长三角

地区的经济中心和龙头城市,推动了周边城市的发展,而杭州等省会城市也领导着各自省份中城市的产城融合。此外,长三角地区各城市之间发展差异较为明显,沿海城市的发展水平高于内地城市,安徽省和苏北浙南地区的产城融合虽然不断发展,但发展速度、发展程度却处于相对落后的地位,这可能是由于区域资源配置不均衡、投资环境变化、政策制度不同等。

②长三角地区数字经济发展水平在 2011—2020 年十年间得到了较快的发展。上海市作为长三角地区的核心城市,其数字经济发展水平也遥遥领先。而杭州作为著名的省会城市,互联网产业的迅速集聚使其数字经济发展水平也高于其他城市。产城融合发展水平较落后的安徽省,其数字经济发展速度及水平落后于全地区,浙南地区在数字经济发展速度上领先安徽省。

③数字经济对于产城融合发展存在显著的正向促进作用。通过对比不同协调模型可以发现,数字经济对产城融合仍然起到积极的推动作用,尤其对于落后地区,其推动效果更好。

(二)政策建议

基于前述研究结论,提出如下政策建议:

①产城融合对长三角地区发展起着举足轻重的作用,应不断推动产城融合协同发展,继续加强区域间的合作与协调。而数字经济作为新兴产业,应引导地区转型和高质量发展,推动淘汰落后产业,努力发挥自身对产城融合发展的推动作用。

②长三角各城市应充分认识到区域间数字经济发展水平、产城融合发展水平存在较大的差异。上海市作为长三角地区的核心城市,应积极带动和引领其他城市,发挥其优势产业,保持其发展态势。对于发展较为落后的地区,可以通过搭建数字经济交流平台与发展较快地区开展合作和交流,同时加强对高端人才的引进和培养,营造良好的创新创业环境,推动数字经济发展,以带动产城融合。

③对全国其他地区而言,可以借鉴长三角的发展方式,通过对各城市自身定位的明确,因地制宜发展数字经济,发挥数字经济对产业、城市、人民生

活的积极作用,促进当地产城融合发展。首先,各地可以结合自身的定位和优势,制定有针对性的数字经济发展方案。例如,依靠制造业发展的城市可以通过建立工业互联网平台来推动数字化转型升级,增强工业集群的核心竞争力;而以服务业为主的城市,则可以大力发展共享经济和数字化服务业,提高城市特色品质和市民生活质量。其次,打造数字化产城融合生态系统。数字经济和城市建设的高度融合,可以创造更多的新业态、新模式和新机遇,从而实现经济、社会和生态效益的同步提升。全国各地可挖掘自身特色与潜力,发挥数字经济对城市和产业的支撑作用,推动城市发展和产业转型升级。最后,建设统一的数字基础设施和数字化服务平台。数字经济的快速发展与数字化基础设施的建设密切相关,全国各地可以通过加强基础设施建设和打造统一的数字化服务平台,实现数据共享、资源互通、协同共赢,促进数字经济的健康发展。

项目负责人:庄燕杰
项目组成员:程开明　徐蔼婷　杨文娟
　　　　　龚石凤　刘书成　洪真奕
　　　　　吴　晗

[参考文献]

[1] 丛海彬,段巍,吴福象.新型城镇化中的产城融合及其福利效应[J].中国工业经济,2017,356(11):62-80.

[2] 曹艳林,张可,易敏,等.数字时代的医疗数字化与数字医疗[J].卫生软科学,2022,36(10):80-85.

[3] 戚晓曜.深圳产城融合发展问题的探析[J].特区经济,2022(4):9-12.

[4] 田刚元,陈富良.数字经济、产业集聚与黄河流域制造业高质量发展[J].统计与决策,2022(21):10-14.

[5] 汪明珠.数字经济下智慧交通发展及对经济社会的影响[J].世界电信,2017(3):10-15.

［6］武前波,万为胜,洪明. 杭州数字经济产业空间演变及其影响机制［J］. 经济地理,2022(12):60-71.

［7］向书坚,徐应超,周静. 数字经济发展对服务业结构升级的影响机制研究［J］. 西部金融,2023(1):18-25.

［8］郑月明,梅澳裕,陈家帅. 数字经济与共同富裕的耦合协调及驱动机制:基于湖北省地级市的探讨［J］. 调研世界,2023(2):77-88.

［9］邹德玲,丛海彬. 中国产城融合时空格局及其影响因素［J］. 经济地理,2019(6):66-74.

［10］CEN T,LIN S,WU Q. How does digital economy affect rural revitalization? the mediating effect of industrial upgrading ［J］. Sustainability,2022,14(24):16987.

［11］LIU L,DING T,WANG H. Digital economy,technological innovation and green high-quality development of industry:a study case of china［J］. Sustainability,2022,14(17):11078.

［12］SINGELMAN J. The Sectoral Transformation of the Labor Force In Seven Industrialized Countries,1920—1970［J］. American journal of sociology,1978,83(5):1224-1234.

基于 MM 算法的随机效应模型中
弱显著变量选择方法研究

一、绪论

(一)研究背景

面板数据分位数回归方法最早由 Koenker(2004)提出,它是经典随机效应模型的惩罚最小二乘法的发展,在社会科学及医疗卫生研究中应用广泛。由于分位数回归方法对于扰动项的假定较为灵活,近些年来,面板数据分位数回归的估计方法在理论及应用上都取得了良好的进展。

由于大量的候选变量加入模型中会导致模型过度拟合,罚函数的变量选择在统计学研究中占据着重要的地位,传统的罚函数,如 Tibshirani (1996)提出的罚函数 LASSO(Least Absolute Shrinkage and Selection Operator),其不具备 Oracle 性质,即不能够有效地正确地估计非零估计量。基于此局限性,Fan and Li(2001)及 Zhang(2010)又提出了新的罚函数即 SCAD(Smoothly Clipped Absolute Deviation)和 MCP(Minimax Concave Penalty)等。

MM(Majorization-Minimization)算法是一种迭代优化算法,其原理是通过寻找复杂目标函数的局部二次替代函数结合迭代算法从而达到优化目标函数的目的。MM 算法具有清晰的结构,因而得到广泛的应用,其难点在于如何构造局部二次替代函数。

(二)文献综述

本文的文献综述部分从以下几个方面展开:分位数回归的研究现状、面板数据分位数回归的研究现状、面板数据惩罚分位数回归的研究现状。

1.分位数回归的研究现状

回归分析旨在研究响应变量与解释变量之间的关系,均值回归注重于对响应变量中心位置的描述。由于各个领域的学者对研究深度有了更高的追求,18世纪中期,学者们开始对响应变量的分布特征进行研究,对于响应变量分布特征的描绘不仅仅有中心位置还包括偏态和其他高阶特征。直至20世纪70年代末,随着计算机技术的发展,最小绝对距离估计可以通过计算机的线性优化等算法进行计算时,分位数回归才在实际领域中得以应用,该回归方法的提出及应用在一定程度上解决了一些问题。

参数分位数回归方法最早由 Koenker and Bassett(1978)提出,由于分位数回归方法更具有稳健性,近年来发展迅速,针对分位数回归的估计方法也层出不穷。Koenker and d'Orey (1987)提出将单纯形算法(Simplex Method)扩展到分位数回归中;Portnoy and Koenker (1997)将 Karmarker(1984)提出的内点算法(Interior Point Method)推广至分位数回归中,该方法相比单纯形算法运算速度更快且计算效率更高,但当解释变量维数较大时,该方法运算效率较低;Madsen and Nislsen (1993)将平滑算法(Smoothing Method)应用于中位数回归中,Chen(2004)进一步将其推广至分位数回归中;Hunter and Lange (2000)利用泰勒二次展开构造局部二次替代函数,从而将 MM 算法推广至分位数回归中。Koenker and Hallock (2001)将分位数回归的方法应用于分析 CEO 薪酬、食品支出及婴儿出生体重的实际数据。

此后,分位数回归的方法在半参数回归及非参数回归中都得到了广泛的应用。

2.面板数据分位数回归的研究现状

面板数据分位数回归主要包括随机效应模型的分位数回归、固定效应

模型的分位数回归、工具变量模型及动态面板分位数回归。建立面板数据
的随机效应模型与固定效应模型的分位数回归法,最根本的问题是如何处
理模型中的未知个体固定效应。为解决该问题,前人提出了众多方法。
Koenker (2004)首次提出针对固定效应模型的面板数据分位数回归法,该
方法考虑到个体效应不随分位值 τ 的变化而变化的特性,通过引入对个体
效应的 L_1 惩罚对模型中的未知参数进行估计;Wang et al (2011)提出利用
经验似然估计法对面板数据分位数回归模型进行估计;鉴于以上两种方法
在计算上较为复杂,Canay (2011)提出 Two-step Estimator 即两步估计法,
该方法通过消除模型的固定效应对面板数据分位数模型进行估计。

对于含有内生性解释变量的面板数据模型,Harding and Lamarche
(2009)首次提出利用工具变量对面板数据进行分位数回归的估计方法;
Galvao and Montes-Rojas (2010)提出了利用工具变量估计动态面板数据的
分位数回归方法;Feng(2011)首次提出了惩罚动态面板分位数回归的损失
函数并进行求解。

3. 面板数据惩罚分位数回归的研究现状

利用惩罚函数进行变量选择的方法在传统的均值回归中被广泛应用,
Frank and Friedman (1993)提出了 L_q 惩罚,其中 $q \geqslant 0$;Tibshirani (1996)
在 L_q 惩罚的基础上提出 L_1 惩罚,即 $q = 1$,并将其命名为 LASSO;Knight
and Fu (2000)证明了 LASSO 应用于最小二乘的渐进性质;Fan and Li
(2001)提出了惩罚函数 SCAD,该惩罚函数结合了 L_1 惩罚及硬阈值惩罚函
数的优点,并证明了该惩罚函数相比于 LASSO 具有 Oracle 性质;Zou
(2006)提出了自适应的 LASSO 惩罚法,即在 LASSO 惩罚函数的基础上进
行加权,该方法具有 Oracle 性质;Zhang(2010)提出了 MCP 惩罚函数。

基于正则化框架,大量的文献研究了惩罚分位数回归方法。Li and
Zhu(2008)提出将 LASSO 应用于分位数回归,并提出了恰当的算法用于优
化目标函数;Shows et al(2010)提出了针对中位数回归的变量选择方法,该
方法将自适应的 LASSO 惩罚函数应用到加权最小绝对偏差损失函数中对
中位数回归进行稀疏估计;Wu and Liu(2009)将 SCAD 和自适应 LASSO

应用于分位数回归,并证明了其 Oracle 性质,更进一步地,将惩罚分位数回归方法应用于面板数据。在面板数据研究中,变量选择技术在高维模型分位数回归中发挥着至关重要的作用。李扬和曾宪斌(2014)对面板数据模型的惩罚似然变量选择法进行研究;罗幼喜和李翰芳(2017)提出了基于面板数据的双惩罚分位数回归模型,该方法基于自适应 LASSO 对固定效应及随机效应同时进行惩罚。

(三)研究内容及创新之处

1. 研究内容

本文拟参考现有的面板数据分位数回归法,在此基础上提出面板数据惩罚分位数回归法,该方法在已有的 Two-step Estimator 的基础上,增加了惩罚项对协变量系数进行惩罚,以达到变量选择的目的。

但面板数据的惩罚分位数回归的损失函数的优化求解存在难点,本文考虑利用 MM 算法求解该目标函数,并基于 MM 算法原理提出一个改进后的替代函数,迭代初值为任意值时,该改进后的替代函数在 MM 算法中皆可正常迭代。

2. 创新之处

(1)在原有均值回归变量选择的 MM 算法研究基础上,创新性地提出一个改进后的替代函数。

(2)将 Canay(2011)提出的两步估计法与变量选择法结合,提出基于两步估计法的惩罚分位数回归法,并利用 MM 算法求取最终结果,并且本文将证明该结果在一定条件下收敛于原损失函数的真实值。

二、相关理论概述

(一)分位数回归方法

传统线性回归是基于响应变量的期望与解释变量的关系进行建模,然而在金融学、医学及社会研究等领域中,学者们不仅仅想了解响应变量的期望与解释变量的关系,同时也想了解响应变量的分位值与解释变量的关系。基于此,Koenker and Bassett(1978)最早提出线性分位数回归模型,并指出分位数回归相较传统的均值回归对于误差分布的假设条件更为宽松,这意味着对于非正态分布,使用分位数回归的方法得到的估计结果更加稳健。

针对标准的线性模型(Linear Model):

$$Y_i = \mathbf{X}_i^T \boldsymbol{\beta} + \varepsilon_i, i = 1, 2 \cdots, n$$

其中,Y_i 是响应变量,$\mathbf{X}_i$ 是已知的 $p \times 1$ 维的协变量的向量,$\boldsymbol{\beta}$ 是 $p \times 1$ 维的未知待估计参数向量。

使用均值回归(OLS 回归)对上述线性模型的未知参数进行估计是基于最小化残差平方和进行的,其形式为:

$$\min_{\beta \in R^p} \left[\sum_{i=1}^{n} (Y_i - \mathbf{X}_i^T \boldsymbol{\beta})^2 \right]$$

其估计结果的一致性及渐进正态性依赖于残差的分布,因此为保证估计结果的一致性,OLS 回归通常假设其残差服从正态分布。

利用分位数回归法估计未知参数时,若假设随机变量 Y 的分布函数为 $F(y) = P(Y \leqslant y)$,且 $Q_\tau(\varepsilon_i | \mathbf{X}_i) = 0$,其中 $Q_\tau(\varepsilon_i | \mathbf{X}_i)$ 表示 $\mathbf{X}_i$ 给定时随机变量 ε_i 的 τ 分位数。Koenker and Bassett(1978)提出了利用分位数回归方法估计未知参数的损失函数,该损失函数基于最小化绝对离差(LAD)提出,其形式为:

$$\min_{\beta \in R^p} \left[\sum_{\{i: Y_i - \mathbf{X}_i^T \boldsymbol{\beta} \geqslant 0\}} \tau \mid Y_i - X_i^T \beta \mid + \sum_{\{i: Y_i - \mathbf{X}_i^T \boldsymbol{\beta} < 0\}} (1 - \tau) \mid Y_i - \mathbf{X}_i^T \boldsymbol{\beta} \mid \right],$$

若记 $\rho_\tau(u) = u(\tau - I_{(n<0)})$,上式可以简写为:

$$\min_{\beta \in R^p}\Big[\sum_{i=1}^{n}\rho_\tau(Y_i - \boldsymbol{X}_i^T\boldsymbol{\beta})\Big]$$

单个分位数回归估计效率会受到分位值的影响，针对此问题，Zou and Yuan(2008)提出了复合分位数回归，已证明该方法可以有效提高分位数回归的估计效率，即将以上损失函数进一步拓展为：

$$\min_{\beta \in R^p}\Big[\sum_{k=1}^{K}\sum_{i=1}^{n}\rho_{\tau_k}(Y_i - \boldsymbol{X}_i^T\boldsymbol{\beta})\Big]$$

求解上述目标函数可得到未知参数的估计值。

(二)面板数据分位数回归方法

面板数据的经典线性随机效应模型为：

$$Y_{ij}=\boldsymbol{X}_{ij}^T\boldsymbol{\beta}+b_i+e_{ij} \quad i=1,2,\cdots,N;j=1,2,\cdots,n_i,$$

其中Y_{ij}是响应变量，$\boldsymbol{X}_{ij}$是已知的$p\times 1$维的协变量的向量，$\boldsymbol{\beta}$是$\rho\times 1$维的未知待估计参数向量，$b_i \sim N(0,\sigma_b^2)$，且$e_{ij}\sim N(0,\sigma_e^2)$。由上述模型可知面板数据的随机效应模型进行分位数回归，需要解决的问题集中在如何处理模型中的个体固定效应b_i。为解决该问题，Koenker(2004)提出了对个体固定效应惩罚的估计方法，针对随机效应模型，为$Y_{ij}=\boldsymbol{X}_{ij}^T\boldsymbol{\beta}+b_i+e_{ij}$，$i=1,2,\cdots,N$，$j=1,2,\cdots,n_i$。

首先，对该线性模型进行的复合分位数回归，即求解如下目标函数：

$$\sum_{k=1}^{K}\sum_{i=1}^{N}\sum_{j=1}^{n_i}\omega_k\rho_{\tau_k}(Y_{ij}-\boldsymbol{X}_{ij}^T\boldsymbol{\beta}(\tau_k)-b_i)$$

其次，对个体固定效应施加L_1惩罚，其损失函数为：

$$\sum_{k=1}^{K}\sum_{i=1}^{N}\sum_{j=1}^{n_i}\omega_k\rho_{\tau_k}(Y_{ij}-\boldsymbol{X}_{ij}^T\boldsymbol{\beta}(\tau_k)-b_i)+\lambda\sum_{i=1}^{N}\mid b_i\mid$$

该方法在求解上较为困难，因此Canay(2011)提出了一种更为简单的方法来处理随机效应模型中的个体固定效应，其分为以下两步。

Step1：利用差分的方法消除基于面板数据的随机效应模型中未知的个体固定效应，即基于均值模型估计出未知参数向量$\hat{\beta}$，随后通过$\hat{b}_i=E[Y_{ij}-X_{ij}^T\hat{\beta}]$估计未知的个体固定效应。

Step2：若以$\hat{Y}_{ij}=Y_{ij}-\hat{b}_i$定义Two-step Estimator的未知参数向量估

计结果, $\hat{\beta}(\tau)$ 可以通过求解如下目标函数获得:

$$\min_{\boldsymbol{\beta} \in R^{\rho}}\Big[\sum_{i=1}^{N}\sum_{j=1}^{n_{i}}\rho_{\tau}(\hat{Y}_{ij} - \boldsymbol{X}_{ij}^{T}\boldsymbol{\beta}(\tau))\Big]$$

(三)基于罚函数的变量选择方法

为避免模型中解释变量过多造成过度拟合现象,要对变量进行选择。变量选择法是统计应用中最普遍的模型选择方法之一。通常,当人们想要对一个感兴趣的变量和一个潜在解释变量或预测变量子集之间的关系进行建模时,就会用到这一方法。近年来,随着计算机技术的不断发展,变量选择技术不仅仅在传统的经典统计学中使用,更是在机器学习及数据挖掘等领域中大放异彩。利用惩罚函数对模型的变量进行选择,也叫收缩估计法,该方法的本质是将约束最优化问题转变为无约束最优化问题,并将其与算法相结合成为现代统计学研究的一个重要方向。本文即采用该方法。

Ahmed 和他的合作研究人员,已经基于许多统计模型以均方误差(MSE)为标准证明了收缩估计器在经典估计器中占主导地位。Ahmed (1997)对回归模型中的收缩估计及其大样本性质进行了详细描述。惩罚估计是惩罚最小二乘族的成员,常用的惩罚估计方法包括 LASSO、自适应 LASSO、群 LASSO(Group LASSO)、SCAD 和 MCP 等。之所以称其为惩罚项,是因为惩罚项用于惩罚最小二乘,以获得回归参数的估计。对罚函数形式上的研究最早由 Courant(1994)进行,之后由 Powell 将其推广到只有等式约束的最优化问题;Fletcher(1970)研究了一系列求解非线性规划的方法的收敛性质;Fletcher(1980)对无约束的优化问题进行求解;Fletcher (1981)在此基础上将其推广到含有不等式约束条件的最优化问题中。在最初研究的基础上,后来的学者们又提出了多种罚函数。Frank and Friedman(1993)提出岭回归的方法,其罚函数形式为 $p(x \mid \lambda) = \lambda x^{2}$;Tibshirani (1996)提出惩罚函数 LASSO,其罚函数形式为 $p(x \mid \lambda) = \lambda \mid x \mid$,该方法的优点是能够迫使回归中一些参数估计结果精确地缩小到零,从而使得该方法可以同时进行参数选择和估计;尽管 LASSO 方法可以同时进行参数选择和估计,但它并不具备 Oracle 性质,为了克服传统的变量选择方法效率

低下的缺点,Fan and Li(2001)提出 SCAD 惩罚,其罚函数形式为:

$$p(x|\lambda,\gamma)=\begin{cases}\lambda|x| & |x|\leqslant\lambda \\ -\dfrac{x^2-2\lambda\gamma|x|+\lambda^2}{2(\gamma-1)} & \lambda<|x|\leqslant\lambda\gamma \\ \dfrac{(\gamma+1)\lambda^2}{2} & |x|>\lambda\gamma\end{cases}$$

该方法既保留了子集选择和岭回归的良好特征,又产生了稀疏解,并且对于真实值较大的估计系数的估计结果具有无偏性。

由于 LASSO 并不具备 Oracle 性质,Zou(2006)提出了自适应 LASSO,该方法的罚函数在 LASSO 的罚函数的基础上进行加权,同时文章还证明了该罚函数具有 Oracle 性质,将该罚函数应用于最小二乘估计的损失函数中,其形式为:

$$\min_{\beta\in R^p}\Big[\sum_{i=1}^{n}(Y_i-\boldsymbol{X}_i^T\boldsymbol{\beta})^2+\lambda\sum_{l=1}^{p}\omega_l|\beta_l|\Big]$$

Zhang(2010)提出 MCP,其罚函数形式为:

$$p(x|\lambda,\gamma)=\begin{cases}\lambda|x|-\dfrac{x^2}{2\gamma} & |x|\leqslant\lambda\gamma \\ \dfrac{1}{2}\lambda^2\gamma & |x|>\lambda\gamma\end{cases}$$

尽管对于该方法的众多研究仍在进行中,但其应用已经较为广泛。

(四)面板数据惩罚分位数回归方法

将面板数据的分位数回归法与罚函数的变量选择法结合,形成面板数据惩罚分位数回归模型,针对面板数据的经典线性随机效应模型如下:

$$Y_{ij}=\boldsymbol{X}_{ij}^T\boldsymbol{\beta}+b_i+e_{ij} \quad i=1,2,\cdots,N;j=1,2,\cdots,n_i$$

其中 Y_{ij} 是响应变量,$\boldsymbol{X}_{ij}$ 是已知的 $p\times1$ 维的协变量的向量,$\boldsymbol{\beta}$ 是 $p\times1$ 维的未知待估计参数向量,$b_i\sim N(0,\sigma_b^2)$,且 $e_{ij}\sim N(0,\sigma_e^2)$。

Koenker(2004)提出了对个体固定效应惩罚的估计方法,该方法的惩罚函数为:

$$\sum_{k=1}^{K}\sum_{i=1}^{N}\sum_{j=1}^{n_i}\omega_k\rho_{\tau_k}(Y_{ij}-\boldsymbol{X}_{ij}^T\boldsymbol{\beta}(\tau_k)-b_i)+\lambda\sum_{i=1}^{N}|b_i|$$

将 Koenker(2004)提出的方法与针对协变量系数进行惩罚的方法结合形成双惩罚模型,即模型的损失函数形式为:

$$\sum_{k=1}^{K} \sum_{i=1}^{N} \sum_{j=1}^{n_i} \omega_k \rho_{\tau_k} (Y_{ij} - X_{ij}^T \boldsymbol{\beta}(\tau_k) - b_i) + \lambda \sum_{i=1}^{N} \mid b_i \mid + \sum_{l=1}^{p} p_\lambda(\mid \beta_l(\tau) \mid)$$

因此,本文考虑将 Canay(2011)提出的 Two-step Estimator 方法与罚函数的变量选择方法结合,形成一种基于两步估计的惩罚分位数回归法。

(五)MM 算法

Hunter and Lange(2000)首次将 MM 算法用于分位数回归,该算法是一种简单有效的迭代算法,解决了众多较为复杂的优化问题。该算法的思想是将较难解决的优化问题转化为一系列较为简单的优化问题再进行求解。具体来说即寻找一个局部二次替代函数,该替代函数较容易求得最优解,可利用此替代函数替代原来较为复杂的函数进行迭代。大量研究发现,MM 算法在易于解决问题的同时也具有一定的稳定性。

MM 算法是优化算法中较为经典的算法,EM 算法是特殊情况下的 MM 算法,EM 算法用于对缺失数据进行最大似然估计。因此 MM 算法与 EM 算法一样都分为两个步骤:第一步寻找目标函数的局部二次替代函数;第二步计算局部二次替代函数的最小值并进行迭代。

假设复杂的目标函数 $L(\beta)$ 是要最小化目标函数,首先需要构造一个局部二次替代函数 $S(\beta|\beta^{(k)})$,该替代函数应当易于最小化且要满足以下条件:

$$S(\beta|\beta^{(k)}) \geqslant L(\beta),仅当 \beta = \beta^{(k)} 号成立$$

其中 β 为待估计的未知参数,$\beta^{(k)}$ 是第 k 次迭代时的参数值,满足以上条件的函数 $S(\beta|\beta^{(k)})$ 称为目标函数 $L(\beta)$ 的替代函数。

与之相反,若要最大化目标函数 $L(\beta)$,则需要构造一个替代函数 $S(\beta|\beta^{(k)})$,该替代函数满足以下条件:

$$S(\beta|\beta^{(k)}) \leqslant L(\beta),仅当 \beta = \beta^{(k)} 号成立$$

若要 MM 算法进行迭代且最终结果收敛于最小化目标函数的真实值,以上条件必须满足,这是由于其隐含的条件

$$S(\beta|\beta^{(k)}) - S(\beta^{(k)}|\beta^{(k)}) \geqslant L(\beta) - L(\beta^{(k)})$$

保证了 MM 算法在迭代的过程中不断减小。

若 $S(\beta|\beta^{(k)}) < S(\beta^{(k)}|\beta^{(k)})$，此时，最小化第 k 次迭代的替代函数 $S(\beta|\beta^{(k)})$ 将得到最小化参数 $\beta^{(k+1)}$，且有 $S(\beta^{(k+1)}|\beta^{(k)}) < S(\beta^{(k)}|\beta^{(k)})$。此时对于原目标函数而言存在不等式 $L(\beta^{(k+1)}) < L(\beta^{(k)})$，这样就保证了 MM 算法进行迭代最终结果收敛于最小化目标函数的真实值。

从以上对于 MM 算法的叙述中，可知在利用 MM 算法求解最优化问题时，其难点和重点都集中于寻找一个符合条件的局部二次替代函数。对于替代函数的选择，也有众多学者做了长期的研究，主要方法是利用泰勒展开公式并在此基础上进行进一步改进。

三、基于 MM 算法的非平衡面板数据惩罚分位数回归模型

(一)基于两步估计重尾分布随机效应模型稳健回归

本文将在已有研究的基础上继续研究面板数据惩罚分位数回归模型，假定有观测到的随机样本 $\{(\boldsymbol{X}_{ij}, Y_{ij}) : i=1,2,\cdots,N; j=1,2,\cdots,n_i\}$，本文考虑如下的含有固定效应的简单线性随机效应模型：

$$Y_{ij} = \boldsymbol{X}_{ij}^T\boldsymbol{\beta} + b_i + e_{ij} \quad i=1,2,\cdots,N; j=1,2,\cdots,n_i,$$

其中 Y_{ij} 表示第 i 个个体的第 j 个观测值；b_i 是未被观测到的个体固定效应，且假设 b_i 服从拉普拉斯分布，即 $b_i \sim La(\mu,\sigma)$，e_{ij} 为随机误差项，且 $e_{ij} \sim N(0,\sigma^2)$，$\boldsymbol{\beta}$ 是 p 维的待估计的回归系数向量。

分位数回归的损失函数是根据基于最小化绝对离差(LAD)提出的，因此 τ 分位数回归，所要解决的优化问题即最小化损失函数：

$$\sum_{i=1}^{N}\sum_{j=1}^{n_i}\rho_\tau(Y_{ij} - \boldsymbol{X}_{ij}^T\boldsymbol{\beta}(\tau) - b_i) \tag{1}$$

其中 $\rho_\tau(u) = u(\tau - I_{(u<0)})$，其中 I 是指标函数。

然而，最小化上述损失函数并获得参数的估计值是困难的。首先，损失

函数中包含了待估计未知参数以外的未知成分即个体固定效应 b_i,因此模型的自由度降低;其次,分位数回归并不能得到如同最小二乘估计那样简单明确的结果,因此对于损失函数的估计需要借助算法实现。

处理未知的固定效应 b_i 是优化损失函数的首要问题,现有的文献中已有一些解决办法,本文将介绍两种经典的方法。

Koenker(2004)提出了加权复合分位数回归,该方法的思想是在 Koenker(1978)提出的分位数回归损失函数的基础上加以推广而得的。由式(1)知随机效应模型的分位数损失函数为 $\sum_{i=1}^{N}\sum_{j=1}^{n_i}\rho_\tau(Y_{ij}-\boldsymbol{X}_{ij}^T\boldsymbol{\beta}(\tau)-b_i)$;更进一步,由于个体固定效应 b_i 并不随分位数 τ 值的改变而改变,损失函数进行加权后复合后,估计函数的自由度增加估计更加准确,该加权复合分位数回归的损失函数为:

$$\sum_{k=1}^{K}\sum_{i=1}^{N}\sum_{j=1}^{n_i}\omega_k\rho_{\tau_k}(Y_{ij}-X_{ij}^T\beta(\tau_k)-b_i) \tag{2}$$

但该估计方法存在一个局限性,即随着观测个体数量 N 的增加需要估计的参数 b_i 的个数也将增加,这会导致估计的自由度降低从而降低估计的效率。为解决上述局限性,Koenker(2004)提出对未知的个体固定效应即 b_i 施加 L_1 惩罚,由此,损失函数施加惩罚项后有如下形式:

$$\sum_{k=1}^{K}\sum_{i=1}^{N}\sum_{j=1}^{n_i}\omega_k\rho_{\tau_k}(Y_{ij}-\boldsymbol{X}_{ij}^T\boldsymbol{\beta}(\tau_k)-b_i)+\lambda\sum_{i=1}^{N}\mid b_i\mid \tag{3}$$

尽管该估计结果已被证明具有一致性及渐进正态性,但计算上较为复杂。因此,Canay(2011)提出了针对平衡面板数据模型的一个更加简便的估计方法,该方法通过对数据进行转换以消除模型中的固定效应。本文将该方法推广至非平衡面板数据中,其具体思想为:

Step1:令 $\hat{\boldsymbol{\beta}}$ 是 $\boldsymbol{\beta}$ 的 $\sqrt{\sum_{i=1}^{N}n_i}$ 一致估计量,并且定义 $\hat{b}_i=E_{n_i}[Y_{ij}-\boldsymbol{X}_{ij}-\boldsymbol{X}_{ij}^T\hat{\boldsymbol{\beta}}]$。

Step2:令 $\hat{Y}_{ij}=Y_{ij}-\hat{b}_i$ 并且定义两步估计量 $\hat{\boldsymbol{\beta}}(\tau)$,其中

$$\hat{\boldsymbol{\beta}}(\tau)=\mathop{arg\min}_{\boldsymbol{\beta}\in\boldsymbol{R}^p}\Big[\sum_{i=1}^{N}\sum_{j=1}^{n_i}\rho_\tau(\hat{Y}_{ij}-\boldsymbol{X}_{ij}^T\boldsymbol{\beta}(\tau))\Big]$$

为了实现面板数据分位数回归上的变量选择,本文将对上述损失函数施加惩罚,最基本的情况是对式(1)施加惩罚后,其损失函数形式如下:

$$P_1(\boldsymbol{\beta}(\tau)) = \sum_{i=1}^{N} \sum_{j=1}^{n_i} \rho_\tau (Y_{ij} - \boldsymbol{X}_{ij}^T \boldsymbol{\beta}(\tau) - b_i) + \sum_{l=1}^{p} p_\lambda (\mid \beta_l(\tau) \mid)$$

更进一步,若对式(2)进行惩罚,其损失函数形式如下:

$$P_2(\boldsymbol{\beta}(\tau)) = \sum_{k=1}^{K} \sum_{i=1}^{N} \sum_{j=1}^{n_i} \omega_k \rho_{\tau_k} (Y_{ij} - \boldsymbol{X}_{ij}^T \boldsymbol{\beta}(\tau_k) - b_i) + \sum_{l=1}^{p} p_\lambda (\mid \beta_l(\tau) \mid)$$

对 Koenker(2004)提出的式(3)施加惩罚后,其损失函数形式如下:

$$P_3(\boldsymbol{\beta}(\tau)) = \sum_{k=1}^{K} \sum_{i=1}^{N} \sum_{j=1}^{n_i} \omega_k \rho_{\tau_k} (Y_{ij} - \boldsymbol{X}_{ij}^T \boldsymbol{\beta}(\tau_k) - b_i) + \lambda \sum_{i=1}^{N} \mid b_i \mid + \sum_{l=1}^{p} p_\lambda (\mid \beta_l(\tau) \mid)$$

该方法又被称为面板数据的双惩罚分位数回归模型。

上述损失函数,在样本量 N 较大时,将导致计算复杂度增加。基于此,本文采用 Canay(2011)所提出的两步估计法来简化计算。对两步估计法所得到的损失函数 $\sum_{i=1}^{N} \sum_{j=1}^{n_i} \rho_\tau (\hat{Y}_{ij} - \boldsymbol{X}_{ij}^T \boldsymbol{\beta}(\tau))$ 施加惩罚,可得如下的新损失函数 $P(\boldsymbol{\beta}(\tau))$:

$$P(\boldsymbol{\beta}(\tau)) = \sum_{i=1}^{N} \sum_{j=1}^{n_i} \rho_\tau (\hat{Y}_{ij} - \boldsymbol{X}_{ij}^T \boldsymbol{\beta}(\tau)) + \sum_{l=1}^{p} p_\lambda (\mid \beta_l(\tau) \mid)$$

通过对上述损失函数 $P(\boldsymbol{\beta}(\tau))$ 进行最小化可以得到待估计参数 $\boldsymbol{\beta}(\tau)$ 的估计值。

(二)基于 MM 算法的改进替代函数

本节将讨论如何对惩罚分位数回归的损失函数求解。由于分位数回归函数的特殊性,所需要优化的损失函数相对复杂,本文考虑使用 MM 算法对目标函数进行计算求解,该算法可以用局部二次函数来近似 $P(\boldsymbol{\beta}(\tau))$,从而简化计算难度。为了方便接下来的叙述,下文将使用 $\boldsymbol{\beta}$ 代替上文中的 $\boldsymbol{\beta}(\tau)$。

首先,参照 Hunter and Lange(2000)提出的分位数回归损失函数的替代函数,可知若记 $r_{ij} = \hat{Y}_{ij} - \boldsymbol{X}_{ij}^T \boldsymbol{\beta}$,则第 k 次迭代的残差值 $r_{ij}^{(k)}$ 的局部二次函数可以表示为如下形式:

$$\zeta_{\tau,\varepsilon} (r_{ij} \mid r_{ij}^{(k)}) = \frac{1}{4} \left[\frac{r_{ij}^2}{\varepsilon + \mid r_{ij}^{(k)} \mid} + (4\tau - 2) r_{ij} + c \right]$$

上述局部二次函数是 $\rho_{\tau,\varepsilon} (r_{ij}^{(k)})$ 在点 $\pm \mid r_{ij}^{(k)} \mid$ 处的替代函数,其中 c 是一

个常数，它的值由等式 $\zeta_{\tau,\epsilon}(r_{ij}^{(k)}\mid r_{ij}^{(k)})=\rho_{\tau,\epsilon}(r_{ij}^{(k)})$ 来确定。且有

$$\rho_{\tau,\epsilon}(r_{ij})=\begin{cases}\tau r_{ij} & r_{ij}\geqslant 0\\(\tau-1)r_{ij} & r_{ij}<0\end{cases}$$

令 $Q_\epsilon(\boldsymbol{\beta}\mid\boldsymbol{\beta}^{(k)})=\sum_{i=1}^{N}\sum_{j=1}^{n_i}\zeta_{\tau,\epsilon}(r_{ij}\mid r_{ij}^{(k)})$ 。

其次，Hunter and Li(2005) 将 MM 算法应用于均值回归模型的变量选择，该方法解决了针对罚函数是非凸或不可微时损失函数的求解问题，并给出一般化的罚函数替代函数，若记罚函数为 $p_\lambda(\cdot)$，则在 $\pm|\beta^{(k)}|$ 处其替代函数形式为：

$$\Phi_\lambda(\beta\mid\beta^{(k)})=p_\lambda(|\beta^{(k)}|)+\frac{(\beta^2-\beta^{(k)2})p'_\lambda(|\beta^{(k)}|+)}{2|\beta^{(k)}|}\tag{4}$$

其中 $p_\lambda(\cdot)$ 是原惩罚函数，$p'_\lambda(\cdot)$ 是原惩罚函数的一阶导数。式(4) 存在一个局限性，该局限性是当 $\beta^{(k)}$ 取值为零时，$\Phi_\lambda(\beta\mid\beta^{(k)})$ 没有定义。为解决上述局限性，Hunter and Li(2005) 将 $\Phi_\lambda(\beta\mid\beta^{(k)})$ 进一步替换为 $\Phi_{\lambda,\epsilon}(\beta\mid\beta^{(k)})$，其形式如下：

$$\Phi_{\lambda,\epsilon}(\beta\mid\beta^{(k)})=p_{\lambda,\epsilon}(|\beta^{(k)}|)+\frac{(\beta^2-\beta^{(k)2})p'_\lambda(|\beta^{(k)}|+)}{2(\epsilon+|\beta^{(k)}|)}$$

其中 $p_{\lambda,\epsilon}(\cdot)$ 是在原惩罚函数的基础上对分母进行改进，通过加入一个任意小的正实数 ϵ，使得当 $\beta^{(k)}$ 取值为零时，$\Phi_{\lambda,\epsilon}(\beta\mid\beta^{(k)})$ 的后项依然存在且有意义，其表达形式为 $p_{\lambda,\epsilon}(|\beta|)=p_\lambda(|\beta|)-\epsilon\int_0^{|\beta|}\frac{p'_\lambda(z)}{\epsilon+z}dz$。

基于替代函数，本文考虑 LASSO，SCAD，MCP 三种不同的惩罚函数，并将上述三种不同的惩罚函数及其替代函数以图像的形式表示如图1。

图 1 中，LASSO 惩罚函数中的参数设定：$\lambda=1,|\beta^{(k)}|=1,1.8,2.2$；SCAD 惩罚函数中的参数设定：$\lambda=1,\gamma=3.7,|\beta^{(k)}|=1,2,4$；(c) MCP 惩罚函数中的参数设定：$\lambda=1,\gamma=2,|\beta^{(k)}|=1,1.8,2.2$。从图 1(a)、(b)可以看出当 $|\beta^{(k)}|<\lambda\gamma$ 时，替代函数是关于 β 的易于最小化的二次函数，但是当 $|\beta^{(k)}|>\lambda\gamma$ 时，Hunter and Li(2005)提出的替代函数 $\Phi_{\beta^{(k)},\epsilon}(\beta)$ 成为常数，从而使得 MM 算法不迭代。

通过上述分析，本文在 Hunter and Li(2005) 构造的替代函数 $\Phi_{\beta^{(k)},\epsilon}(\beta)$

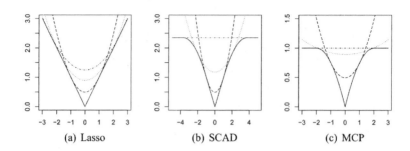

的基础上进一步改进,构造了一个新的替代函数来解决 $|\beta|>\lambda\gamma$ 时 $p'_{\lambda,\varepsilon}(\beta)$ $\equiv 0$ 所带来的局限性。为此,本文用函数 $p^*_{\lambda,\ddot{o}}(\cdot)$ 代替 $p_\lambda(\cdot)$,该函数需要满足 $|\beta|$ 取任意值,$p^*_{\lambda,\varepsilon}(\cdot)$ 总是正的,$p^*_{\lambda,\ddot{o}}(\cdot)$ 定义为如下形式:

$$p^*_{\lambda,\varepsilon}(|\beta|)=\begin{cases} p_\lambda(|\beta|)-\varepsilon\int_0^{|\beta|}\dfrac{p'_\lambda(z)}{\varepsilon+z}dz & 0<|\beta|\leqslant m \\[2mm] p_\lambda(|m|)-\varepsilon\int_0^{|m|}\dfrac{p'_\lambda(z)}{\varepsilon+z}dz+\int_{|m|}^{|\beta|}\dfrac{zk(\alpha(z+1-m))}{\varepsilon+z}dz & |\beta|>m \end{cases}$$

$$(5)$$

其中 $k(\cdot)$ 是服从正态分布的密度函数,其中 m 是一个常数,它的值通过等式 $k(\alpha)=p'_\lambda(m)$ $(m>0)$ 来确定。特殊地,当罚函数为 SCAD 时 $m=\lambda\gamma-k(\alpha)(\gamma-1)$,当罚函数为 MCP 时 $m=\lambda\gamma-k(\alpha)\gamma$。除此之外,参数 α 还需要满足不等式 $\alpha>0$ 以及 $k(\alpha)<\lambda$,且参数 α 控制了 $|\beta|>m$ 时 $p^*_{\lambda,\varepsilon}(|\beta|)$ 的斜率。

命题 1 利用 MM 算法给出了 $p^*_{\lambda,\varepsilon}(\cdot)$ 的替代函数,并阐述了 $p^*_{\lambda,\varepsilon}(\cdot)$ 与原惩罚函数 $p_\lambda(\cdot)$ 的接近程度。

命题 1　假设在 $(0,\infty)$ 上函数 $p_\lambda(\cdot)$ 满足了 Hunter and Li(2005)的命题 1 的条件,在 $\varepsilon>0$ 并且 α 满足 $\alpha>0$ 且 $k(\alpha)<\lambda$ 条件下,本文定义了以下替代函数:

$$\Phi^*_{\lambda,\varepsilon}(\beta|\beta^{(k)})=\begin{cases} p^*_{\lambda,\varepsilon}(|\beta^{(k)}|)+\dfrac{(\beta^2-\beta^{(k)2})p'_\lambda(|\beta^{(k)}|+)}{2(\varepsilon+|\beta^{(k)}|)} & 0<|\beta^{(k)}|\leqslant m \\[3mm] p^*_{\lambda,\varepsilon}(|\beta^{(k)}|)+\dfrac{(\beta^2-\beta^{(k)2})k(\alpha(|\beta^{(k)}|+1-m))}{2(\varepsilon+|\beta^{(k)}|)} & |\beta^{(k)}|>m \end{cases}$$

$$(6)$$

则：

(a)对于某些固定的 ε 和 α 且满足以上条件，$\Phi_{\lambda,\varepsilon}^{*}(\beta|\beta^{(k)})$ 是 $p_{\lambda,\varepsilon}^{*}(\beta)$ 在 $\beta^{(k)}$ 点的替代函数。

(b)令 $\beta^{(0)}$ 为估计量迭代的初始值，如果定义一个参数空间上的紧凑子集 $\Omega = \{\beta \in R^{p} : p_{\lambda}(\beta) \leqslant p_{\lambda}(\beta^{(0)}) + n\}$，则当 $\varepsilon \to 0$ 且 $\alpha \to \infty$ 时，在子集上有 $|p_{\lambda,\varepsilon}^{*}(|\beta|) - p_{\lambda}(|\beta|)| \to 0$。

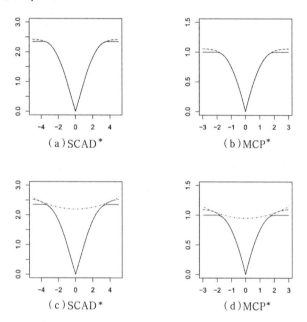

图 2　**(a)(b)为 SCAD 及 MCP 的原惩罚函数 $p_{\lambda}(\cdot)$ 与改进后的惩罚函数 $p_{\lambda \in \hat{\sigma}}^{*}(\cdot)$**
(c)(d)为针对改进后的惩罚函数 $p_{\lambda \in \hat{\sigma}}^{*}(\cdot)$ 提出的替代函数 $\Phi_{\lambda,\varepsilon}^{*}(\cdot)$

(三)基于改进替代函数的惩罚分位数回归模型

本节中，我们将使用上一节中所提出的式(6)对惩罚分位数回归模型进行求解。通过前文已知基于两步估计法的惩罚分位数回归模型的损失函数 $P(\beta)$ 的形式如下所示：

$$P(\beta) = \sum_{i=1}^{N} \sum_{j=1}^{n_i} \rho_{\tau}(\hat{Y}_{ij} - X_{ij}^{T}\beta) + \sum_{l=1}^{p} p_{\lambda}(|\beta_l|) \tag{7}$$

为了使得当 $\beta^{(k)}$ 取值为零时，$\Phi_{\lambda,\varepsilon}(\beta|\beta^{(k)})$ 的后项依然存在且有意义，Hunter and Li(2005)将原惩罚函数 $p_\lambda(\cdot)$ 替换成 $p_{\lambda,\epsilon}(|\beta|)=p_\lambda(|\beta|)-\epsilon\int_0^{|\beta|}\dfrac{p'_\lambda(z)}{\epsilon+z}$ dz。因此式(7)可以改进为如下形式,并记为 $P_\epsilon(\beta)$。

$$P_\epsilon(\beta) = \sum_{i=1}^{N}\sum_{j=1}^{n_i}\rho_\tau(\hat{Y}_{ij}-X_{ij}^T\beta)+\sum_{l=1}^{p}p_{\lambda,\epsilon}(|\beta_l|)$$

根据 Hunter and Li(2005)构造的替代函数 $\Phi_{\beta^{(k)},\epsilon}(\beta|\beta^{(k)})$,$P_\epsilon(\beta)$ 的替代函数可以记为 $S_{k,\epsilon}(\beta)$。

$$S_{k,\epsilon}(\beta) = Q_\epsilon(\beta|\beta^{(k)})+\sum_{i=1}^{N}\sum_{l=1}^{p}n_i\Phi_{\lambda,\epsilon}(\beta_l|\beta_l^{(k)})$$

为了使得 $|\beta|$ 取任意值时,$p_{\lambda,\epsilon}^*(\cdot)$ 总是正的,$p_{\lambda,\epsilon}^*(\cdot)$ 定义为式(5),因此式(7)可以更新为如下形式,并记为 $P_\epsilon^*(\beta)$。

$$P_\epsilon^*(\beta) = \sum_{i=1}^{N}\sum_{j=1}^{n_i}\rho_\tau(\hat{Y}_{ij}-X_{ij}^T\beta)+\sum_{l=1}^{p}p_{\lambda,\epsilon}^*(|\beta_l|)$$

若记 $f(\theta)$ 是原函数,$F(\theta)$ 是替代函数,MM 算法的实现依赖于以下条件:

$$F_{\theta_0}(\theta)=f(|\theta_0|)+\frac{(\theta^2-\theta_0^2)f'(|\theta_0|+)}{2|\theta_0|} \tag{8}$$

$$F_{\theta_0}(\theta)\geqslant f(\theta) \text{ 当且仅当 } \theta=\theta_0 \text{ 时等式成立}$$

此时称 $F_{\theta_0}(\theta)$ 在 θ_0 点优化原函数 $f(\theta)$。为探究 $f(\theta)$ 满足何条件时 MM 算法得以实现,Hunter and Li(2005)提出了相关命题,本文仿照该命题给出如下引理。

引理 1 假设 $f(\theta)$ 是关于 y 轴对称的函数且在 $(0,\infty)$ 上 $f(\theta)$ 有以下性质:

(1)$f(\theta)$ 分段可微;

(2)$f(\theta)$ 不单调递减且为凹函数;

(3)$f(\theta)$ 在零点连续,且 $f'(0+)$ 是有界的。

对于任意 θ_0,如式(8)中所定义的替代函数 $F_{\theta_0}(\theta)$ 在点 θ_0 点优化 $f(\theta)$。

在本文中,我们考虑 LASSO、SCAD 和 MCP 罚函数。证明这三个罚函数 $p_\lambda(\cdot)$ 及本文所构造的函数 $p_{\lambda,\epsilon}^*(\cdot)$ 满足引理中所给出的条件是容易的。因此,若使用本文所提出的替代函数 $\Phi_{\lambda,\epsilon}^*(\beta|\beta^{(k)})$ 作为惩罚函数 $P_\epsilon^*(\beta)$

的替代函数，$P_\varepsilon^*(\beta)$ 的替代函数可以记为 $S_{k,\varepsilon}^*(\beta)$。

$$S_{k,\varepsilon}^*(\beta) = Q_\varepsilon(\beta \mid \beta^{(k)}) + \sum_{i=1}^N \sum_{l=1}^p n_i \Phi_{\lambda,\varepsilon}^*(\beta_l \mid \beta_l^{(k)}) \tag{9}$$

上式在点 $\beta^{(k)}$ 替代了函数 $P_\varepsilon^*(\beta)$。如前所述，MM 算法要求对于所有的 β 都有 $S_{k,\varepsilon}^*(\beta) \geqslant P^*(\beta)$ 且当且仅当 $\beta = \beta^{(k)}$ 时等号成立。

因此，本文的算法框架可以总结如下：

Step1：令 $\hat\beta$ 是 β 的 $\sqrt{nT}$ ——一致估计量，并且定义 $\hat b_i = E_{n_i}[Y_{ij} - X_{ij}^T \hat\beta]$；

Step2：将损失函数 $P(\beta)$ 改成新的损失函数 $P_\varepsilon^*(\beta)$，且 $P_\varepsilon^*(\beta)$ 表示为：

$$P_\varepsilon^*(\beta) = \sum_{i=1}^N \sum_{j=1}^{n_i} \rho_\tau(\hat Y_{ij} - X_{ij}^T \beta) + \sum_{l=1}^p p_{\lambda,\varepsilon}^*(\mid \beta_l \mid)$$

其中 $\hat Y_{ij} = Y_{ij} - \hat b_i$；

Step3：在第三部分中，我们使用 MM 算法最小化上一步中的函数。$S_{k,\varepsilon}^*(\beta)$ 作为损失函数 $P_\varepsilon^*(\beta)$ 的替代函数，其形式如下：

$$S_{k,\varepsilon}^*(\beta) = Q_\varepsilon(\beta \mid \beta^{(k)}) + \sum_{i=1}^N \sum_{l=1}^p n_i \Phi_{\lambda,\varepsilon}^*(\beta_l \mid \beta_l^{(k)})$$

本节主要基于上一节所提出的优化后的替代函数，对基于两步估计法的分位数回归损失函数进行替代，以构造式（9），有关替代函数 $S_{k,\varepsilon}^*(\beta)$ 的求解算法的细节将是下一节的内容。

（四）算法

上述研究可知局部二次函数 $S_{k,\varepsilon}^*(\beta)$ 在点 $\beta^{(k)}$ 最大化 $P_\varepsilon^*(\beta)$，但未知参数向量 β 的估计值仍然是未知的。为了得到该参数向量的估计值，本文通过迭代算法对局部二次函数 $S_{k,\varepsilon}^*(\beta)$ 求解。通过查阅相关文献，本文考虑使用 Cajori(1911) 提出的 Newton-Raphson 迭代算法进行求解，该算法适用于凸优化，算法的细节如下所述。

令 $f: R^n \to R$ 是二阶可微连续函数，$x_k \in R^n$，且海森矩阵 $\nabla^2 f(x_k)$ 是正定的，则存在 $\delta > 0$ 使得当 $\mid x - x_k \mid < \delta$ 时，由泰勒公式可知有如下近似等式成立：

$$f(x) \approx f(x_k) + [\nabla f(x_k)]^T(x - x_k) + \frac{1}{2}[x - x_k]^T \nabla^2 f(x_k)[x - x_k]$$

若想最小化函数 $f(x)$，则需要使其一阶导数 $\nabla f(x)$ 为零。因此，方程可以写成：

$$\nabla f(x) \approx \nabla f(x_k) + \nabla^2 f(x_k)[x - x_k] = 0$$

由上式的右边可得到根的近似值为：

$$x_{k+1} = x_k - (\nabla^2 f(x_k))^{-1} \nabla f(x_k)$$

通过上述对于 Newton-Raphson 迭代算法的细节描述可知，为了得到替代函数 $S_{k,\epsilon}^*(\beta)$ 中的待估计参数向量 β 的近似的估计值，需要先计算出替代函数 $S_{k,\epsilon}^*(\beta)$ 的一阶微分，其次使其一阶微分值为零，得到待估计参数向量 β 的迭代公式。因此，首先计算函数 $S_{k,\epsilon}^*(\beta)$ 的一阶微分，其形式如下：

$$\nabla S_{k,\epsilon}^*(\beta) = \nabla Q_\epsilon(\beta \mid \beta^{(k)}) + \nabla \sum_{i=1}^{N} \sum_{l=1}^{p} n_i \Phi_{\lambda,\epsilon}^*(\beta_l \mid \beta_l^{(k)})$$

$$\nabla Q_\epsilon(\beta \mid \beta^{(k)}) = \frac{dQ_\epsilon(\beta \mid \beta^{(k)})}{dr} \cdot \nabla r(\beta)$$

$$= \sum_{i=1}^{N} \sum_{j=1}^{n_i} \frac{d\left(\frac{1}{4}\left[\frac{r_{ij}^2}{\epsilon + \mid r_{ij}^{(k)} \mid} + (4\tau - 2)r_{ij} + c\right]\right)}{dr_{ij}} \cdot \nabla r_{ij}(\beta)$$

$$= \sum_{i=1}^{N} \sum_{j=1}^{n_i} \frac{1}{2}\left[\frac{r_{ij}}{\epsilon + \mid r_{ij}^{(k)} \mid} + 2\tau - 1\right] \cdot (-X_{ij})$$

$$= v_\epsilon(\beta) \cdot X$$

其中

$$v_\epsilon(\beta) = \left(1 - 2\tau - \frac{r(\beta)}{\epsilon + \mid r(\beta) \mid}\right)^T, r(\beta) \text{ 是一个维数为 } \sum_{i=1}^{N} n_i \text{ 的向量;}$$

$$X = (X_{11}, X_{12}, \cdots, X_{1n_i}, X_{21}, \cdots, X_{Nn_N})^T$$

从命题 1 中已知替代函数 $\Phi_{\lambda,\epsilon}^*(\beta \mid \beta^{(k)})$ 是一个分段函数。因此，它的一阶微分为

$$\nabla \sum_{l=1}^{p} \Phi_{\lambda,\epsilon}^*(\beta_l \mid \beta_l^{(k)}) = 2A \cdot \beta$$

其中 A 是一个对角矩阵，其中 (j,j) 处的值记为 $A_{(j,j)}$。

$$A_{(j,j)} = \begin{cases} \dfrac{p_\lambda'(\mid \beta_l^{(k)} \mid +)}{2(\epsilon + \mid \beta_l^{(k)} \mid)} & 0 < \mid \beta_l \mid \leqslant m \\[4mm] \dfrac{k(\alpha(\mid \beta_l^{(k)} \mid + 1 - m) +)}{2(\epsilon + \mid \beta_l^{(k)} \mid)} & \mid \beta_l \mid > m \end{cases} \tag{10}$$

由上可知，一阶导数的形式可以写成 $\nabla S_{k,\varepsilon}^{*}(\beta) = v_{\varepsilon}(\beta) \cdot X + 2\sum\limits_{i=1}^{N} n_i A \cdot$

β，此外，$\nabla S_{k,\varepsilon}^{*}(\beta^{(k)}) = v_{\varepsilon}(\beta^{(k)}) \cdot X + 2\sum\limits_{i=1}^{N} n_i A \cdot \beta^{(k)}$。

然后，对 $\nabla S_{k,\varepsilon}^{*}(\beta)$ 求导，即 $S_{k,\varepsilon}^{*}(\beta)$ 的二阶导 $\nabla^2 S_{k,\varepsilon}^{*}(\beta)$。

$$\nabla^2 S_{k,\varepsilon}^{*}(\beta) = \nabla^2 Q_{\varepsilon}(\beta | \beta^{(k)}) + \nabla^2 \sum\limits_{i=1}^{N}\sum\limits_{l=1}^{p} n_i \Phi_{\lambda,\varepsilon}^{*}(\beta_l | \beta_l^{(k)})$$

$$\nabla^2 Q_{\varepsilon}(\beta | \beta^{(k)}) = \frac{dv_{\varepsilon}(\beta) \cdot X}{dr} \cdot \nabla r(\beta)$$

$$= \sum\limits_{i=1}^{N}\sum\limits_{j=1}^{n_i} \frac{\left[\frac{1}{2}\left(1 - 2\tau - \frac{r_{ij}}{\varepsilon + | r_{ij}^{(k)} |}\right) \right] X_{ij}}{dr_{ij}} \cdot \nabla r_{ij}(\beta)$$

$$= \sum\limits_{i=1}^{N}\sum\limits_{j=1}^{n_i} \frac{1}{2(\varepsilon + | r_{ij}^{(k)} |)} \cdot X_{ij}^{2}$$

$$= X^T B X \tag{11}$$

$$\nabla^2 \sum\limits_{l=1}^{p} \Phi_{\lambda,\varepsilon}^{*}(\beta_l | \beta_l^{(k)}) = \frac{d2A \cdot \beta}{d\beta} = 2A$$

由上述计算可知，$S_{k,\varepsilon}^{*}(\beta)$ 的二阶导 $\nabla^2 S_{k,\varepsilon}^{*}(\beta^{(k)}) = X^T B X + 2\sum\limits_{i=1}^{N} n_i A$，其

中 B 是对角矩阵，且 (ij, ij) 处的元素为 $\frac{1}{2(\varepsilon + | r_{ij}^{(k)} |)}$。因此，本文给出了待

估计参数向量 β 的迭代公式：

$$\beta^{(k+1)} = \beta^{(k)} - \alpha^{(k)}(\nabla^2 S_{k,\varepsilon}^{*}(\beta^{(k)}))^{-1} \nabla S_{k,\varepsilon}^{*}(\beta^{(k)}) \tag{12}$$

其中 $\alpha^{(k)}$ 是迭代步长并且 $\alpha^{(k)}$ 属于区间 $(0,1]$。$\alpha^{(k)}$ 的值可以从 $\alpha^{(k)} = \max$
$\{2^{-v} : S_{k,\varepsilon}^{*}(\beta^{(k)} + 2^{-v}((\nabla^2 S_{k,\varepsilon}^{*}(\beta^{(k)}))^{-1} \nabla S_{k,\varepsilon}^{*}(\beta^{(k)}))) < S_{k,\varepsilon}^{*}(\beta^{(k)}), v \in N\}$ 获
得，其中 N 是非负整数集合。

关于以上迭代等式的细节做出如下讨论。为了简化讨论，我们只看到
第 l 元素 $\beta_l^{(k+1)} = \beta_l^{(k)} - \alpha^{(k)}(\nabla^2 S_{k,\varepsilon}^{*}(\beta_l^{(k)}))^{-1} \nabla S_{k,\varepsilon}^{*}(\beta_l^{(k)})$。由这个方程很容易
得到，如果 $\nabla S_{k,\varepsilon}^{*}(\beta_l^{(k)}) \leqslant 0$ 并且 $\nabla^2 S_{k,\varepsilon}^{*}(\beta_l^{(k)}) \geqslant 0$，就有 $\beta_l^{(k+1)} \geqslant \beta_l^{(k)}$ 和 $S_{k,\varepsilon}^{*}$
$(\beta_l^{(k+1)}) \leqslant S_{k,\varepsilon}^{*}(\beta_l^{(k)})$。相反，如果 $\nabla S_{k,\varepsilon}^{*}(\beta_l^{(k)}) \geqslant 0$ 且 $\nabla^2 S_{k,\varepsilon}^{*}(\beta_l^{(k)}) \geqslant 0$，则 $\beta_l^{(k+1)}$
$\leqslant \beta_l^{(k)}$ 且 $S_{k,\varepsilon}^{*}(\beta_l^{(k+1)}) \leqslant S_{k,\varepsilon}^{*}(\beta_l^{(k)})$。因此，如果目标函数 $S_{k,\varepsilon}^{*}(\beta)$ 是凸的，该目
标函数就可以通过以上的迭代等式进行最小化。

表 1 本文所提出的新方法的算法细节

Step 1	令 $\hat{\beta}$ 是 β 的 $\sqrt{nT}$ 一致估计量,并且定义 $\hat{b}_i = E_{n_i}[Y_{ij} - X_{ij}^T \hat{\beta}]$。
Step 2	给定一个初值 $\beta^{(0)}$。$\beta^{(k)}$ 是参数向量 β 第 k 次迭代的值,在这一步令 $k=0$。
Step 3	给定一个较小的常数 ε,对于任意正的 ε,$\beta^{(k+1)}$ 定义成式(12)。
Step 4	如果 $\left\| \dfrac{S_{k,\varepsilon}^*(\beta^{(k)}) - S_{k,\varepsilon}^*(\beta^{(k+1)})}{S_{k,\varepsilon}^*(\beta^{(k)})} \right\| > u$,其中 $u = \varepsilon \sum_{i=1}^{N} n_i \| ln\varepsilon \|$,之后将 k 替换成 $k+1$,返回 Step 3。

(五)收敛性质

在这一部分,有必要考虑本文所提出的方法的收敛性。由命题 1 和引理 1,我们已经知道局部二次函数 $S_{k,\varepsilon}^*(\beta)$ 在点 $\beta^{(k)}$ 最大化 $P_\varepsilon^*(\beta)$。然而,本文的目的是使损失惩罚函数 $P(\beta)$ 最小化,并提出将其转化为最小局部二次函数 $S_{k,\varepsilon}^*(\beta)$。因此,首要的问题是 $P_\varepsilon^*(\beta)$ 与 $P(\beta)$ 的距离是否足够近。

推论 1 假定 $p_\lambda(\cdot)$ 满足 Hunter and Li(2005)中命题 1 提出的假设。如果 $\beta^{(0)}$ 是未知参数 β 的迭代初值,并且定义一个参数空间上的凸集 Ω,其中 $\Omega = \{\beta \in R^p : P(\beta) \leqslant P(\beta^{(0)}) + n\}$。对于任意的 $\varepsilon > 0$ 及 $\alpha \in \{\alpha \in R^+ : \alpha > 0, k(\alpha) < \lambda\}$ 有:

$$|P_\varepsilon^*(\beta) - P(\beta)| \to 0 \quad \varepsilon \to 0, \alpha \to \infty$$

基于以上推论,函数 $P(\beta)$ 可以转变成 $P_\varepsilon^*(\beta)$。因此,最小化 $P(\beta)$ 等价于对 $P_\varepsilon^*(\beta)$ 进行最小化。由于 MM 算法是用来计算未知参数 β 的近似值的,第二个问题是我们的算法是否收敛。

命题 2 假定 $p_\lambda(\cdot)$ 满足 Hunter and Li(2005)中命题 1 提出的假设。如果 $M(\cdot)$ 是由迭代 $\beta^{(k+1)} = \beta^{(k)} - \alpha^{(k)}(\nabla^2 S_{k,\varepsilon}^*(\beta^{(k)}))^{-1} \nabla S_{k,\varepsilon}^*(\beta^{(k)})$ 定义的映射,如果 $P_\varepsilon^*(\beta) = P_\varepsilon^*(M(\beta))$ 时的 β 是 $P_\varepsilon^*(\beta)$ 唯一的驻点,则 $P_\varepsilon^*(\beta)$ 的驻点是序列 $\{\beta^{(k)}\}$ 的极限点。

具体定理证明过程请参 Gao, Xiang and Xu(2002)。

四、数值分析

在本文的前三部分中已经给出了新的替代函数的形式,并证明了该替代函数对应的 MM 算法收敛,且其收敛于目标函数的真实值。因此本文的第四部分,将利用新提出的方法对 Hunter and Li(2005)所提出的替代函数与本文所提出的替代函数的性能进行比较,以及研究其相对传统方法的优越性。分别利用数值模拟和实际数据建模的方法进行分析。本文采用蒙特卡罗方法生成模拟数据,结合五折交叉验证的方法选取调优参数,该方法以均方误差(MSE)为判断标准;针对 MM 算法,本文选取两个不同初始值,比较了 Hunter and Li(2005)所提出的替代函数与本文所提出的替代函数在不同初始值下的表现。

(一)数值模拟

在本文中,使用随机效应模型生成数据:

$$Y_{ij} = X_{ij}^T\beta + b_i + e_{ij} \quad i=1,2,\cdots,N; j=1,2,\cdots,n_i,$$

该模型中参数的具体设定如下,其中参数 β 是一个 8 维的向量,其真实值为 $\beta=(0.5,0,0.4,0,0,0.8,0,0.2)$,并且未知的个体固定效应 b_i 服从不对称的拉普拉斯分布,即 $b_i \sim AL(\mu,\sigma)$,其中 $\mu=3,\sigma=2,b_i$ 的密度函数具体可以被描述为如下形式,即 $p(b|\mu,\sigma)=\frac{1}{2\sigma}exp\left\{-\frac{|b-\mu|}{\sigma}\right\}$。由于本文是针对面板数据的分位数回归,本文对于分位数回归的分位点 τ 感兴趣,并选取不同的 τ 值进行回归。另外解释变量 $X \sim N(0,\Sigma_{8\times8})$。在这里,我们假定每个协变量是独立的。

本文采用四种不同的误差分布:标准正态分布、混合分布、拉普拉斯分布和斜拉普拉斯分布。以上分布的更多细节如下:

标准正态分布(Norm): $N(0,1)$

混合分布(Mix): $0.5 \cdot N(0,10) + 0.5 \cdot N(0,1)$

拉普拉斯分布（La(0,2)）：$p(u) = \dfrac{1}{4} \exp\left\{ -\dfrac{|u|}{2} \right\}$

斜拉普拉斯分布（SKL(0,1,2)）：$p(u) = \begin{cases} \dfrac{1}{3} \exp\{u\} & u \leqslant 0 \\ \dfrac{1}{3} \exp\left\{ \dfrac{u}{2} \right\} & u > 0 \end{cases}$

本文的数值模拟部分产生 70 个个体，每个个体有不同的观测次数 n_i（n_i 是正整数），并且每一个 n_i 的数值是随机从集合 S 中获取的（$S = \{4, 5, 6, 7, 8\}$）。在建立面板数据的分位数回归模型时，本文考虑了不同的 τ 值带来的影响。首先，我们使用五折交叉验证来选择合适的调优参数，然后使用这些调优参数来拟合非平衡面板数据的分位数函数。我们重复这个过程 1000 次。为了评估回归参数 $\hat{\beta}$ 的准确性，本文将在以下表格中汇报绝对偏差（$Bias(\hat{\beta}) = E\{|\hat{\beta} - \beta|\}$）以及 $\hat{\beta}$ 的标准方差。

在这一部分中，我们的主要目标是通过数值模拟考察上述部分中提出的替代函数（MM2）的性能，并将其与 Hunter and Li（2005）提出的方法（MM1）进行比较，所要研究内容分为以下两个方面：

（1）比较误差分别服从标准正态分布、混合分布、非对称拉普拉斯分布和斜拉普拉斯分布时，不同替代函数对分位数回归损失函数的估计效率；

（2）基于两种不同的替代函数，分别给定不同的初始值 $\beta^{(0)}$，根据表 2—表 4 中所汇报的指标比较两个替代函数的性能。

表 2—表 4 通过惩罚函数 SCAD 对模拟面板数据进行分位数回归并得到数值模拟结果，其迭代初始值为 $\beta^{(0)} = (10, 10, 10, 10, 10, 10, 10, 10)$，表格中汇报了未知参数的绝对偏差（$Bias(\hat{\beta}) = E\{|\hat{\beta} - \beta|\}$）以及标准方差。

从模拟结果可以看出当残差分布服从标准正态分布、混合分布及不对称拉普拉斯分布，且利用相同的迭代算法及迭代次数对参数进行估计时，利用本文所提出的替代函数对模型进行回归的估计结果的绝对偏差较小，意味着该结果与通过原替代函数方法获得的估计结果相比更接近于真实值，且本文所提出的替代函数能更快收敛到真实值。由于方差表示变量的波动，从估计参数的标准方差数值结果可以看出，本文所提出的替代函数对模型进行回归的估计结果波动性更小，这意味着该方法相比原有方法更加稳健。

表 2 SCAD 的参数估计结果：$\tau=0.1$ $\beta^{(0)}=(10,10,10,10,10,10,10,10)$

SCAD($\tau=0.1$ $\beta^{(0)}=(10,10,10,10,10,10,10,10)$)

残差分布	方法	β_1	β_2	β_3	β_4	β_5	β_6	β_7	β_8
Norm	MM1	0.108	0.032	0.095	0.023	0.027	0.120	0.030	0.073
		(0.095)	(0.031)	(0.099)	(0.025)	(0.030)	(0.081)	(0.035)	(0.088)
	MM2	0.073	0.028	0.065	0.020	0.023	0.098	0.025	0.072
		(0.090)	(0.028)	(0.079)	(0.022)	(0.027)	(0.087)	(0.029)	(0.079)
Mix	MM1	0.239	0.051	0.206	0.049	0.054	0.283	0.048	0.151
		(0.285)	(0.085)	(0.243)	(0.075)	(0.092)	(0.258)	(0.083)	(0.180)
	MM2	0.214	0.046	0.192	0.042	0.043	0.242	0.038	0.134
		(0.261)	(0.070)	(0.209)	(0.074)	(0.064)	(0.270)	(0.056)	(0.134)
La	MM1	0.237	0.047	0.201	0.052	0.048	0.248	0.052	0.134
		(0.280)	(0.094)	(0.244)	(0.088)	(0.068)	(0.231)	(0.084)	(0.152)
	MM2	0.215	0.038	0.181	0.040	0.039	0.201	0.040	0.126
		(0.258)	(0.075)	(0.198)	(0.060)	(0.058)	(0.234)	(0.067)	(0.121)
SKL	MM1	0.278	0.008	0.263	0.007	0.010	0.252	0.013	0.159
		(0.146)	(0.014)	(0.122)	(0.011)	(0.016)	(0.287)	(0.019)	(0.038)
	MM2	0.291	0.007	0.269	0.008	0.009	0.227	0.014	0.161
		(0.115)	(0.009)	(0.116)	(0.014)	(0.012)	(0.244)	(0.022)	(0.038)

表3 SCAD的参数估计结果：$\tau=0.5$ $\beta^{(0)}=(10,10,10,10,10,10,10,10)$

SCAD($\tau=0.5$ $\beta^{(0)}=(10,10,10,10,10,10,10,10)$)

残差分布	方法	β_1	β_2	β_3	β_4	β_5	β_6	β_7	β_8
Norm	MM1	0.093 (0.079)	0.023 (0.023)	0.082 (0.088)	0.023 (0.023)	0.024 (0.022)	0.111 (0.063)	0.024 (0.026)	0.062 (0.074)
	MM2	0.060 (0.071)	0.021 (0.022)	0.056 (0.067)	0.021 (0.022)	0.021 (0.023)	0.086 (0.067)	0.021 (0.022)	0.057 (0.059)
Mix	MM1	0.216 (0.262)	0.040 (0.053)	0.177 (0.216)	0.041 (0.054)	0.043 (0.058)	0.289 (0.220)	0.034 (0.047)	0.128 (0.142)
	MM2	0.189 (0.232)	0.032 (0.036)	0.177 (0.193)	0.041 (0.059)	0.043 (0.043)	0.289 (0.247)	0.034 (0.051)	0.128 (0.121)
La	MM1	0.177 (0.214)	0.034 (0.051)	0.184 (0.212)	0.039 (0.049)	0.032 (0.034)	0.219 (0.190)	0.041 (0.057)	0.116 (0.113)
	MM2	0.154 (0.186)	0.030 (0.049)	0.184 (0.194)	0.035 (0.053)	0.027 (0.032)	0.170 (0.191)	0.037 (0.051)	0.119 (0.098)
SKL	MM1	0.164 (0.193)	0.020 (0.026)	0.151 (0.159)	0.019 (0.024)	0.025 (0.033)	0.185 (0.167)	0.026 (0.032)	0.113 (0.087)
	MM2	0.165 (0.174)	0.018 (0.024)	0.169 (0.139)	0.016 (0.025)	0.020 (0.024)	0.134 (0.154)	0.023 (0.032)	0.115 (0.063)

表 4 SCAD 的参数估计结果：$\tau=0.9$ $\beta^{(0)}=(10,10,10,10,10,10,10,10,10,10)$

残差分布	方法	\multicolumn{8}{c}{SCAD($\tau=0.9$ $\beta^{(0)}=(10,10,10,10,10,10,10,10,10,10)$)}
		β_1	β_2	β_3	β_4	β_5	β_6	β_7	β_8
Norm	MM1	0.131	0.008	0.140	0.011	0.010	0.100	0.008	0.119
		(0.123)	(0.013)	(0.102)	(0.014)	(0.011)	(0.117)	(0.011)	(0.051)
	MM2	0.081	0.023	0.071	0.026	0.024	0.090	0.023	0.066
		(0.095)	(0.028)	(0.089)	(0.029)	(0.022)	(0.083)	(0.029)	(0.071)
Mix	MM1	0.248	0.056	0.235	0.049	0.061	0.311	0.054	0.155
		(0.297)	(0.085)	(0.276)	(0.076)	(0.086)	(0.278)	(0.093)	(0.190)
	MM2	0.217	0.045	0.189	0.043	0.045	0.247	0.035	0.145
		(0.263)	(0.071)	(0.214)	(0.074)	(0.061)	(0.292)	(0.051)	(0.161)
La	MM1	0.211	0.046	0.207	0.030	0.032	0.236	0.040	0.135
		(0.260)	(0.081)	(0.241)	(0.039)	(0.059)	(0.221)	(0.054)	(0.139)
	MM2	0.187	0.039	0.203	0.031	0.028	0.204	0.038	0.127
		(0.225)	(0.070)	(0.215)	(0.041)	(0.039)	(0.241)	(0.046)	(0.112)
SKL	MM1	0.190	0.024	0.170	0.023	0.037	0.207	0.026	0.112
		(0.220)	(0.034)	(0.185)	(0.031)	(0.046)	(0.182)	(0.045)	(0.103)
	MM2	0.200	0.021	0.165	0.024	0.033	0.142	0.021	0.111
		(0.193)	(0.029)	(0.155)	(0.047)	(0.043)	(0.171)	(0.028)	(0.084)

　　而当残差分布服从斜拉普拉斯分布时,两种方法在估计结果的绝对偏差上相差不大,但本文所提出的替代函数对模型进行回归的估计结果的标准方差仍然较小,根据以上分析可知,利用本文所提出的替代函数对非平衡面板数据进行分位数回归时,一般情况下,收敛速度较快且更具有稳健性。

　　表5—表7通过惩罚函数 MCP 对模拟面板数据进行分位数回归并得到数值模拟结果,其迭代初始值为 $\beta^{(0)} = (10,10,10,10,10,10,10,10)$,表格中汇报了未知参数的绝对偏差($Bias(\hat{\beta}) = E\{|\hat{\beta} - \beta|\}$)以及标准方差。

　　从模拟结果可以看出当残差分布服从标准正态分布及不对称拉普拉斯分布,且利用相同的迭代算法及迭代次数对参数进行估计时,利用本文所提出的替代函数对模型进行回归的估计结果的绝对偏差较小,估计参数的标准方差数值也同样较小,因此可知在残差分布服从上述分布时,利用本文所提出的替代函数对非平衡面板数据进行分位数回归,一般情况下收敛速度较快且更具有稳健性。

　　与表2—表4所得到的结果不同,当残差分布服从斜拉普拉斯分布时,两种方法在估计结果的绝对偏差及标准方差上相差不大,当残差分布服从混合分布时,原替代函数的表现略优于本文所提出的替代函数,这种不同可能是惩罚函数的不同所导致的。

　　表8—表9分别通过惩罚函数 SCAD 及 MCP 进行回归并得到数值模拟结果,其迭代初始值 $\beta^{(0)}$ 为均值回归的结果,该初值与 $\beta^{(0)} = (10,10,10,10,10,10,10,10)$ 相比更接近于参数真实值,表格中汇报了未知参数的绝对偏差以及标准方差。

　　从模拟结果可以看出,迭代初始值 $\beta^{(0)}$ 较小时两种方法在估计结果的绝对偏差及标准方差上相差不大,结果基本一致,这跟本文所预期的结果一致,因为本文对替代函数的改进是为了使得 β 值任意大时 MM 算法都能得以实现。

　　综上所述,本文在原有变量选择的 MM 算法的研究基础上,创新性地提出一个新的替代函数。Hunter and Li(2005)提出了利用 MM 算法求解基于最大似然估计的变量选择方法,提出利用如下形式的函数作为替代函数:

$$\Phi_{\lambda,\epsilon}(\beta \mid \beta^{(k)}) = p_{\lambda,\epsilon}(\mid \beta^{(k)} \mid) + \frac{(\beta^2 - \beta^{(k)2}) p_{\lambda}'(\mid \beta^{(k)} \mid +)}{2 \mid \beta^{(k)} \mid}$$

表5　MCP 的参数估计结果：$\tau=0.1$　$\beta^{(0)}=(10,10,10,10,10,10,10,10)$

残差分布	方法	β_1	β_2	β_3	β_4	β_5	β_6	β_7	β_8
		\multicolumn{8}{c}{MCP($\tau=0.1$　$\beta^{(0)}=(10,10,10,10,10,10,10,10)$)}							
Norm	MM1	0.105	0.055	0.086	0.060	0.055	0.153	0.055	0.053
		(0.114)	(0.034)	(0.100)	(0.045)	(0.037)	(0.082)	(0.040)	(0.070)
	MM2	0.095	0.057	0.083	0.058	0.059	0.124	0.053	0.052
		(0.111)	(0.032)	(0.098)	(0.042)	(0.040)	(0.086)	(0.035)	(0.066)
Mix	MM1	0.227	0.092	0.172	0.085	0.093	0.272	0.078	0.100
		(0.272)	(0.082)	(0.195)	(0.078)	(0.077)	(0.325)	(0.064)	(0.123)
	MM2	0.239	0.063	0.192	0.065	0.063	0.272	0.057	0.104
		(0.201)	(0.049)	(0.153)	(0.058)	(0.051)	(0.306)	(0.044)	(0.093)
La	MM1	0.223	0.102	0.189	0.113	0.112	0.286	0.108	0.115
		(0.252)	(0.078)	(0.244)	(0.098)	(0.101)	(0.244)	(0.096)	(0.154)
	MM2	0.189	0.073	0.160	0.077	0.078	0.217	0.069	0.104
		(0.228)	(0.050)	(0.184)	(0.064)	(0.059)	(0.274)	(0.058)	(0.118)
SKL	MM1	0.188	0.057	0.174	0.063	0.054	0.211	0.054	0.095
		(0.200)	(0.044)	(0.133)	(0.050)	(0.042)	(0.259)	(0.042)	(0.097)
	MM2	0.205	0.058	0.171	0.058	0.052	0.184	0.053	0.096
		(0.195)	(0.044)	(0.125)	(0.050)	(0.043)	(0.221)	(0.041)	(0.099)

表6 MCP的参数估计结果：$\tau=0.5$　$\beta^{(t)}=(10,10,10,10,10,10,10,10)$

MCP($\tau=0.5$　$\beta^{(t)}=(10,10,10,10,10,10,10,10)$)

残差分布	方法	β_1	β_2	β_3	β_4	β_5	β_6	β_7	β_8
Norm	MM1	0.097	0.055	0.077	0.054	0.052	0.150	0.048	0.045
		(0.094)	(0.030)	(0.091)	(0.036)	(0.027)	(0.073)	(0.026)	(0.056)
	MM2	0.086	0.054	0.074	0.053	0.051	0.121	0.049	0.046
		(0.090)	(0.029)	(0.089)	(0.032)	(0.027)	(0.077)	(0.024)	(0.059)
Mix	MM1	0.222	0.086	0.152	0.083	0.084	0.242	0.068	0.076
		(0.267)	(0.066)	(0.151)	(0.067)	(0.060)	(0.284)	(0.051)	(0.091)
	MM2	0.205	0.111	0.155	0.114	0.114	0.261	0.093	0.094
		(0.251)	(0.082)	(0.186)	(0.089)	(0.076)	(0.244)	(0.074)	(0.128)
La	MM1	0.195	0.099	0.155	0.107	0.110	0.290	0.102	0.098
		(0.220)	(0.071)	(0.193)	(0.084)	(0.081)	(0.221)	(0.072)	(0.129)
	MM2	0.181	0.066	0.163	0.072	0.075	0.204	0.068	0.093
		(0.204)	(0.044)	(0.161)	(0.054)	(0.049)	(0.248)	(0.044)	(0.097)
SKL	MM1	0.160	0.081	0.128	0.078	0.071	0.202	0.066	0.085
		(0.19)	(0.055)	(0.158)	(0.058)	(0.05)	(0.215)	(0.046)	(0.108)
	MM2	0.159	0.076	0.129	0.070	0.069	0.167	0.062	0.075
		(0.192)	(0.054)	(0.153)	(0.052)	(0.047)	(0.186)	(0.039)	(0.093)

表 7 MCP 的参数估计结果：$\tau=0.9$　$\beta^{(t)}=(10,10,10,10,10,10,10,10)$

残差分布	方法	β_1	β_2	β_3	β_4	β_5	β_6	β_7	β_8
				MCP($\tau=0.9$　$\beta^{(t)}=(10,10,10,10,10,10,10,10)$)					
Norm	MM1	0.095	0.057	0.093	0.056	0.059	0.149	0.051	0.058
		(0.096)	(0.039)	(0.118)	(0.043)	(0.039)	(0.089)	(0.039)	(0.072)
	MM2	0.087	0.042	0.099	0.040	0.044	0.095	0.038	0.066
		(0.101)	(0.027)	(0.102)	(0.031)	(0.028)	(0.101)	(0.027)	(0.059)
Mix	MM1	0.240	0.061	0.198	0.066	0.066	0.265	0.063	0.101
		(0.237)	(0.038)	(0.159)	(0.061)	(0.060)	(0.299)	(0.063)	(0.100)
	MM2	0.218	0.078	0.177	0.089	0.092	0.263	0.083	0.104
		(0.272)	(0.054)	(0.203)	(0.083)	(0.080)	(0.316)	(0.073)	(0.140)
La	MM1	0.257	0.043	0.231	0.044	0.048	0.272	0.049	0.116
		(0.181)	(0.032)	(0.133)	(0.032)	(0.038)	(0.245)	(0.037)	(0.066)
	MM2	0.243	0.042	0.230	0.046	0.051	0.287	0.045	0.123
		(0.156)	(0.034)	(0.11)	(0.038)	(0.043)	(0.239)	(0.037)	(0.086)
SKL	MM1	0.196	0.064	0.163	0.059	0.059	0.177	0.056	0.090
		(0.189)	(0.047)	(0.158)	(0.051)	(0.048)	(0.224)	(0.040)	(0.085)
	MM2	0.198	0.063	0.171	0.057	0.055	0.180	0.047	0.092
		(0.178)	(0.050)	(0.164)	(0.051)	(0.041)	(0.213)	(0.033)	(0.078)

表 8　SCAD 的参数估计结果：$\tau=0.5$

残差分布	方法	β_1	β_2	β_3	β_4	β_5	β_6	β_7	β_8
		SCAD($\tau=0.5$)							
Norm	MM1	0.044	0.025	0.046	0.027	0.023	0.043	0.025	0.042
		(0.055)	(0.035)	(0.055)	(0.039)	(0.033)	(0.054)	(0.033)	(0.055)
	MM2	0.044	0.026	0.046	0.028	0.024	0.043	0.025	0.042
		(0.055)	(0.035)	(0.055)	(0.039)	(0.033)	(0.054)	(0.034)	(0.055)
Mix	MM1	0.143	0.046	0.143	0.066	0.048	0.127	0.049	0.101
		(0.165)	(0.068)	(0.138)	(0.092)	(0.072)	(0.157)	(0.072)	(0.096)
	MM2	0.142	0.046	0.143	0.066	0.048	0.127	0.049	0.102
		(0.164)	(0.068)	(0.138)	(0.092)	(0.072)	(0.156)	(0.072)	(0.096)
La	MM1	0.121	0.052	0.121	0.048	0.045	0.109	0.054	0.109
		(0.149)	(0.070)	(0.125)	(0.069)	(0.063)	(0.138)	(0.072)	(0.095)
	MM2	0.121	0.052	0.122	0.048	0.045	0.109	0.054	0.109
		(0.148)	(0.070)	(0.125)	(0.070)	(0.063)	(0.138)	(0.072)	(0.096)
SKL	MM1	0.123	0.044	0.102	0.047	0.037	0.082	0.035	0.093
		(0.133)	(0.060)	(0.113)	(0.061)	(0.055)	(0.097)	(0.054)	(0.087)
	MM2	0.149	0.038	0.126	0.041	0.031	0.108	0.030	0.098
		(0.120)	(0.051)	(0.094)	(0.053)	(0.046)	(0.117)	(0.044)	(0.071)

表 9 MCP 的参数估计结果：$\tau=0.5$

残差分布	方法	MCP($\tau=0.5$)							
		β_1	β_2	β_3	β_4	β_5	β_6	β_7	β_8
Norm	MM1	0.042	0.038	0.041	0.040	0.036	0.041	0.037	0.036
		(0.052)	(0.048)	(0.051)	(0.050)	(0.045)	(0.052)	(0.046)	(0.048)
	MM2	0.042	0.038	0.041	0.040	0.036	0.041	0.037	0.036
		(0.052)	(0.048)	(0.051)	(0.050)	(0.045)	(0.052)	(0.046)	(0.048)
Mix	MM1	0.179	0.019	0.195	0.030	0.019	0.116	0.021	0.134
		(0.198)	(0.033)	(0.160)	(0.050)	(0.035)	(0.145)	(0.034)	(0.071)
	MM2	0.177	0.021	0.192	0.031	0.020	0.115	0.022	0.132
		(0.196)	(0.035)	(0.158)	(0.052)	(0.036)	(0.145)	(0.036)	(0.072)
La	MM1	0.108	0.034	0.121	0.033	0.028	0.101	0.037	0.129
		(0.141)	(0.056)	(0.148)	(0.059)	(0.047)	(0.123)	(0.059)	(0.110)
	MM2	0.107	0.036	0.120	0.035	0.030	0.101	0.039	0.127
		(0.140)	(0.058)	(0.147)	(0.061)	(0.050)	(0.123)	(0.061)	(0.110)
SKL	MM1	0.089	0.084	0.076	0.091	0.073	0.076	0.069	0.078
		(0.110)	(0.105)	(0.098)	(0.109)	(0.093)	(0.090)	(0.091)	(0.096)
	MM2	0.089	0.084	0.076	0.091	0.073	0.076	0.069	0.078
		(0.110)	(0.105)	(0.098)	(0.109)	(0.093)	(0.090)	(0.091)	(0.096)

又提出了局部二次拟合的改进版本,以确保初值为零时替代函数存在且有意义,其改进后的替代函数如下:

$$\Phi_{\lambda,\epsilon}(\beta \mid \beta^{(k)}) = p_{\lambda,\epsilon}(\mid \beta^{(k)} \mid) + \frac{(\beta^2 - \beta^{(k)2}) p'_{\lambda}(\mid \beta^{(k)} \mid +)}{2(\epsilon + \mid \beta^{(k)} \mid)}$$

替代函数仍具有一定的缺陷,当惩罚函数为 SCAD 及 MCP 时,当 $\mid \beta \mid > \lambda\gamma$ 时,$p'_{\lambda,\epsilon}(\beta)$ 为零,变量选择部分的 MM 算法不再进行迭代,为避免这样的问题发生,本文将在此基础上创新性地提出如下一个新的替代函数

$$\Phi^*_{\lambda,\epsilon}(\beta \mid \beta^{(k)}) = \begin{cases} p^*_{\lambda,\epsilon}(\mid \beta^{(k)} \mid) + \dfrac{(\beta^2 - \beta^{(k)2}) p'_{\lambda}(\mid \beta^{(k)} \mid +)}{2(\epsilon + \mid \beta^{(k)} \mid)} & 0 < \mid \beta^{(k)} \mid \leqslant m \\ p^*_{\lambda,\epsilon}(\mid \beta^{(k)} \mid) + \dfrac{(\beta^2 - \beta^{(k)2}) k(\alpha(\mid \beta^{(k)} \mid + 1 - m))}{2(\epsilon + \mid \beta^{(k)} \mid)} & \mid \beta^{(k)} \mid > m \end{cases}$$

此替代函数保证了在初值 $\beta^{(0)}$ 任意大时变量选择部分的 MM 算法仍然可以工作。

通过上述数值模拟结果可知,进行该改进后的替代函数实现了预期成果,即当 $\beta^{(0)}$ 较大时,利用本文所提出的替代函数对非平衡面板数据进行分位数回归,一般情况下收敛速度较快且更具有稳健性。当 $\beta^{(0)}$ 较小时,两种方法相差不大。

(二)实证分析

原发性胆汁性肝硬化(PBC)是一种慢性炎症性自身免疫性肝病。自身免疫性肝病是一种罕见的肝病,其病因和发病机制尚不清楚。如果不进行治疗,PBC 通常会在 10—20 年的时间内发展为肝硬化并最终导致肝功能衰竭。因此,虽然其发病率低于 1/2000,但对于 PBC 发病机制的研究是有意义的。本文所研究的数据集来美国 Mayo Clinic(梅奥诊所)。其中包括随机随访的 312 例原发性胆汁性肝硬化患者。该数据包含 1945 个观测对象以及 20 个变量。在本文中,响应变量是血小板每立方毫升/1000;解释变量为 gender、drug、years、serBilir、albumin、alkaline、SGOT、prothrombin、ascites、hepatomegaly、spiders、edema 和 histologic。

针对该数据的研究大多是基于生存分析的角度进行的,生存分析的目的是研究在不同因素影响下,生存时间的分布情况。生存分析在临床研究

领域及公共卫生领域都具有极强的应用价值。

本文考虑在此基础上进一步研究与原发性胆汁性肝硬化相关的发病机制，发病机制属于病理学范畴，原发性胆汁性肝硬化的发病规律，即发病过程中会引起的全身或者局部（系统、组织、器官、细胞等）的病理反应。本文将研究患者血小板与特定危险因素（如年龄、性别、药物等）以及原发性胆汁性肝硬化的发病阶段之间的关系，该研究对于理解和预防原发性胆汁性肝硬化是有价值的。

变量的解释如表 10 所示：

表 10　协变量的相关解释

变量	解释
gender	该因子表示性别有男性和女性
drug	该因子表示药品有使用安慰剂和使用药物
years	该因子表示患者从登记到这次访问日期之间的时间
serBilir	该因子表示血清胆红素毫克/分升
albumin	该因子表示白蛋白毫克/分升
alkaline	该因子表示碱性磷酸酶单位/升
SGOT	该因子表示谷草转氨酶单位/毫升
prothrombin	该因子表示凝血酶原时间，以秒计
ascites	该因子表示是否有腹水，是或否
hepatomegaly	该因子表示是否有肝肿大，是或否
spiders	该因子表示是否有脊椎问题，是或否
*edema*1	该因子表示无水肿和无利尿剂治疗水肿
*edema*2	该因子表示无利尿剂治疗水肿或其他两种情况
*histologic*1	该因子表示患者血清抗线粒体抗体阳性，但血清生化指标正常或其他两种情况
*histologic*2	该因子表示患者出现以血清碱性磷酸酶和谷氨酰转肽酶升高为主的生化指标异常或其他两种情况
*histologic*3	该因子表示患者逐渐出现临床症状，如瘙痒、乏力等，血清胆红素升高，但一般低于 2.0 mg/dL 或其他两种情况

本文研究了患者血小板与特定危险因素（如年龄、性别、药物等）以及原发性胆汁性肝硬化的发病阶段之间的关系，用以研究与原发性胆汁性肝硬化相关的发病机制。为方便建模，本文引入哑变量 $edema1$、$edema2$、$histologic1$、$histologic2$ 和 $histologic3$。其中哑变量 $edema1$ 及 $edema2$ 是以患者服用利尿剂依然出现水肿为基准建立的虚拟变量；而哑变量 $histologic1$、$histologic2$ 和 $histologic3$ 是基于 PBC 的自然病程第四阶段即血胆红素逐步升高超过 6.0mg/dL 为基准建立的虚拟变量。

本文对上述 16 个解释变量包括部分哑变量、响应变量建立随机效应模型，基于本文所提出的回归方法分别利用 Hunter and Li(2005) 所提出的替代函数与本文所提出的替代函数对未知参数进行估计，当惩罚函数为 SCAD 时将结果记入表 11；当惩罚函数为 MCP 时将结果记入表 12。

表 11　SCAD 的估计结果

协变量	MM1		MM2	
	估计值	置信区间	估计值	置信区间
$year$	0.188	(0.117, 0.306)	0.188	(0.098, 0.296)
$serBilir$	0.053	(0.002, 0.202)	0.032	(0.002, 0.201)
$albumin$	0.001	(0.000, 0.011)	0.001	(−0.001, 0.009)
$alkaline$	0.023	(0.003, 0.058)	0.011	(0.003, 0.050)
$platelets$	0.006	(0.001, 0.043)	0.009	(0.000, 0.060)
$SGOT$	0.014	(0.002, 0.042)	0.012	(0.002, 0.043)
$drug$	0.040	(0.009, 0.060)	0.034	(0.011, 0.052)
sex	0.069	(0.040, 0.117)	0.048	(0.032, 0.111)
$ascites$	0.011	(0.004, 0.029)	0.009	(0.005, 0.026)
$hepatomegaly$	0.023	(0.009, 0.063)	0.031	(0.010, 0.059)
$spiders$	0.041	(0.008, 0.036)	0.020	(0.008, 0.038)
$edema1$	0.039	(0.012, 0.064)	0.022	(0.011, 0.083)
$edema2$	0.015	(0.007, 0.055)	0.011	(0.007, 0.040)
$histologic1$	0.009	(0.004, 0.021)	0.006	(0.004, 0.017)
$histologic2$	0.008	(0.004, 0.046)	0.010	(0.004, 0.029)

协变量	MM1		MM2	
	估计值	置信区间	估计值	置信区间
histologic3	0.018	(0.007, 0.044)	0.013	(0.006, 0.047)

除此之外,本文汇报了参数的近似 95％置信区间。该近似置信区间的计算方式如下所示:

（a）利用 Bootstrap 方法重复地从原始数据集中随机选择 n 个个体,并将随机选择的面板数据个体记为 $\{(Y_{ij}^*, X_{ij}^* : i=1,\cdots,n; j=1,\cdots,n_i)\}$,由于重复抽样的原因,原始样本中某些个体的全部测量可能会在新的 Bootstrap 样本中出现多次。

（b）利用 Bootstrap 抽取的样本 $\{(Y_{ij}^*, X_{ij}^* : i=1,\cdots,n; j=1,\cdots,n_i)\}$,基于本文提出的方法计算参数的估计值,其结果记为 $\hat{\beta}_L^{boot}$。

（c）重复（a）及（b）两步 B 次,定义第 b 次 Bootstrap 抽取的样本的随机效应模型参数的估计值为 $\hat{\beta}_L^{boot,b}(b=1,2,\cdots,B)$,因此,总的 B 次估计值的结果可记为:

$$B^B = \{\hat{\beta}_L^{boot,1}, \hat{\beta}_L^{boot,2}, \cdots, \hat{\beta}_L^{boot,B}\}$$

（d）计算 B 次 Bootstrap 抽取的样本的估计结果 B^B 的分位数。具体为,如果要计算 $\hat{\beta}_L^{boot}$ 的置信水平为 $[100\times(1-\alpha)]$ 的近似置信区间,则其结果记为:

$$(L_{(\alpha/2)}, U_{(\alpha/2)})$$

其中 $L_{(\alpha/2)}$ 及 $U_{(\alpha/2)}$ 分别是 B^B 的 $\alpha/2$ 及 $1-\alpha/2$ 处的分位值。

表 12　MCP 的估计结果

协变量	MM1		MM2	
	估计值	置信区间	估计值	置信区间
year	0.191	(0.127, 0.315)	0.149	(0.121, 0.303)
serBilir	0.032	(0.002, 0.226)	0.059	(0.001, 0.224)
albumin	0.008	(0.000, 0.010)	−0.001	(−0.003, 0.008)
alkaline	0.017	(0.004, 0.046)	0.018	(0.002, 0.055)

协变量	MM1			MM2	
	估计值	置信区间	估计值	置信区间	
platelets	0.015	(0.003，0.050)	0.005	(0.002，0.053)	
SGOT	0.008	(0.002，0.026)	0.011	(0.001，0.027)	
drug	0.031	(0.009，0.050)	0.022	(0.011，0.051)	
sex	0.082	(0.029，0.117)	0.041	(0.032，0.114)	
ascites	0.008	(0.003，0.037)	0.010	(0.004，0.026)	
hepatomegaly	0.016	(0.006，0.040)	0.024	(0.008，0.041)	
spiders	0.015	(0.007，0.056)	0.017	(0.008，0.046)	
*edema*1	0.029	(0.011，0.102)	0.027	(0.010，0.074)	
*edema*2	0.012	(0.006，0.143)	0.009	(0.007，0.039)	
*histologic*1	0.009	(0.004，0.023)	0.007	(0.004，0.019)	
*histologic*2	0.007	(0.005，0.038)	0.009	(0.005，0.033)	
*histologic*3	0.011	(0.006，0.046)	0.017	(0.007，0.048)	

从表 11 及表 12 中可以看出哑变量 *histologic*1、*histologic*2 和 *histologic*3 前的系数皆为正,这意味着与自然病程第四阶段相比,前三阶段的血小板会增加,即随着原发性胆汁性肝硬化的发病阶段的不断往后,血小板数减少,因此,在诊断患者是否患有原发性胆汁性肝硬化时,可以将血小板数纳入考虑范畴。

从表 11 及表 12 中还可以看出 albumin(白蛋白,毫克/分升)与血小板是否会增多关系不大,通过上述估计结果及近似 Bootstrap 置信区间可以发现,通过本文所提出的替代函数进行计算时,其近似置信区间包含零,且估计值也更接近零。

项目负责人:许　林

项目组成员:张永全　项思佳　于巍巍

郑　超　宫佳璐　陶斯霞

[参考文献]

[1] 刘焕鹏,严太华. 面板数据分位数回归模型研究综述[J]. 统计与决策,2014(17):82-84.

[2] 罗幼喜,李翰芳. 基于双自适应 Lasso 惩罚的随机效应分位回归模型研究[J]. 数量经济技术经济研究,2017,34(5):136-148.

[3] 李扬,曾宪斌. 面板数据模型的惩罚似然变量选择方法研究[J]. 统计研究,2014,31(3):83-89.

[4] 曲婷,王静. 基于 Lasso 方法的平衡纵向数据模型变量选择[J]. 黑龙江大学自然科学学报,2012,29(6):715-722,726.

[5] 王娜. 面板数据分位数回归模型求解及应用研究[D]. 济南:山东大学,2017.

[6] ANDERSEN C M,BRO R. Variable selection in regression—a tutorial [J]. Journal of chemometrics,2010,24(11-12):728-737.

[7] AHMED S E. Penalty,shrinkage and pretest strategies:variable selection and estimation[M]. New York:Springer,2014.

[8] CANAY I A. A simple approach to quantile regression for panel data [J]. The econometrics journal,2011,14(3):368-386.

[9] COURANT R. Variational methods for the solution of problems of equilibrium and vibrations[J]. Lecture notes in pure and applied mathematics,1994,49:1-23.

[10] CAJORI F. Historical note on the Newton-Raphson method of approximation[J]. The American mathematical monthly,1911,18(2):29-32.

[11] DEMPSTER A P,LAIRD N M,RUBIN D B. Maximum likelihood from incomplete data via the EM algorithm[J]. Journal of the royal statistical society:series B (methodological),1977,39(1):1-22.

[12] FAN J,LI R. Variable selection via nonconcave penalized likelihood and its oracle properties[J]. Journal of the American statistical

association, 2001, 96(456): 1348-1360.

[13] FLEMING T R, HARRINGTON D P. Counting processes and survival analysis[M]. New York: John Wiley & Sons, 2011.

[14] FU W,KNIGHT K. Asymptotics for lasso-type estimators[J]. The annals of statistics, 2000, 28(5): 1356-1378.

[15] FRANK L E, FRIEDMAN J H. A statistical view of some chemometrics regression tools[J]. Technometrics, 1993, 35(2): 109-135.

[16] FLETCHER R. A class of methods for nonlinear programming with termination and convergence properties[J]. Integer and nonlinear programming, 1970, 8: 157.

[17] FLETCHER R. Practical methods of optimization: Vol. 1 unconstrained optimization [M]. New York: John Wiley & Sons, 1980.

[19] FLETCHER R. Practical methods of optimization: Vol. 2: constrained optimization[J]. New York: John Wiley & Sons, 1981.

[18] GERACI M,BOTTAI M. Quantile regression for longitudinal data using the asymmetric laplace distribution[J]. Biostatistics, 2007, 8 (1): 140-154.

[19] GEORGE E I. The variable selection problem[J]. Journal of the American statistical association, 2000, 95(452): 1304-1308.

[20] GALVAO A F,MONTES-ROJAS G V. Penalized quantile regression for dynamic panel data [J]. Journal of statistical planning and inference,2010, 140(11): 3476-3497.

[21] HUNTER D R, LI R. Variable selection using MM algorithms[J]. Annals of statistics, 2005, 33(4): 1617.

[22] HUNTER D R,LANGE K. Quantile regression via an MM algorithm [J]. Journal of computational and graphical statistics, 2000, 9(1): 60-77.

[23] HARDING M, LAMARCHE C. A quantile regression approach for estimating panel data models using instrumental variables [J]. Economics letters, 2009, 104(3): 133-135.

[24] KOENKER R. Quantile regression for longitudinal data[J]. Journal of multivariate analysis, 2004, 91(1): 74-89.

[25] KOENKER R, HALLOCK K F. Quantile regression[J]. Journal of economic perspectives, 2001, 15(4): 143-156.

[26] KOENKER R, BASSETT G. Regression quantiles [J]. Econometrica, 1978, 46(1): 33-50.

[27] KOENKER R, D'OREY V. Algorithm AS 229: Computing regression quantiles[J]. Applied statistics, 1987, 36(3): 383-393.

[28] KARMARKAR N. A new polynomial-time algorithm for linear programming[J]. Combinatorica, 1984, 4(4): 302-311.

地区能源消费碳排放统计核算方法研究

"双碳"目标是我国对世界的庄严承诺。建立科学、规范、可行的碳排放统计核算体系,是摸清碳"家底"、推进碳减排,进而实现"碳达峰""碳中和"的最重要基础。国家明确提出,要加快完善地区、行业、企业、产品等碳排放核查核算报告标准,建立统一规范的碳核算体系。浙江省也提出,要构建省级碳排放统计核算体系,探索制定市县级碳排放核算办法。

能源消费碳排放是我国温室气体排放的主要来源,占全部二氧化碳排放量的 80% 左右。当前,浙江省仍处在经济上升期,能源消费持续增长的趋势短时间内难以出现显著改变,能源消费碳排放的上升趋势预计仍将继续。浙江省能源消费碳排放中,工业领域占比近七成,交通、居民生活等领域碳排放占比逐年提升,据此可探索制定实施更具针对性的碳排放统计核算方法。

本研究基于浙江省各市县实际碳排放情况,围绕能源、工业、交通、建筑、农业和居民生活六大领域,提出地区碳排放年度核算方法,明确各领域能源消费碳排放活动水平数据的来源、优先顺序及数据处理方法,强化碳排放因子的本地性、合理性,同时探索碳排放进度核算方法,以期为浙江省建立省级碳排放统计核算体系提供建议,同时也为国家及其他省区市制定地区能源消费碳排放统计方案提供参考。

一、研究背景与意义

(一)背景及重要意义

开展地区能源消费碳排放核算是国家重要战略导向和要求。2020年9月22日,国家主席习近平在第七十五届联合国大会一般性辩论上,向世界作出实现"双碳"目标的中国承诺。2021年国家先后印发《中共中央 国务院关于完整准确全面贯彻新发展理念做好碳达峰碳中和工作的意见》《2030年前碳达峰行动方案》,明确提出要加快完善地区、行业、企业、产品等碳排放核查核算报告标准,建立统一规范的碳核算体系。浙江省高度重视碳达峰碳中和工作,2021年12月,印发《浙江省委省政府关于完整准确全面贯彻新发展理念做好碳达峰碳中和工作的实施意见》,提出要根据全国统一规范的碳排放统计核算体系要求,构建省级碳排放统计核算体系,探索制定市县级碳排放核算办法,统一核算口径,加强温室气体监测。

开展地区能源消费碳排放核算是现实需求。能源消费碳排放是我国温室气体排放的主要来源。据统计数据,我国近十年间化石燃料消费量增长约200%,且一直处于上升阶段。当前,浙江省仍处在经济上升期,能源消费量持续增长的趋势短时间内难以出现显著改变,虽然新能源的开发利用可抵消一部分碳排放,但能源消费碳排放的上升趋势预计仍将继续。根据省级能源平衡表的测算,浙江省六个领域碳排放各有其特征,如工业领域占比近七成,交通、居民生活等领域碳排放占比逐年提升,据此可制定更具针对性的政策举措。然而从省级向下至市、县级时,由于基础数据的缺失,碳排放数据核算仍需依赖推算的方法,造成底数不清,既不利于准确识别碳排放特征、抓牢主要碳排放源,也不利于制定实施更具针对性的"双碳"政策。

(二)研究目标

本研究以建立地区能源消费碳排放统计核算方法体系为目标,以《省级二氧化碳排放达峰行动方案编制指南》和省级能源平衡表为基础,结合浙江省用能实际情况,围绕能源、工业、交通、建筑、农业和居民生活六大领域,开展碳排放统计年度核算顶层设计,并提出地区碳排放年度核算方法,明确各领域能源消费碳排放活动水平数据的来源、优先顺序及数据处理方法,强化碳排放因子的本地性、合理性,同时探索碳排放进度核算方法,以期为浙江省建立省级碳排放统计核算体系提供建议,同时也为国家及其他省区市制定地区能源消费碳排放统计方案提供参考。

(三)主要研究内容及思路

1.开展地区能源消费碳排放年度核算顶层设计研究

本文参考国内外碳排放核算方法,从核算边界和核算原则角度开展分析。核算边界方面,由于地方减碳降碳的潜力和主动性主要体现在能源消费上,考虑以能源活动领域消费侧为重点,从工业、农业、交通、建筑、居民生活等领域出发,科学界定各领域及其细分部门的核算边界。核算品种上主要考虑煤炭、油品、天然气、热力、电力五大类,其中对煤炭、油品、天然气进行细分品种,研判其是用于燃烧还是作为原料等其他用途使用。核算原则方面,考虑以"省市协调,一体推进;统计为主,兼顾核算;突出重点,简化细节;注重时效,强化应用"等为要点,提出核算的主要原则,为后续核算方法的建立奠定框架。

2.建立地区能源消费碳排放年度核算方法

一是在总体方法上,考虑将省级能源消费总量按照一定指标的占比进行测算,并结合地区实际的规上工业、电力等数据,即将自上而下与自下而上两种方法相结合,研究制定总体方法。二是在活动水平上,由于各部门能源数据翔实度不一,考虑从采用统计权威数据、运用省级总量向下核算、采取合理方法推算三种方式科学处理活动水平数据。三是在排放因子及有关参数上,围绕国家核定的参数、省级定期核算更新的数据、地方实测的部分数据分别进行分析。其中,煤炭、油品、天然气的标准煤碳排放因子考虑采用国家核定的参数;电力排放因子考虑采用省级定期核算更新的数据;煤炭低位热值考虑采用地方实测的部分数据。

3.建立地区能源消费碳排放进度核算体系

年度核算采用能源平衡表的相关活动水平数据开展,虽然操作简便,但数据取得及编制过程较复杂,测算周期长、时效性差,一般更新频次为每年,无法满足"双碳"目标的定期高频监测要求。同时,排放因子的测算也难以满足实际所需,现有核算均采用温室气体清单排放因子数据,由国家统一提供,更新较慢,难以反映地方电力供应结构优化带来的减排效果。因此,在研究年度精准统计核算数据的基础上,利用数字化手段、互联网技术推动建立更加快速、相对准确的碳排放进度核算体系就显得更有现实意义。

二、国内外碳排放核算方法述评

(一)国际碳排放核算概述

发达国家在碳排放核算方法及数据库体系建设方面长期处于国际话语权的优势地位。IPCC早在1996年即组织相关发达国家的研究机构及专家编撰国家温室气体清单指南,后续相继更新发布了《2006年IPCC国家温室气体清单指南》《IPCC 2006年国家温室气体清单指南2019修订版》。近年来,虽然发展中国家在相关文件修编中的参与度逐步提升,但由于只是在原有指南基础上的修订,总体上发展中国家的影响力仍然有限。特别是目前已有7个发达国家建立了权威的覆盖全球的碳排放数据机构,相关核算结果已被广泛采纳、应用,这些机构由此获得了国际话语权。此外,相比于我国向国际社会提交的历次信息通报中的核算结果以及中国科学院碳专项的核算结果,这些国际数据机构对我国碳排放的核算普遍存在一定的高估。

(二)国内碳排放核算总体情况及存在问题

1.现行碳排放统计核算方法学

现阶段碳排放统计测算方法各异,主要有三种。

方法一:根据省级及国际的温室气体清单编制指南等有关文件,编制温室气体排放清单进行计算。该方法基于非常详细的基础数据,精确度高。

方法二:根据《省级人民政府控制温室气体排放考核方法》计算碳排放量,其活动水平数据来源于能源平衡表,排放因子主要采用最新国家温室气体清单排放因子数据,由国家统一提供。该方法简单易行、时效性强。

方法三:按照生态环境部《省级二氧化碳排放达峰行动方案编制指南》规定的方法计算碳排放量,其活动水平数据也来源于能源平衡表,并且对能源供应、交通、产业终端、居民生活等各部门的排放量进行测算,调入电力的排放因子按照煤电、气电、绿电分别计算。

2.国内碳排放统计核算基础

为满足应对气候变化国际履约要求,支撑控温目标实现,我国在国家、地区、企业、项目和产品碳排放统计核算层面开展了大量工作。一是构建国家温室气体清单编制体系,该体系遵循国际通行规则,符合公约相关决议要求,基础参数主要来自官方统计以及专项调研和实测。二是构建碳排放强度指标核算发布机制,不断建立完善应对气候变化统计指标体系和温室气体排放基础统计制度,为碳强度这一约束性指标提供支撑。三是建立完善重点行业企业碳排放核算报告核查制度,陆续发布核算方法与报告指南,常态化开展电力、钢铁、水泥等重点排放行业企业碳排放核算报告工作,为启动全国碳市场奠定基础。

3.碳排放核算存在的主要问题

我国虽已初步建立了碳排放核算方法,但由于高质量发展进程中产业结构调整不断升级,技术创新更迭,与碳排放有关的参数不断变化,造成当前核算工作仍存在一些问题,影响了各级温室气体排放核算数据的科学性和权威性。一是现有碳排放核算体系尚不完善,碳排放核算方法体系普遍没有规范化的定期运行与完善制度,也没有建立检验是否与国家数据保持一致的机制。二是企业碳排放核算工作尚未有效运转,相关碳排放实测技术的研发应用进展相对缓慢。三是能源统计数据质量不高,导致碳排放核算结构差异较大。此外,不同机构对煤炭碳排放因子的调查统计存在明显差异,甚至存在核算机构与排放单位串通造假的行为。

(三)浙江省碳排放核算现状及数据基础

1.碳排放核算现状

从顶层设计来看,缺乏专项制度建设,导致执行方法不一致。目前,浙江省已制定实施了《浙江省进一步加强能源"双控"推动高质量发展实施方案(2018—2020年)》《浙江省能源"双控"目标考核奖惩办法》,在能源消费核算、考核体系上有了较好的基础,但在碳排放核算方面的标准和制度还比较少。

从数据来源来看,不同层级的数据基础不同,地方数据基础尤为薄弱。浙江省统计局出具的省级能源平衡表是省级能源消费核算与碳排放核算的依据,而市级能源平衡表是以省级数据为基础结合地市消费情况核算得到的,但对于县级则以县统计局及各领域主管部门出具的数据为源头。

从核算周期来看,更新过慢无法满足"双碳"工作推进的需要。浙江省能源消费碳排放核算以年度为主,缺少阶段性核算结果,导致政府无法及时掌握地区碳排放情况,时效性有待提升。

2.碳排放核算数据基础

市县级碳排放核算体系虽然缺少能源平衡表这一核心要素,但通过多年实践工作,碳排放数据统计与核算体系已具备大量的数据基础作为支撑,所需数据要求和获取路径均较为明确,且能耗统计部门、重点用能企业、电力公司等能够提供多源数据,主要体现在四个方面。

一是对于作为能耗和碳排放最大来源的规模以上工业,统计部门已有相当完备的权威数据基础;二是对于作为能耗和碳排放重点载体的重点用能企业,能源监测部门已开展重点用能企业的代表性用能情况监测,而且在逐渐扩大监测数据范围和覆盖面;三是对于作为使用最广泛、监测最高频的电力消费数据,省电力公司及各地分支机构已有相对规范的监测、结算体系,虽然将单个企业的用电量数据对外提供尚有难度,但按一定范围进行多个企业汇总后的数据,可对外提供;四是对于集中供应的热力、天然气,以及分散销售的油品数据,虽然其消费数据难以采集,但可从数量相对有限的供应商处集中采集,以销售数量为主、资金结算为验证来获取上述数据。

以浙江省基于能源平衡表计算 2021 年的碳排放情况为例,规上工业、全社会电力碳排放合计占比 85% 左右,其中规上工业、全社会电力分别占比均略高于55%;交通运输业油品、居民生活油品碳排放分别占比 5%、2.5% 左右。

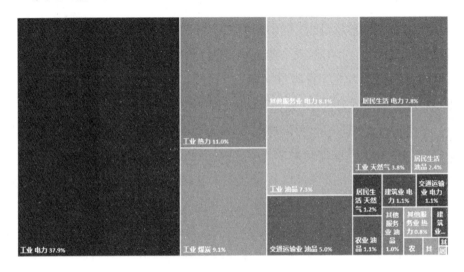

图 1　浙江省 2021 年分部门分品种碳排放占比

三、碳排放核算体系设计框架

(一)碳排放年度核算口径及边界研究

1.核算口径

根据国家发展改革委、国家统计局、生态环境部最新要求,各设区市碳达峰所涉及二氧化碳排放量核算口径由本市行政区域内化石能源消费产生、工业生产过程产生和电力消费蕴含的间接排放三部分组成。需要特别说明的是：本次研究范围为能源活动碳排放，故以下研究都不涉及工业生产过程。

结合浙江省实际，能源、工业、建筑、交通、农业、居民生活六大领域核算口径分别为：①能源领域指电力热力生产和供应业；②工业领域包括采矿业和制造业；③建筑领域包括建筑业和公共建筑；④交通运输领域包括交通运输、仓储和邮政业以及其他领域交通运输；⑤农业领域指农林牧渔业；⑥居民生活领域指城镇和乡村居民生活。

2.核算边界

依据《省级二氧化碳排放达峰行动方案编制指南》和浙江省能源平衡表，对能源、工业、交通、建筑、农业和居民生活六大领域的能源消费品种进行核算（见表1）。

表1　六大领域能源消费品种核算情况

领域		核算口径	能源消费品种核算情况
能源	生产端	电力热力生产供应业	煤炭、柴油、燃料油、石油焦、天然气、液化天然气
	消费端	电力热力生产供应业	电力
工业	消费端	采矿业；制造业	煤炭、21%汽油、74%柴油、其他油品、天然气、电力
交通	消费端	交通运输、仓储和邮政业；其他领域交通运输	汽油[80%农业领域汽油＋79%工业领域汽油＋交通运输业汽油＋98%公共建筑（服务业）汽油＋99%居民生活领域汽油]、柴油（10%农业领域柴油＋26%工业领域柴油＋交通运输业柴油＋95%居民生活领域柴油）、其他油品、天然气、电力
建筑	消费端	建筑业；公共建筑（服务业）	建筑业：汽油、柴油、电力 公共建筑（服务业）：2%汽油、柴油、燃料油、液化石油气、天然气、电力
农业	消费端	农林牧渔业	20%汽油、90%柴油、电力
居民生活	消费端	城镇和乡村居民生活	1%汽油、5%柴油、液化石油气、天然气、电力

(二)地区能源平衡表编制体系

当前碳达峰碳中和工作推进中并未要求市县级统计部门对本地区的终端能耗数据进行完整统计,导致缺乏统一的、可信度强的终端能耗数据。基于此,地区碳排放核算体系基础应落在能源平衡表上,确保在碳排放量作为规划性、强制性、考核性数据时,地区能够拥有完整的、可采信的数据基础进行碳排放核算,以提高"双碳"相关重点目标完成率测算的准确度,能源平衡表作为碳排放核算体系的数据基础,能够保证进行不同年份碳排放量核算时活动水平数据来源的连贯性、一致性和规范性。因此,能源平衡表是整个碳排放核算体系的基础与核心。

1.地区能源平衡表的构成

能源平衡表全面反映了一定时期内一个地区的能源供应、加工转化、终端利用的流程,以及各种能源在各流程中的转化和流向的关系。根据浙江省碳达峰碳中和工作要求,市县在进行碳达峰测算时,主要采用消费端核算法来计算能源活动领域的碳排放,且地区日常数据采集可通过统计直报系统或浙江省统计局开发建设的统计数字化应用平台实现。因此,本课题重点关注能源平衡表终端消费部分的编制,其构成内容将采用行列的矩阵形式,主栏表现能源流向和经济活动的关系,包括一产、二产、三产和居民生活四部分(含细分项),宾栏则为平衡表所包括的各能源品种,具体构成见表2。

2.地区能源平衡表的编制原则

结合国家、省级能源平衡表的编制原则,确定本次研究能源平衡表在编制过程中应遵循以下原则:

一是能源流向明确。能源平衡表中的能源品种齐全,能源流向清晰,可分能源品种明确能源的各项流向。

二是避免重复遗漏。数据核算时应避免能源生产和加工转换部分的重复计算,对于无法从统计部门收集整理的部分数据资料,可进行有根据的合理推算,以补充能源平衡表编制过程中出现的数据不足,避免漏算。

表2　能源平衡表的构成（实物量）

指标名称	代码	煤合计（万吨）	原煤（万吨）	无烟煤（万吨）	烟煤		褐煤（万吨）	洗精煤（万吨）	其他洗煤（万吨）	煤制品（万吨）	煤矸石（万吨）	焦炭（万吨）	焦炉煤气（亿立方米）	高炉煤气（亿立方米）
					炼焦烟煤（万吨）	一般烟煤（万吨）								
一		1	2	3	4	5	6	7	8	9	10	11	12	13
二、终端消费量	—													
（一）农、林、牧、渔业	1													
1.农、林、牧、渔业	2													
（二）工业和建筑业	3													
1.工业	4													
2.建筑业	6													
（三）服务业*	7													
1.交通运输、仓储和邮政业	8													
2.批发和零售业、住宿和餐饮业	9													
3.其他	10													
（四）居民生活	11													

续 表

指标名称	一	转炉煤气（亿立方米）	其他煤气（亿立方米）	其他焦化产品（万吨）	油品合计（万吨）	原油（万吨）	汽油（万吨）	煤油（万吨）	柴油（万吨）	燃料油（万吨）	石脑油（万吨）	润滑油（万吨）	石蜡（万吨）
		14	15	16	17	18	19	20	21	22	23	24	25
二、终端消费量													
（一）农、林、牧、渔业													
1.农、林、牧、渔业													
（二）工业和建筑业													
1.工业													
2.建筑业													
（三）服务业*													
1.交通运输、仓储和邮政业													
2.批发和零售业、住宿和餐饮业													
3.其他													
（四）居民生活													

续 表

指标名称	溶剂油（万吨）	石油沥青（万吨）	石油焦（万吨）	液化石油气（万吨）	炼厂干气（万吨）	其他石油制品（万吨）	天然气（亿立方米）	液化天然气（万吨）	热力（万百万千焦）	电力（亿千瓦时）	其他（万吨标煤）
一	26	27	28	29	30	31	32	33	34	35	36
二、终端消费量											
（一）农、林、牧、渔业											
1.农、林、牧、渔业											
（二）工业和建筑业											
1.工业											
2.建筑业											
（三）服务业*											
1.交通运输、仓储和邮政业											
2.批发和零售业、住宿和餐饮业											
3.其他											
（四）居民生活											

三是统一数据优先序。当数据有多个来源时,建立统一的数据采纳优先顺序:统计数据、部门数据、企业数据、推算数据。

四是进行有效验证。结合历史年份的温室气体清单资料、碳达峰预测及统计部门的相关数据对能源平衡表进行有效试算验证。

3.地区能源平衡表的编制方法

此编制方法主要以杭州市临安区为例,通过多次实地调研收集该区2018—2020年分行业、分能源品种化石能源消费量及温室气体清单编制相关数据,并借鉴省级能源平衡表编制方法,以自下而上的探索方式为主、自上而下的探索方式为辅梳理提出县区级能源平衡表编制方法。

根据临安区历年能源活动领域温室气体清单相关资料可知,临安区消费的主要能源品种涉及原煤、汽油、柴油、燃料油、液化石油气、天然气、液化天然气、热力、电力等,参照县一级能源平衡表的编制方法,再根据临安区实际用能情况进行调整和平衡,确保能源平衡表年份和所需数据资料年份保持一致,下面将分别详细阐述临安区所涉及的煤炭、电力、油品(汽油、柴油、燃料油、液化石油气、其他石油制品)、天然气(气态和液态)、热力等多个能源品种的能耗数据的获取来源、数据处理及确定方法。

(1)煤炭能耗确定方法。

从能源统计部门获取规上工业企业分行业分能源品种消费量和能源加工转换投入量数据,可知临安区的煤炭消费集中于第二产业的工业,经与临安区统计部门核实确认,临安区的煤炭能源(主要包括一般烟煤、焦炭)均由规上工业企业所消耗,故规上工业企业煤炭消费量即为工业全行业煤炭消费量,减去能源加工转换投入量中的煤炭消费数据,即可得到平衡表中工业全行业煤炭终端消费量。

(2)电力能耗确定方法。

从电力统计部门的全社会用电分类表获取平衡表主栏一、二、三产业(含细分行业)和居民生活的用电量,此部分数据通过电力统计部门获得,可直接作为平衡表中各指标的电力终端消费量。

(3)油品能耗确定方法。

①汽油。

以浙江省能源平衡表中主栏所对应的汽油消费量为基础数据,结合权重进行核算,具体如下:

一是农、林、牧、渔业。根据农、林、牧、渔业的增加值和电力消费量分别占浙江省的比重,按各占50%的权重进行核算。

二是工业和建筑业。工业全行业汽油消费量根据规上工业企业汽油消费量、工业增加值和规上工业增加值比值推算得到;建筑业汽油消费量根据房屋建筑施工面积和电力消费量分别占浙江省的比重,按各占50%的权重进行核算。

三是服务业。其中交通运输、仓储和邮政业的汽油消费量根据临安区的公路货物周转量、旅客周转量、道路车辆保有量分别占浙江省的比重,按各占1/3权重进行核算;如若第三产业中的批发和零售业、住宿和餐饮业及其他两个行业也涉及汽油消耗,其核算方法为根据该行业的增加值和电力消费量分别占浙江省的比重,按各占50%的权重进行核算。

四是居民生活。根据年中常住人口数和电力消费量分别占浙江省的比重,按各占50%的权重计算。

最后根据商务部门提供的汽油销售总量和按上述方法推算得到的分行业汽油消耗量数据进行核算,得到分行业最终的汽油消费量。

②柴油。

以浙江省能源平衡表中主栏所对应的柴油消费量为基础数据,结合权重进行核算,具体如下:

一是农、林、牧、渔业。柴油消费量优先采用临安区农用柴油报表中的数据,如无法获得则根据其增加值和电力消费量分别占浙江省的比重,按各占50%的权重进行核算。

二是工业和建筑业。工业全行业柴油消费量根据规上工业企业柴油消费量、工业增加值和规上工业增加值比值推算得到;建筑业柴油消费量根据浙江省能源平衡表中的建筑业柴油消费量、浙江省房屋建筑施工面积和电力消费量、临安区房屋建筑施工面积和电力消费量,按其比例各占50%的权重进行核算计算。

三是服务业。其中交通运输、仓储和邮政业的柴油消费量根据浙江省能源平衡表中交通运输、仓储和邮政业柴油消费量(扣除水运柴油量)、浙江省和临安区公路货物周转量、旅客周转量、道路车辆保有量数据,按其比值各占1/3的权重进行核算。水运柴油消费量占比数据从地调队获取,核算得到的柴油量加上水运柴油量即为临安区交通运输、仓储和邮政业的最终柴油终端消费量。

如若第三产业中的批发和零售业、住宿和餐饮业及其他两个指标也涉及柴油消耗,均根据各自的增加值和电力消费量分别占浙江省的比重,按各占50%的权重进行核算。

四是居民生活。按照年中常住人口数和电力消费分别占浙江省的比重,按各占比50%的权重计算。

最后根据商务局提供的柴油销售总量和按上述方法推算得到的分行业柴油消耗量数据进行核算,得到分行业最终的柴油消费量。

③煤油。

临安区目前没有机场,不涉及航空煤油消费。经与临安区统计部门核实确认,仅规上工业企业存在煤油消耗,且消耗量非常少,规上工业企业煤油消耗量可视为工业全行业煤油消耗量。

④燃料油。

从地调队获取的水运燃料油消耗量即为交通运输、仓储和邮政业的燃料油终端消费量。

⑤液化石油气。

液化石油气能耗数据的确认有两条途径:通过综合行政执法局获取分工业、居民、商业的液化石油气供气量数据;通过调研临安区液化石油气供气单位,确定液化石油气的消费主体,然后以浙江省能源平衡表中对应的产业和居民生活的液化石油气消费量为基础计算。

一是服务业。采用临安区第三产业增加值(扣除交通运输、仓储和邮政业增加值)和电力消费分别占浙江省的比例,按各占50%的权重进行计算,服务业中的液化石油气消费集中于批发和零售业、住宿和餐饮业。

二是居民生活。居民生活按照年中常住人口数和电力消费分别占浙江省的比例,按各占50%的权重计算得到其液化石油气消费量。

两条途径均可获取到数据时,优先选取部门统计数据。

⑥其他石油制品。

其他石油制品包括润滑油、溶剂油、石油沥青等,均为工业部门消费,可通过规上工业企业消费量、规上工业增加值和工业增加值的比值,推算得到工业全行业其他石油制品的终端消费数据。

(4)天然气能耗确定方法

天然气包括气态和液态天然气,天然气能耗数据的确认有两条途径。

①部门统计数据。

通过临安区综合行政执法局获取居民用户、商业用户和工业用户的天然气消费量。

②推算数据。

一是第三产业和建筑业。天然气消费量根据能源局城燃管道输送天然气的数据进行核算。

二是工业。工业天然气由规上消费量+规下消费量得到,规下天然气消费量根据临安区规下工业增加值和电力消费分别占浙江省的比例,按各占50%的权重进行核算,或根据规上工业增加值和工业全行业增加值的比值推算工业全行业的天然气消费量。

三是居民生活。居民生活以浙江省能源平衡表中的居民生活天然气消费量为核算基础,根据年中常住人口和电力消费比重各占50%进行核算。

对两条途径所获取的数据进行比对核实,如若临安区综合行政执法局所提供的天然气数据用户分类明确、数据完整,则优先选取部门统计数据。工业全行业天然气消费量须扣除能源加工转换天然气投入量。

(5)热力能耗确定方法

热力能耗主要分布在工业和第三产业。一是工业。工业部分热力能耗,规上工业直接采用能源统计部门提供的数据,规下部分按照规下工业增加值和电力消费各占50%的权重核算,或根据规上工业增加值和工业全行业增加值的比值推算。二是第三产业。第三产业中的三个细分行业分别根据其增加值和电力消费占浙江省比例,按各占50%的权重进行核算。

如若临安区在编制当年的能源平衡表时,有对应的杭州市能源平衡表,则优先采用杭州市能源平衡表中相对应的能耗作为核算基础数据,具体的核算方法和上述方法保持一致。

(三)碳排放进度核算体系

进度核算体系的核心内容是摸清地区全区域月度的分能源品种消费量,快速测算出地区月度和季度周期内的碳排放量,帮助地方更好地掌握自身短期内的碳排放家底、及时研判碳排放趋势,其目的是保障地方在后续工作中及时调整方向,稳妥有效推进"双碳"工作。该体系的建立主要包含能耗数据确定和碳排放量测算两大内容。

1.能耗数据确定方法

进度核算体系的能耗数据收集主要采用自下而上的方式,总体上是以规上工业企业能耗和全社会用电量数据为主,实现分品种能源核算。

一是烟煤。直接采用统计部门提供的规上工业企业烟煤消耗量,结合上文核算体系中能耗数据确定的方法,规上工业烟煤消耗量即为工业全行业烟煤消耗量。二是电力。电力消费基于电力局等统计部门月度更新数据,直接采用其统计的全社会电力数据。三是成品油(汽油和柴油)。成品油采用市县商务局统计部门统计的成品油销售数据。四是天然气和液化石油气。均通过市县综合执法局统计部门获取。工业行业所涉及的其他能源品种消耗量采用由规上推算全行业的方法,即通过规上工业增加值和工业全行业增加值的比值推算得到全行业工业能耗消费量。对于无法从统计部门直接获取亦不能通过上述方法得到的能耗数据则可以根据往年能耗结构进行推算,如热力消费数据可根据上一年度的能耗结构和本年度除热力外的其他能源消耗量数据推算得到。

2.碳排放量测算

进度核算体系不考虑分部门分行业能源消费,仅从分品种的能源消费总量入手,重点测算碳排放总量:根据进度核算体系能耗数据确定所述方法得到地区分能源品种的月度终端消费实物量,然后将分品种能源消费月度实物量根据浙江省对应年份的能源折标系数统一折算为标准量,并将标准量按照煤炭、油品、天然气、电力、热力五大类进行归类,最后将分类后的能源标准量乘以对应能源类别的碳排放因子,实现对地区的月度碳排放量的进度测算,碳排放量的具体计算方法如下所示:

$$E_{CO_2} = \sum_i (AD_i \times EF_i) \tag{1}$$

式(1)中:

E_{CO_2} 为二氧化碳排放总量,单位为吨;

i 为能源的种类,分为煤炭、油品、天然气、电力和热力;

AD_i 为能源 i 的标准量,单位为吨标准煤;

EF_i 为能源 i 的碳排放因子,单位为吨二氧化碳/吨标准煤。

四、核算体系建设成果实证分析

(一)县级碳排放年度核算体系试算分析——以临安区为例

1.年度核算体系数据试算与分析

(1)全区域碳排放试算与分析

根据第三章第二小节的县级能源平衡表的编制方法,本研究编制了临安区 2018—2020 年三个年度的能源平衡表,并以能源平衡表为核心对临安区的碳排放量进行核算,以对本次研究成果进行试算分析。具体如下:从临安区统计局、综合行政执法局、交通局、电力局等多个统计部门获取所需的基础数据,将数据收集汇总后,按照上述能源平衡表编制方法对基础数据进行处理,确定分行业分能源品种消费量,得到分年度的能源平衡表,然后根据能源平衡表中的能耗数据对临安区的终端能耗和碳排放量进行核算。临安区 2018—2020 年的分品种终端能耗比例见表3。

表3　临安区 2018—2020 年的终端能耗比例　　　　　（单位:%）

分品种能耗	2018 年	2019 年	2020 年
煤炭	6.3	5.7	5.9
油品	19.4	20.3	19.0
天然气	5.5	7.0	7.1
电力	61.6	60.7	61.9
热力	7.2	6.3	6.1
合计	100	100	100

本报告在进行碳排放量核算时采用浙江省能源平衡表测算得到的分品种能耗二氧化碳排放因子(见表4),从而核算得到临安区 2018—2020 年的碳排放量。

表4　分品种能耗二氧化碳排放因子　（单位:吨 CO_2/吨标准煤）

分品种能耗	2018 年	2019 年	2020 年	2021 年
煤炭	2.66	2.66	2.66	2.66
油品	1.73	1.73	1.73	1.73
天然气	1.56	1.56	1.56	1.56
电力	1.92	1.81	1.73	1.86
热力	2.95	2.95	2.82	2.80

由于临安区统计部门目前没有对终端能耗数据进行统计核算,本报告通过采用《临安区二氧化碳排放达峰行动方案》中的终端能耗和碳排放量数据与能源平衡表试算结果进行对比。对本次研究编制的能源平衡表进行试算,得到的终端能耗与临安区碳达峰方案中的数据差异率在±6%以内,得到的碳排放量与临安区碳达峰方案中的数据差异率在±1%以内。由于两套数据的获取途径和推算方式存在一定差异,可认为上述差异率是在合理范围内的,这说明本次研究构建的碳排放核算体系是可行的,通过该核算体系得到的终端能耗和碳排放数据是可采信的。

（2）分领域碳排放试算与分析

根据上章所述碳排放核算边界方法,利用能源平衡表和电力热力生产供应业电力消费能耗数据得到六大领域的终端能源消费实物量,结合表4中的分品种能耗二氧化碳排放因子,试算六大领域的碳排放量占比,其试算结果见表5:

表5　临安区2018—2020年分领域碳排放量占比　　　　（单位:%）

领域	2018年	2019年	2020年
农业	2.2	2.6	2.3
能源	2.4	2.4	3.4
工业	59.6	57.2	56.3
建筑	12.9	14.1	13.9
交通	10.9	12.4	12.4
居民生活	12.0	11.3	11.7

根据分领域碳排放量的试算结果,得到临安区2018—2020年六大领域的碳排放占比,如表6所示。与《临安区二氧化碳排放达峰行动方案》中分领域排放占比数据相比较,以2019年为例,其占比对比情况详见图2。由于碳达峰行动方案中,分领域排放占比计算时包含了七个领域(外加服务业及其他),故与本次试算的六大领域碳排放占比结果存在一定差异,其中工业、能源、居民生活、农业排放占比接近,交通和建筑领域排放占比存在一定出入。同时,考虑到两套数据的具体核算口径及方法可能存在出入,本报告对分领域碳排放占比数据仅作简单的分析比较:碳达峰行动方案和本次试算结果均显示工业领域排放占比最大,占比达到55%以上,居民生活排放占比均在10%以上,农业和能源排放占比均较小。

表6　临安区2018—2020年分领域碳排放占比　　　　（单位:%）

领域	2018年	2019年	2020年
农业	2.22	2.60	2.32
能源	2.41	2.37	3.42

领域	2018 年	2019 年	2020 年
工业	59.64	57.19	56.34
建筑	12.91	14.05	13.96
交通	10.92	12.41	12.38
居民生活	11.90	11.37	11.59

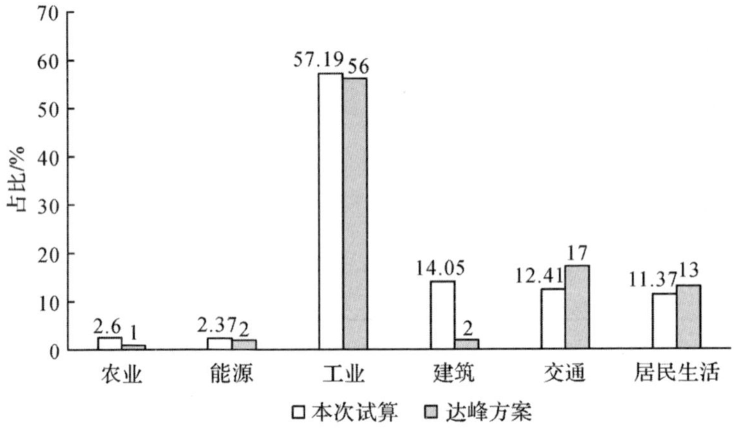

图 2　六大领域碳排放占比对比图

2. 进度核算体系数据试算与分析

根据从临安区统计局获取的 2021 年分月度的分行业分品种能源消费实物量和能源加工转换投入量数据,能够确定临安区 2021 年度分月度的全行业煤炭消费量;从综合行政执法局可获取临安该年度分月度的天然气和液化石油气供气量数据;通过电力局得到全年分月度的用电分类表;通过统计部门能够直接确定煤炭、天然气和全社会电力消费数据;经走访临安区商务局,目前成品油销售数据一年仅统计汇总一次,因此无法获得分月度的成品油销售数据。鉴于该实际情况,对于无法直接获取的油品和热力数据,本次研究均根据 2020 年的能耗结构和已获取的煤炭、天然气及电力能耗数据进行推算,得到油品和热力消费量。本报告对临安区 2021 年度上半年 1— 6 月的终端能源消费量和碳排放量进行了快速试算。

同时,由于统计局仅提供分季度的 GDP 数据,本报告对 2021 年度第一季度和第二季度的终端能耗强度和碳排放强度值进行计算。由于临安区目前缺乏与本报告进度核算体系同口径的终端能耗强度和碳排放强度数据，无法对2021年度第一季度、第二季度以及上半年的强度计算值进行精确比对和验证。临安区消耗的油品主要为汽油和柴油，将推算的油品标准煤总量倒推回实物量，估算得到的油品年度实物量数值和商务部门提供的成品油总量大致吻合。同时，考虑到进度核算体系的数据获取和确定方式与以能源平衡表为核心的核算体系大体是一致的，能源平衡表的编制已经通过比对和验证，确定其方法是可采信的，故本报告认为将进度核算体系作为"双碳"工作形势预判的依据同样是可行的。

(二)市级碳排放进度核算体系试算分析——以湖州市为例

1.湖州市2020年碳排放进度核算结果

基于本文构建的碳排放进度核算体系，以规上工业分行业分能源品种统计表为核心对湖州市的碳排放量进行核算，来对本次研究成果进行试算分析。具体如下：从湖州市统计局、建设局、商务局、公安局、电力公司等多个统计部门获取所需的基础数据，将数据收集汇总后，按照上文所述方法对基础数据进行处理，根据经处理的活动水平数据对湖州市的活动水平和碳排放量进行核算。湖州市2020年度分部门碳排放量占比如表7所示：

表7　湖州市基于进度核算体系的2020年分部门排放量占比

分部门	2020年排放量占比（%）
能源	3.3
农业	0.9
工业	76.2
建筑	1.0
交通	2.0
其他服务业	6.8
居民生活	9.8

2.与使用市级能源平衡表核算的结果进行比较

根据分领域碳排放量的试算结果,可得到湖州市 2020 年七大部门的碳排放强度与占比。从强度来看,与基于能源平衡表测算的分部门排放量占比数据相比较,居民生活、其他服务业、工业排放强度接近,农业、交通、建筑领域排放强度存在一定出入。从结构来看,工业、居民生活、其他服务业占比接近,其他部门占比存在一定出入。同时,考虑到两套数据的具体核算口径及方法可能存在出入,本报告对分领域排放数据仅作简单的分析比较:基于能源平衡表的测算和本次核算结果均显示工业领域碳排放占比最大,居民生活排放占比接近 10%,农业、建筑、交通排放占比均较小。

表 8　进度核算与基于能源平衡表计算的排放量占比对比　　　（单位:%）

分部门排放量	进度核算	基于能源平衡表
农业	0.9	1.6
能源	3.3	74.5
工业	76.2	
建筑	1.0	1.6
交通	2.0	3.7
其他服务业	6.8	8.7
居民生活	9.8	9.9

对本次构建的碳排放进度核算体系进行试算后得到的碳排放量与湖州市使用市级能源平衡表所得的数据差异率在 1% 以内,与湖州市碳达峰方案计算的排放量差异率也在 1% 以内。由于数据的获取途径和推算方式存在一定差异,本报告认为上述差异率是在合理范围内的,这说明本次研究构建的碳排放核算体系是可行的,通过该进度核算体系得到的碳排放数据是可采信的。

五、下一步工作建议

在"碳达峰、碳中和"战略的引领下,各地区、各领域、各行业对碳排放核算工作的需求显著提升,对核算数据的可得性、及时性、准确性要求显著提高。下阶段,围绕地区能源消费碳排放统计核算体系构建,更好满足地区碳排放形势分析和低碳发展路径研究的要求,要坚持从实际出发,建立完善地区碳排放统计核算工作体系,积极推进核算方法学研究,不断夯实统计核算工作基础,加强统计核算结果应用。

(一)建立完善市县碳排放统计核算工作体系

紧扣能耗"双控"向碳排放总量和强度"双控"转变的发展趋势,加快构建统一规范的设区市碳排放统计核算方法,特别是要建立完善地区碳排放统计核算工作体系。

一是借鉴国家、省碳排放统计核算工作组组建方式,研究组建由市县发展改革部门、统计部门、生态环境部门为牵头单位,"6+1"领域负责部门及有关单位参与的工作组,具体负责区域碳排放统计核算工作。

二是建立工作机制,细化各部门职责分工,协力推进设区市级能源平衡表、碳排放统计核算及进度核算方法学、常态化数据收集计算等工作,定期核算、更新地区碳排放数据,协调解决日常工作推进的重要问题等。

(二)积极推进碳达峰口径核算方法学研究

在原有的温室气体清单和能耗统计体系基础上,加快建立以二氧化碳排放为统领的统计核算制度体系和标准体系。

一是探索建立自下而上的市县碳排放年度核算方法学,完善各种经济活动的碳排放水平或能耗与碳排放之间的关联性研究,并以此作为建立相关方法学的重要出发点。

二是继续优化碳排放进度核算方法,注重结合具体经济社会活动水平开展核算,注意避免采用单纯的固定碳排放强度推算,以及碳排放强度因省级核算数据变化而出现变动,进而影响进度核算的结果。

三是用好多源相关数据,如将生态环境部门企业级数据纳入核算考虑,部分企业如发电企业的总数,可直接代表全省能源领域的情况。

四是充分考虑能耗双控新增带来的影响,尤其是开展市县碳排放年度核算、进度核算时,应考虑可再生能源电力消纳的抵减。对于具体的抵减方法,应在国家政策允许范围内,争取对浙江省及各市县最有利的方法。

五是鼓励高校、科研院所、企事业单位开展碳排放方法学研究,加强消费端碳排放、人均累计碳排放、隐含碳排放、重点行业产品碳足迹等各类延伸测算研究工作。

(三)不断夯实碳排放统计核算工作基础

加强碳排放统计核算信息化能力建设,加快推进 5G、大数据、云计算、区块链等现代信息技术的应用,优化数据采集、处理、存储方式。

一是探索卫星遥感高精度连续测量技术等监测技术的应用,开展大气温室气体浓度反演排放量模式等研究。

二是不断强化行业企业碳排放数据的日常监管,加大对控排企业碳排放数据质量的监督执法力度,对数据造假等行为加大处罚力度。

三是统筹各行业统计核算人才,组建碳排放统计核算专家队伍,研究解决重点、难点问题。

项目负责人:黄　炜

项目组成员:王　诚　魏丹青　王希莉

　　　　　　王逸伦　俞明东　肖相泽

城市基本公共服务权利
对流动人口消费扩容升级的
影响效应研究

  流动人口[①]的消费问题一直备受学者和政府的关注。第七次全国人口普查数据显示,我国流动人口总量高达 3.76 亿,约占全国总人口的26.67%。然而,长期以来我国规模庞大的流动人口消费需求层次不高、消费水平低迷,流动人口平均消费水平和边际消费倾向均显著低于本地城镇居民(陈斌开等,2010;明娟、曾湘泉,2014;Chen 等,2015)。在通过扩大内需提振消费、促进经济增长由投资驱动向消费驱动转变的关键时期,大规模流动人口群体消费不足的现象严重制约了我国消费市场的进一步扩大和升级。

  破解上述问题的关键有赖于准确认识流动人口的消费现状及变化趋势,分析其消费活动特征,寻求有效释放流动人口消费潜力、促进其消费升级的可能路径。鉴于此,本研究运用全国流动人口监测调查形成的微观数据,系统反映流动人口消费规模、消费结构、消费潜力等方面的现状、特征与变化趋势;在此基础上,从居住证制度背景下影响流动人口消费及生活质量的城市基本公共服务权利视角,判断流动人口通过申领居住证可获得的城市基本公共服务权利多寡对其消费规模和消费结构改善的影响效应,为地方政府实施居住证管理、促进本区域流动人口消费扩容升级提供政策建议。

---

  ① 流动人口是指在人户分离人口中扣除市辖区内人户分离人口后的人口。与学界通用定义一致,本研究中的流动人口指的是居住地在本市辖区但其户口登记在本市辖区外其他省或市的人户分离人口,不包括市内跨区(县)流动人口。

一、流动人口消费特征及变化

(一)消费规模

全国流动人口监测调查向被调查的流动人口询问了"过去一年,您家在本地每月平均总支出",将流动人口在流入地平均每月总支出及流入地家庭规模构建流动人口所在家庭的每月人均消费量,作为测算流动人口消费规模的变量,测算结果如图 1 所示。

我国流动人口家庭消费水平总体呈现持续上升趋势。2018 年,全国流动人口家庭人均每月消费支出为 1936.42 元/人,与 2016 年相比增加了 326.82 元/人,增幅达到 20.3%,年均增幅为 9.68%。其中,跨省流动人口的家庭平均消费水平总体上要高于省内跨市流动人口。2018 年,跨省流动的流动人口家庭人均每月消费支出为 2009.21 元/人,与 2016 年相比增加了 341.74 元/人,增幅达到 20.49%,年均增幅为 9.77%;与省内跨市流动人口相比,2018 年跨省流动人口家庭人均每月消费规模的绝对水平比前者要高 184.86 元/人,消费支出的总增幅和年均增幅也分别比前者高 0.9 个和 0.41 个百分点。

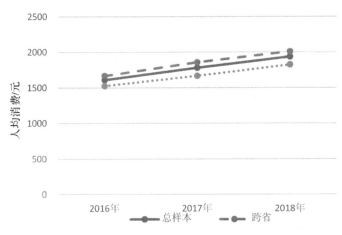

图 1　流动人口家庭人均月消费支出均值

(二)消费结构

通过流动人口家庭在流入地平均每月住房支出除以在流入地平均每月总支出,即流动人口家庭在流入地平均每月总支出中用于住房消费的支出比重,观察流动人口家庭消费中住房支出的占比情况①,测算结果如图 2 所示。

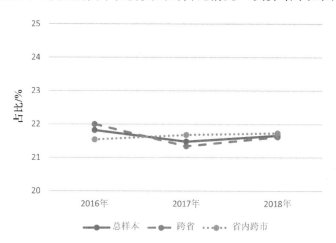

图 2　流动人口家庭住房消费占比均值

我国流动人口家庭在流入地用于基本住房消费的部分仍然是流动人口家庭消费中十分重要的部分,住房消费支出占流动人口家庭总消费支出的平均比重超过 1/5,该比重呈现先下降后上升、总体下降的趋势。2018 年,全国流动人口家庭消费中用于住房消费的比重为 21.66%,与 2016 年相比整体呈现下降趋势,下降了 0.16 个百分点,降幅为 0.73%;2017 年,流动人口家庭消费中住房消费占比为 21.48%,与 2016 年相比也下降了 0.34 个百分点。值得注意的是,2018 年流动人口家庭消费中住房支出占比与 2017 年度相比呈现出一定程度的上升反弹,与 2017 年相比,该比重上升了 0.18 个百分点。

流动人口家庭消费中用于住房消费的比重在跨省流动人口群体和省内跨市流动人口群体中呈现出不同的变化趋势,该比重在两个群体中总体上

---

①　由于全国流动人口动态监测数据仅调查了流动人口家庭消费支出中的住房支出情况,受制于数据的可获得性,本研究主要从流动人口家庭消费中用于住房这一重要基本消费支出的占比来考察消费结构特征及其变动。

差异不大。跨省流动人口群体家庭消费中住房支出的比重总体上也呈现下降趋势,但在省内跨市流动人口群体中该比重则相反,呈现小幅上升的趋势。2018 年,跨省流动人口群体家庭消费中住房消费的比重为 21.62%,与 2016 年相比下降了 0.38 个百分点,降幅为 1.73%。2017 年,跨省流动人口群体家庭消费中住房消费占比为 21.34%,与 2016 年相比也下降了 0.66 个百分点;进一步观察省内跨市流动人口群体的住房消费支出情况,2018 年省内跨市流动人口家庭消费中住房消费的比重为 21.73%,与 2016 年相比提高了 0.19 个百分点,增幅为 0.88%,2017 年该群体的住房消费比重与 2016 年相比也提高了 0.14 个百分点,年均增幅为 0.44%。

(三)消费倾向

2016—2018 年,我国流动人口的家庭消费倾向①基本稳定在 0.5 以上,流动人口的家庭消费倾向整体呈现缓慢上升趋势,2018 年同比略有下降,但并未表现出整体趋于下降的趋势。2018 年,全国流动人口家庭的平均消费倾向为 0.561,与 2016 年相比提高了 0.02,增幅为 3.70%。2017 年,流动人口家庭平均消费倾向为 0.564,与 2016 年相比也提高了 0.023。

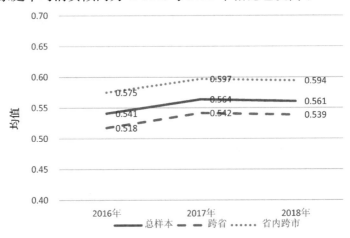

图 3　流动人口家庭消费倾向均值

---

①　用流动人口家庭在流入地每月平均总支出除以流动人口家庭每月平均总收入来衡量流动人口家庭在流入地的消费倾向。

省内跨市流动人口的家庭平均消费倾向明显高于跨省流动人口,前者基本达到 0.6,后者则稳定在 0.5 以上,两者都呈现整体缓慢上升的趋势,2018 年两者均同比略有下降,但均并未表现出整体趋于下降的趋势。2018 年,省内跨市流动人口的家庭平均消费倾向达到 0.594,比同期跨省流动人口的家庭消费倾向高 0.055,与 2016 年相比提高了 0.019,增幅为 3.30%。2017 年,省内跨市流动人口的家庭平均消费倾向为 0.597,比同期跨省流动人口的家庭消费倾向也高出 0.055,与 2016 年相比提高了 0.022。

(四)消费弹性

以流动人口家庭总消费除以流入地家庭规模得到的家庭人均消费为被解释变量,以家庭人均收入为解释变量,并选取一系列代表流动人口个体和家庭特征的变量作为控制变量,构建模型(1)估算流动人口的消费收入弹性。

$$\ln C = \beta_0 + \beta_1 \ln Y + \beta_2 FAMILY + \beta_3 PERSON + \beta_4 PROVINCE + \varepsilon \quad (1)$$

其中,$\ln C$ 为家庭人均消费的对数,$\ln Y$ 为家庭人均收入的对数,FAMILY 为家庭特征变量[1],包括家庭平均年龄、少儿抚养比、老年抚养比、户口类型,PERSON 表示个体特征变量[2],包括个体的受教育年限、是否跨省流动、流动时间、是否拥有工作、是否拥有医疗保险。PROVINCE 是省级行政区虚拟变量(以上海市为参照组)。系数 β_1 即为待估算的消费收入弹性。根据模型(1)按年份分别估算 2016—2018 年每一年度流动人口的消费弹性,如图 4 所示。

流动人口的消费弹性基本稳定在 0.7 以上,流动人口整体消费对于收入具有弹性,总体消费弹性目前已经达到相对较高的水平,近年来随着收入

---

① 家庭特征变量的具体定义如下:(1)家庭平均年龄:家庭成员年龄的平均值;(2)少儿抚养比:16 岁及以下成员占家庭总成员的比例;(3)老年抚养比:60 岁及以上成员占家庭总成员的比例;(4)户口类型:虚拟变量,农业户口=1,非农业户口=0。

② 个体特征变量的具体定义如下:(1)受教育年限:被调查人受教育年限;(2)是否跨省流动:虚拟变量,跨省流动=1,省内流动=0;(3)流动时间:被调查人本次流动持续时间;(4)是否拥有工作:虚拟变量,调查节点前有工作=1,调查节点前无工作=0;(5)是否拥有医疗保险:虚拟变量,拥有医疗保险=1,没有医疗保险=0。

的提高,流动人口不愿意在城市中消费的传统观念已经发生转变。流动人口的消费弹性与 2016 年相比整体略有下降,2018 年同比略有回升,并未表现出消费弹性整体显著下降的趋势。这说明随着城镇化的不断提速,流动人口在流入地的保障水平不断提升,流动人口的消费意愿和趋势逐渐显现,消费水平也逐渐市民化。

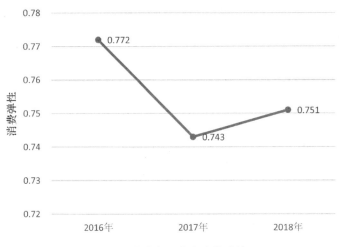

图 4　流动人口家庭消费弹性

二、流动人口消费的区域特征分析

(一)消费水平的地区差异

流动人口的消费水平在不同地区间存在差异。总体来看,东部地区流动人口的平均消费水平最高,中部地区流动人口的平均消费水平次之,西部地区与东北地区流动人口的平均消费水平最低。流动人口平均消费水平基本呈东、中、西、东北递减的特征。2016—2018 年东部地区流动人口家庭平均每月的人均消费支出为 1973 元/人,分别比中部、西部、东北地区高 292.46 元/人、399.33 元/人、458.05 元/人。

从变化趋势来看,东、中、西、东北地区流动人口消费水平均呈上升趋势,东部地区流动人口平均消费水平增长速度最快,消费水平增速同样呈现东、中、西、东北递减的特征。2018 年东部地区流动人口消费水平为1785.89 元/人,比 2016 年增加了 371.89 元/人,增幅达到 26.3%,增速比中、西、东北地区高(见图 5)。

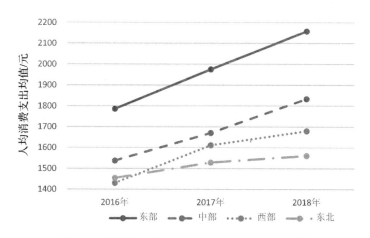

图 5 不同区域流动人口家庭人均月消费支出均值

(二)消费结构的地区差异

流动人口的消费结构及变化趋势也存在地区差异。总体来看,东部地区流动人口家庭总消费中用于基本住房消费的比重存在明显的上升趋势,而中西部地区和东北地区该比重则呈现下降趋势,东、中、西部地区住房消费占比趋于一致且高于东北地区。2018 年东部地区流动人口家庭消费中基本住房消费占比为 21.98%,与中部地区(22.23%)和西部地区(21.57%)地区相近,高于东北地区(18.17%);但 2016—2018 年,东部地区流动人口住房消费占比上升了 0.93 个百分点,增幅为 4.42%,中西部和东北地区该比重呈现下降趋势,分别下降了 0.73 个、1.34 个、1.58 个百分点,降幅分别为 3.18%、5.85%、8%(见图 6)。

(三)消费倾向的地区差异

流动人口家庭消费倾向也存在一定的地区差异。东部地区流动人口平均消费倾向最低,西部地区与东北地区平均消费倾向相近且相对最高。

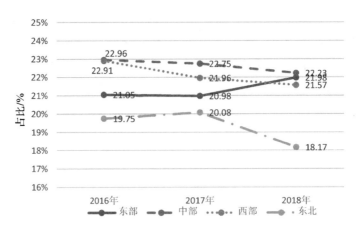

图6 不同区域流动人口家庭住房消费占比均值(%)

2016—2018年,东部地区流动人口平均消费倾向仅为0.52,分别比中部、西部、东北地区低0.05、0.07、0.08,西部和东北地区流动人口平均消费倾向达到约0.6。从家庭消费倾向的变化趋势来看,不同地区流动人口的消费倾向整体均呈现上升趋势,与西部地区和东北地区相比,东部地区流动人口消费倾向的增幅也相对更低。2016—2018年,东部地区流动人口平均消费倾向提高了0.022,增幅高于中部地区(0.013),但低于西部地区(0.03)和东北地区(0.024)(见图7)。

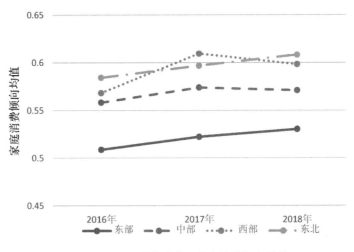

图7 不同区域流动人口家庭消费倾向均值

(四)消费弹性的地区差异

流动人口家庭消费弹性的地区差异较小。平均而言,东部和西部地区流动人口消费弹性接近,且略低于中部地区,东北地区相对最低。2016—2018年,东部和西部地区流动人口消费弹性的均值为0.754,比东部地区低0.003,比东北地区高约0.02。但流动人口家庭消费弹性的变化趋势存在明显的地区差异。中部、西部和东北地区流动人口消费弹性整体呈下降趋势,东部地区流动人口消费弹性基本稳定。2016—2018年,东部地区流动人口消费弹性基本稳定在0.75,中部、西部和东北地区流动人口消费弹性下降了约0.03(见图8)。

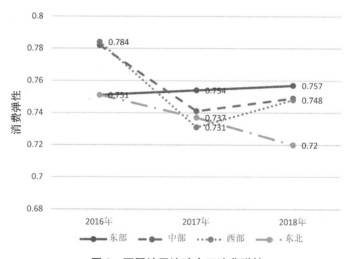

图8 不同地区流动人口消费弹性

值得注意的是,东部地区流动人口跨省流动比例更大。中部地区、西部地区、东北地区流动人口中跨省份流动比例在2016—2018年分别为32.11%—32.65%、49.36%—50.66%、44.38%—47.06%,而在东部地区该比例则达到76.43%—76.97%。跨省流动的人口具有更低的消费水平和更低的消费弹性。因此,更高比例的跨省份流动人口会导致总体消费弹性较低。

尽管东部经济发达地区流动人口的收入水平相对较高,但迁移成本和生活成本也较高,这可能导致东部地区流动人口总体消费弹性相对较低,而中部地区流动人口以省内流动为主,消费弹性相对较高。

三、城市基本公共服务的流动人口可获得程度

(一)城市基本公共服务流动人口可获得程度的测算

城市基本公共服务的可获得程度是依据各城市颁布的居住证管理办法及相关政策文件测量流动人口对这些服务的实际享有情况,测算方法与钱雪亚、宋文娟(2020,2021)一致。依据自 2016 年 1 月 1 日起在全国范围内实施的《居住证暂行条例》,城市政府"承诺"申领居住证可获得的公共服务权利多寡和所设置的享有这些权利的资格"条件"高低,决定了流动人口对该城市基本公共服务的可获得程度。

首先,建立基本公共服务观测体系。城市基本公共服务观测体系由 7 个大类、15 个中类、21 个代表性服务领域[①](ps_k,$k=1,2,\cdots,21$)构成,并依据地方政府是否有机会将外来人口排除在服务对象之外,将各代表性领域区分为排他性服务和非排他性服务。各类服务间的权重依据居民对各类服务需求的程度,选取 2014—2016 年财政累计用于各代表性服务领域的支出比重来反映(f_k)。

其次,根据各城市颁布的居住证管理制度文件,逐一观察各代表性服务领域被"承诺"的情况、观察履行承诺所设置的"条件",以此测量各代表性服务领域的可获得程度,并合成全部基本公共服务总的可获得程度。将流动人口对 j 城市 k 领域服务的可获得程度记为 P_{jk},具体分三类领域测量。

第一类,不具备排他性特征的服务领域(ps_k^0),全体常住人口天然可得,因此 $P_{jk}(ps_k^0)=1,k=15,16,\cdots,21$。

第二类,具备排他性特征但城市政府未承诺面向居住证持证人提供的

---

① 钱雪亚,宋文娟. 城市基本公共服务面向农民工开放度测量研究[J]. 统计研究,2020(3):33-47.

服务领域($ps_k^1 = 0$),所有外来人口均不能享有,因此 $P_{jk}(ps_k^1 = 0) = 0$,$k = 1,2,\cdots,14$。

第三类,具备排他性特征且城市政府承诺面向居住证持证人提供的服务领域($ps_k^1 = 1$),则观察城市政府设置了怎样的资格"条件",包括申领居住证的资格条件和居住证持证人享有该项服务的额外资格条件。运用流动人口样本 n,就每一位流动人口个体 $i(i = 1,2,\cdots,n)$ 判断其是否满足 j 城市就第 k 项服务设置的全部条件。如果满足全部条件,记该流动人口个体为 $C_{jk,i} = 1$,否则 $C_{jk,i} = 0$。分别汇总 $C_{jk,i} = 1$ 和 $C_{jk,i} = 0$ 的流动人口个体数 $n_{C_{jk,i}=1}$、$n_{C_{jk,i}=0}$,则 $n_{C_{jk,i}=1}/n$ 反映了样本中满足 j 城市第 k 项服务全部资格条件的流动人口比例,这一比例是对流动人口群体对 j 城市 k 服务可获得程度的有效测量,从而 $P_{jk}(ps_k^1 = 1) = n_{C_{jk,i=1}}/n,k = 1,2,\cdots,14$。

依权重汇总 j 城市基本公共服务流动人口可获得程度。

全部服务领域:$P_j = \sum_{k=1}^{14} P_{jk}(ps_k^1) \cdot f_k + \sum_{k=15}^{21} P_{jk}(ps_k^0) \cdot f_k$。

排他性服务领域:$P_j^1 = \left(\left[\sum_{k=1}^{14} P_{jk}(ps_k^1) \cdot f_k\right]\right)/\left(\sum_{k=1}^{14} f_k\right)$。

$0 < P_j \leqslant 100\%$,$0 \leqslant P_j^1 \leqslant 100\%$。城市基本公共服务的流动人口可获得程度,本质上就是城市政府面向流动人口开放基本公共服务的程度。

(二)样本和数据

考虑到 2016 年《居住证暂行条例》开始实施以来,大部分城市在 2016—2017 年公开颁布居住证管理制度,少数城市在 2018 年完成相关工作,研究将测量样本期确定在 2016 年以后,关注流动人口基本公共服务开始遵循新的制度规则时,流动人口对各城市基本公共服务的可获得程度。

样本包括城市样本和流动人口样本两部分。

城市样本与钱雪亚、宋文娟(2020)保持一致,遵循以下原则选择:①直辖市、省会城市全部列为样本城市;②省内其他地级城市,按人均财政支出分为三组,分别代表基本公共服务相对好、中、差三个组别;③各省每组内分别选一个城市,以劳动力流入相对多、居住证管理政策文件相对详尽为原则。由此形成的城市样本包括 84 个地级及以上城市。

流动人口样本分别取自 2016 年、2017 年、2018 年"全国流动人口卫生计生动态监测调查"(CMDS),根据各年度流动人口样本中满足 j 城市第 k 项服务全部资格条件的流动人口比例,分别测算出各年度流动人口群体对 j 城市 k 服务的可获得程度 P_{jk2016}、P_{jk2017}、P_{jk2018},并以 P_{jk2016}、P_{jk2017}、P_{jk2018} 的均值作为流动人口对 j 城市 k 服务可获得程度 P_{jk} 的测度指标[①]。

(三)城市基本公共服务流动人口可获得程度特征分析

1.城市基本公共服务流动人口可获得程度总体特征

全部样本城市基本公共服务的流动人口平均可获得程度为 0.5179;超过一半的城市基本公共服务,流动人口的可获得程度超过 0.5;1/4 的城市基本公共服务,流动人口的可获得程度超过 0.58,如表 1 所示。

表 1　城市基本公共服务的流动人口可获得程度

指标	公共服务领域	均数	中位数	0.25 分位数	0.75 分位数	标准差
可获得程度	全部服务领域	0.5179	0.5074	0.4342	0.5859	0.1099
	排他性服务	0.3703	0.3566	0.2610	0.4592	0.1435

在排他性服务领域,样本城市基本公共服务面向流动人口的平均可获得程度为 0.3703,其中一半城市排他性公共服务的流动人口可获得程度超过 0.35,且有 1/4 的样本城市排他性公共服务的流动人口可获得程度已经超过 0.45。可以看到,在居住证制度规则下,流动人口已经开始实质性享有城市基本公共服务了。

排他性服务领域与全部服务领域比较,流动人口可获得程度的平均数、中位数及上下四分位数,前者比后者分别低 14.75 个、15.07 个、17.31 个和

---

①　CMDS 询问了以下内容:"本次流动时间""您现住房属于下列何种性质""您与目前工作单位签订何种劳动合同""您目前参加下列何种社会医疗保险"。依据这些信息,对照各城市设置的居住证申领条件、针对特定服务领域专门设置的额外条件,可以从"居住""就业""参保"等方面判断每一位流动人口个体是否达到条件要求,据此测算流动人口在各个排他性服务领域的可获得程度。

12.67 个百分点。排他性服务领域的可获得程度既受制于城市政府承诺开放的服务领域数量，也受制于城市政府对其承诺开放的服务领域设置的约束条件。前者反映城市政府开放服务领域的承诺度，后者反映城市政府对服务对象的约束度。为此，进一步依据钱雪亚、宋文娟(2020)构建的分别反映上述两方面情况的指标——服务开放承诺度和承诺条件约束度，以流动人口为研究对象进行测算(见表2)。

对比排他性服务领域与全部服务领域面向流动人口的承诺度，前者的平均数、中位数及上下四分位数仅分别比后者低 5.39 个、5.15 个、7.03 个和 4.14 个百分点。排他性服务领域更低的可获得程度更多地受制于城市政府为其承诺所设置的条件约束。排他性服务领域的条件约束度平均为 0.4418，这意味着流动人口中 44.18% 的个体达不到城市政府设置的条件要求而被排除在服务对象之外。其中，在条件设置最严苛的 1/4 城市(0.75 分位点)中，53.14% 的流动人口未能达到城市政府设置的条件，因而无法实际享受到城市政府承诺的各类服务。居住证制度的实施消除了流动人口享有城市基本公共服务的制度约束，但离与城市常住人口平等地享有各项基本公共服务尚有较大距离。

表 2   城市基本公共服务面向流动人口的承诺度和约束度

指标	公共服务领域	均数	中位数	0.25 分位数	0.75 分位数	标准差
服务开放承诺度	全部服务领域	0.8242	0.8317	0.7705	0.8649	0.0705
	排他性服务	0.7703	0.7802	0.7002	0.8235	0.0921
承诺条件约束度	全部服务领域	0.3383	0.3405	0.2831	0.4069	0.0958
	排他性服务	0.4418	0.4447	0.3697	0.5314	0.1251

2. 城市基本公共服务流动人口可获得程度的结构特征

进一步观察城市基本公共服务在不同类别服务领域的流动人口可获得程度(见表3)，非排他性服务对外来流动人口全面开放，重点关注排他性服务领域。

排他性领域中，以社会福利和社会救助为重要内容的社会服务方面，流动人口可获得程度相对最低,平均可获得程度为 0.1177,比排他性服务的平均可获得程度低 25.26 个百分点,其中一半的样本城市流动人口完全被排除在社会服务的供给范畴之外,仅有 1/4 的样本城市在社会服务方面可获得程度超过 0.1333,其中位数及上下四分位数分别比排他性服务领域低 35.66 个、26.1 个、32.59 个百分点。

表 3　城市基本公共服务的流动人口可获得程度

指标	公共服务领域	均数	中位数	0.25 分位数	0.75 分位数	标准差
可获得程度	排他性服务	0.3703	0.3566	0.2610	0.4592	0.1435
	公共教育服务	0.3686	0.3416	0.2349	0.4852	0.1829
	住房保障服务	0.2023	0.1402	0.0680	0.2115	0.2235
	劳动就业服务	0.5875	0.5433	0.4279	0.7609	0.1841
	社会服务	0.1177	0.0000	0.0000	0.1333	0.2324

人们普遍较为关注的公共教育和住房保障方面,流动人口可获得程度也相对较低,两者的平均可获得程度分别为 0.3686 和 0.2023,分别比排他性服务的平均可获得程度低 0.17 个和 16.8 个百分点。对比公共教育领域与排他性服务领域面向流动人口的可获得程度,前两者的中位数和下四分位数分别比后者低 1.5 个、2.6 个百分点,但也有 1/4 的样本城市公共教育服务的可获得程度超过 0.49;对比住房保障领域与排他性服务领域的可获得程度,前者的中位数及上下四分位数分别比后者低 21.64 个、19.3 个和 24.77 个百分点。

流动人口在劳动就业服务领域的可获得程度相对最高,平均可获得程度为 0.5875,比排他性服务的平均可获得程度高 21.72 个百分点,其中一半城市劳动就业服务的流动人口可获得程度超过 0.54,且有 1/4 的样本城市劳动就业服务的可获得程度超过 0.76,其中位数及上下四分位数分别比排他性服务领域高 18.67 个、16.69 个、30.17 个百分点。

3.城市基本公共服务流动人口可获得程度的区域差异

依据样本城市所属的区域、类型、经济圈和人口流向情况,分类别汇

总城市基本公共服务的流动人口可获得程度总指数和类指数，如表4
所示。

全部服务领域和排他性服务领域流动人口可获得程度均表现为：在
西部城市、其他地级城市、非经济圈城市、人口净流出城市相对更高，在
东部城市、直辖市、珠三角城市、人口净流入城市则相对更低。非排他
性服务领域，所有城市均面向包括农民工的外来人口全面开放，因而全
部服务领域开放度的相对分布与排他性服务领域无差异。观察排他性
服务领域流动人口可获得程度的具体分布可知：东部城市排他性基本
公共服务，流动人口的平均可获得程度比中部城市低近6个百分点，低
于西部城市约11个百分点；直辖市平均可获得程度比省会城市低近8
个百分点，低于其他地级市近14个百分点；珠三角城市平均可获得程
度分别比长三角城市和京津冀城市低约6个和7个百分点，低于非三大
经济圈城市约17个百分点；人口净流入城市可获得程度低于净流出城
市约4个百分点。

表4　各类别城市基本公共服务的流动人口可获得程度比较

分类	子项	全部服务领域	排他性服务领域	公共教育服务	住房保障服务	劳动就业服务	社会服务
		（1）	（2）	（3）	（4）	（5）	（6）
按地区分	东部	0.4813	0.3225	0.3235	0.1303	0.5789	0.0366
	中部	0.5246	0.3791	0.3657	0.2686	0.5744	0.1814
	西部	0.5679	0.4356	0.4475	0.2181	0.6221	0.1529
按类别分	直辖市	0.4298	0.2553	0.2383	0.0405	0.6206	0.0333
	省会城市	0.4883	0.3317	0.3094	0.1875	0.6033	0.1702
	其他城市	0.5352	0.3930	0.4000	0.2190	0.5792	0.1036
按经济圈分	长三角	0.4536	0.2864	0.2620	0.0818	0.5277	0.1369
	珠三角	0.4063	0.2246	0.2180	0.0302	0.2694	0.1274
	京津冀	0.4602	0.2950	0.2861	0.1969	0.5944	0.0000
	其他城市	0.5375	0.3960	0.3989	0.2284	0.6068	0.1250

分类	子项	全部服务领域	排他性服务领域	公共教育服务	住房保障服务	劳动就业服务	社会服务
		(1)	(2)	(3)	(4)	(5)	(6)
按人口流向分	净流入	0.5036	0.3517	0.3462	0.1612	0.5828	0.1253
	净流出	0.5343	0.3918	0.3944	0.2496	0.5929	0.1090

公共教育服务领域的情况与排他性服务领域完全类似。公共教育服务的流动人口可获得程度在西部城市、其他地级城市、非经济圈城市、人口净流出城市也相对更高,在东部城市、直辖市、珠三角城市、人口净流入城市也相对更低。公共教育服务领域,流动人口平均可获得程度西部城市高于中部城市约8个百分点,更高于东部城市约12个百分点;其他地级市平均高于省会城市约9个百分点,更高于直辖市约16个百分点;非经济圈城市平均高于京津冀城市约11个百分点,高于长三角城市近14个百分点,更高于珠三角城市约18个百分点。

住房保障服务领域的情况与排他性服务领域也基本类似。住房保障服务的流动人口可获得程度在中部城市、其他地级城市、非经济圈城市、人口净流出城市也相对更高,在东部城市、直辖市、珠三角城市、人口净流入城市也相对更低。住房保障服务领域,流动人口平均可获得程度西部城市低于中部城市约5个百分点,高于东部城市约9个百分点;其他地级市平均高于省会城市约3个百分点,更高于直辖市约18个百分点;非经济圈城市平均高于京津冀城市约3个百分点,高于长三角城市约15个百分点,更高于珠三角城市约20个百分点。

劳动就业服务领域和社会服务领域的情况略有差异。流动人口对劳动就业服务的可获得程度在西部城市、直辖市、非经济圈城市、人口净流出城市相对更高;社会服务的可获得程度在中部城市、省会城市、长三角城市、人口净流入城市相对更高。

四、城市基本公共服务可获得程度对
流动人口消费的影响

(一)样本、数据及变量

城市样本的选取以上文中的 84 个样本城市为基础,首先,删除 2016—2018 年每一年度 CMDS 中未被调查的城市;其次,删除每一年度流入该城市的流动人口个体数量不满 30 人的城市,以避免观察个体不足可能导致的估计精度问题。最终 2016 年、2017 年、2018 年分别保留城市样本 78 个、77 个、72 个。

针对各年度流动人口个体样本,首先,删除人户分离人口中市内跨区(县)流动人口;其次,按家庭平均每月消费支出分布和家庭平均每月净收入分布,对流动人口个体样本进行缩尾处理,以避免极端变量值的影响;另外,将缩尾处理后的流动人口个体按流入地对应上述各年度的城市样本,基于各年度城市样本对应的流动人口个体的"城市—流动人口"匹配样本开展计量检验。最终 2016 年、2017 年、2018 年分别保留流动人口个体样本 83885 人、83295 人、55829 人。

实证检验的核心解释变量是流动人口对城市基本公共服务的可获得程度指数,包括:全部公共服务"可获得程度"总指数 P_j、排他性公共服务"可获得程度"指数 $P_{j,ex}$、公共教育服务"可获得程度"类指数 $P_{j,edu}$。考虑到可获得程度指数只能反映城市基本公共服务对流动人口的开放度,有必要控制各样本城市的公共服务供给水平,为此在城市变量层面将各样本城市的公共财政支出作为控制变量纳入检验模型中。另外,在检验模型中进一步控制影响消费的一系列家庭特征变量:家庭人均收入、家庭平均年龄、少儿抚养比、老年抚养比、户口类型;以及个人特征变量:受教育年限、是否跨省流动、流动时间、是否拥有工作、是否拥有医疗保险。

(二)城市基本公共服务可获得程度对流动人口消费水平的影响

首先考察基本公共服务权利的可获得程度对流动人口消费水平的影响情况。以流动人口每月家庭人均消费支出的对数为被解释变量,以样本城市的基本公共服务可获得程度指数为核心解释变量,构建多元回归检验模型,如表5所示。

表5 城市基本公共服务可获得程度对流动人口消费水平的影响

解释变量	2016 年	2017 年	2018 年	2016 年	2017 年	2018 年
	(1)	(2)	(3)	(4)	(5)	(6)
全部服务可获得程度	0.107*** (0.016)	0.054*** (0.018)	0.049** (0.019)			
排他性服务可获得程度				0.082*** (0.012)	0.041*** (0.014)	0.037** (0.015)
公共财政支出对数	0.008*** (0.001)	0.011*** (0.002)	−0.008*** (0.003)	0.008*** (0.001)	0.011*** (0.002)	−0.008*** (0.003)
控制变量	是	是	是	是	是	是
常数项	0.924*** (0.032)	1.113*** (0.035)	1.617*** (0.049)	0.008*** (0.001)	1.126*** (0.033)	1.628*** (0.048)
样本量	83885	83295	55829	83885	83295	55829

表5的估计结果显示,流动人口在流入城市的全部基本公共服务可获得程度和排他性公共服务可获得程度均能显著地促进流动人口消费水平的提高。全部公共服务和排他性公共服务领域的流动人口可获得程度指数的估计系数分别为0.107—0.049、0.037—0.082,均在0.01水平上统计显著。这意味着,进一步放开城市基本公共服务对流动人口在实际享受过程中的政策性限制,能有效地促进流动人口消费水平的提高,释放其消费潜力。

公共教育质量在城乡和地区间存在明显差距,对于流动人口中相对富裕的群体而言,一旦有机会让孩子在城市享受良好的教育,他们在子代养育方面衍生出来的消费潜力将被有效释放。进一步以公共教育服务的流动人

口可获得程度指数 $P_{j,edu}$ 为核心解释变量,检验流动人口对城市公共教育服务的可获得程度对其消费水平的影响。结果显示,公共教育领域流动人口可获得程度的估计系数为 0.025—0.067,同样在 0.01 水平上统计显著。提高流动人口对城市公共教育服务的可获得程度也能有效地促进流动人口消费水平的提高(见表 6)。

表 6 城市公共教育服务可获得程度对流动人口消费水平的影响

解释变量	2016 年	2017 年	2018 年
	(1)	(2)	(3)
公共教育可获得程度	0.067 *** (0.009)	0.025 ** (0.011)	0.043 *** (0.012)
公共财政支出对数	0.008 *** (0.001)	0.010 *** (0.002)	−0.008 *** (0.003)
控制变量	是	是	是
常数项	0.964 *** (0.029)	1.141 *** (0.032)	1.626 *** (0.047)
样本量	83885	83295	55829

上述结果一致表明,流动人口在流入城市中对当地基本公共服务实际可能享受的程度越高,他们在当地的消费水平也越高,释放的消费潜力越大。

(三)城市基本公共服务可获得程度对流动人口消费结构的影响

以流动人口家庭在流入地非住房消费占比①的对数作为被解释变量,该变量可以大致上反映流动人口对基本住房需求以外的其他改善性需求的消费情况,以样本城市的基本公共服务可获得程度指数为核心解释变量,建立多元回归模型,检验 2016—2018 年各年度城市基本公共服务可获得程度对流动人口消费结构优化的影响效应。

---

① 用1减去流动人口家庭在流入地平均每月总支出中用于住房消费支出的比重来衡量。

从表7的检验结果可以看出,流动人口在流入城市的全部基本公共服务可获得程度和排他性公共服务可获得程度均能显著促进流动人口用于非住房消费支出比重的提高。全部公共服务和排他性公共服务领域的流动人口可获得程度指数的估计系数为 0.044—0.109 和 0.034—0.083,均在 0.01 水平上统计显著。这意味着,进一步放开城市基本公共服务对流动人口在实际享受过程中的政策性限制,能有效地促进流动人口家庭消费中非住房性消费比重的提高,促进其消费结构的优化,有利于流动人口的消费升级(见表7)。

表7　城市基本公共服务可获得程度对流动人口非住房消费占比的影响

解释变量	2016 年	2017 年	2018 年	2016 年	2017 年	2018 年
	(1)	(2)	(3)	(4)	(5)	(6)
全部服务可获得程度	0.098 *** (0.025)	0.044 *** (0.014)	0.109 *** (0.025)			
排他性服务可获得程度				0.075 *** (0.019)	0.034 *** (0.011)	0.083 *** (0.019)
公共财政支出对数	−0.070 *** (0.004)	−0.021 *** (0.001)	−0.065 *** (0.004)	−0.070 *** (0.004)	−0.021 *** (0.001)	−0.065 *** (0.004)
控制变量	是	是	是	是	是	是
常数项	0.894 *** (0.072)	−0.075 *** (0.028)	0.535 *** (0.066)	0.918 *** (0.070)	−0.064 ** (0.026)	0.560 *** (0.065)
样本量	83885	82956	55829	83885	82956	55829

考虑到公共教育服务显著的地区性差异,进一步以公共教育服务流动人口可获得程度指数 $P_{j,edu}$ 为核心解释变量,考察城市公共教育服务的流动人口可获得程度对其消费结构优化的影响效果(见表8)。检验结果显示,公共教育服务流动人口可获得程度的估计系数为 0.032—0.069,同样在 0.01 水平上统计显著。城市公共教育服务的流动人口可获得程度也能有效地促进流动人口消费结构的优化。

表 8　城市公共教育可获得程度对流动人口非住房消费占比的影响

解释变量	2016 年	2017 年	2018 年
	(1)	(2)	(3)
公共教育服务可获得程度	0.062***	0.032***	0.069***
	(0.014)	(0.009)	(0.015)
公共财政支出对数	−0.070***	−0.021***	−0.066***
	(0.004)	(0.001)	(0.004)
控制变量	是	是	是
常数项	0.927***	−0.062**	0.580***
	(0.069)	(0.026)	(0.063)
样本量	83885	82956	55829

上述结果也一致表明,流动人口在流入城市中对当地基本公共服务实际享受的程度越高,他们在该城市的消费中用于非住房性消费的比重会越高,这意味着其消费中用于改善性需求部分的占比也越高,消费结构进一步优化。

(四)供给水平差异视角下公共服务可获得程度影响流动人口消费的异质性分析

考虑相同的公共服务可获得程度,在公共服务供给水平越高的城市,流动人口实际可能获得的公共服务水平越高。也就是说,公共服务可获得程度对流动人口消费的影响效果还受到当地城市公共服务供给水平的影响。为此,进一步在包含全部控制变量的模型中加入公共服务可获得程度核心变量(P_j、$P_{j,ex}$、$P_{j,edu}$)与城市公共财政支出对数(lnpub)的交叉项,检验在不同公共服务供给水平的城市中公共服务可获得程度对流动人口消费水平影响程度的差异。

表 9 的检验结果显示,公共服务供给水平越高的城市,公共服务可获得程度对流动人口消费水平的促进作用越大。公共财政支出与全部服务领域流动人口可获得程度指数、排他性公共服务领域可获得程度指数的交叉项系数均显著为正。这意味着与公共服务供给水平相对较低的城市相比,如

果将公共服务供给水平相对更高城市的流动人口对当地公共服务的实际可获得程度提高相同的幅度,当地流动人口释放的消费潜力会更大、消费水平提高得也会更多。

表9 城市公共服务可获得程度及供给水平对流动人口消费水平的共同影响

解释变量	2016 年	2017 年	2018 年	2016 年	2017 年	2018 年
	(1)	(2)	(3)	(4)	(5)	(6)
全部服务可获得程度(P_j)	0.014 *** (0.002)	0.009 *** (0.002)	0.005 *** (0.002)			
P_j、lnpub 交叉项	0.011 *** (0.002)	0.011 *** (0.002)	0.009 *** (0.002)			
排他性服务可获得程度($P_{j,ex}$)	1.110 *** (0.022)	0.009 *** (0.002)	0.005 *** (0.002)			
$P_{j,ex}$、lnpub 交叉项				1.110 *** (0.022)	0.011 *** (0.002)	0.009 *** (0.002)
公共财政支出对数(lnpub)	0.011 *** (0.002)	0.015 *** (0.002)	−0.001 (0.002)	0.011 *** (0.002)	0.015 *** (0.002)	−0.001 (0.002)
控制变量	是	是	是	是	是	是
常数项	1.110 *** (0.022)	1.324 *** (0.024)	1.512 *** (0.028)	1.110 *** (0.022)	1.324 *** (0.024)	1.512 *** (0.028)
样本量	83885	83295	55829	83885	83295	55829

表10的检验结果也显示,公共教育服务供给水平越高的城市,公共教育服务的可获得程度对流动人口消费水平的促进作用也越大。2016—2018年公共财政支出与公共教育服务可获得程度指数的交叉项系数为0.008—0.011,均在0.01的水平上显著。这也表明,与公共教育服务供给资源相对较低的城市相比,在公共教育资源更好的城市中,如果流动人口对当地教育资源的实际可获得程度获得相同幅度的提高,当地流动人口释放的消费潜力会更大,消费水平也会提高得更多。

表 10　城市公共教育可获得程度及供给水平对流动人口消费水平的影响检验

解释变量	2016 年	2017 年	2018 年
	(1)	(2)	(3)
公共教育服务可获得程度($P_{j,edu}$)	0.013*** (0.002)	0.008*** (0.002)	0.007*** (0.002)
$P_{j,ex}$、lnpub 交叉项	0.009*** (0.002)	0.011*** (0.002)	0.008*** (0.002)
公共财政支出对数(lnpub)	0.010*** (0.002)	0.014*** (0.002)	−0.003 (0.002)
控制变量	是	是	是
常数项	1.109*** (0.022)	1.325*** (0.024)	1.509*** (0.028)
样本量	83885	83295	55829

五、判断及政策启示

(一)基本判断

1.流动人口存在消费潜力,但其消费结构升级缓慢

2016—2018 年,我国流动人口消费水平呈现持续稳步上升趋势,流动人口家庭人均月消费支出增长 326.82 元/人,增幅约 20%,年均增幅近10%。但流动人口总消费中用于基本住房消费的比重一直较高,2016—2018 年均超过 1/5,但总体上小幅下降。较高的住房成本可能是制约流动人口消费升级的原因之一。值得关注的是,跨省流动人口消费潜力较大。与省内流动人口相比,跨省流动人口的平均消费水平及增幅均相对更高,2018 年后者月平均消费水平比前者高 184.86 元/人,总增幅、年均增幅也分别比前者高 0.9 个、0.41 个百分点。

2.流动人口整体消费对于收入具有弹性,但其消费倾向有待提升

2016—2018年我国流动人口消费弹性达到0.7以上,平均消费倾向也超过0.5。但与平均消费倾向缓慢上升的趋势不同,流动人口的消费弹性略有下降,表明流动人口的边际消费倾向还有待进一步提高。其中,省内跨市流动人口平均消费倾向明显高于跨省流动人口,前者达到近0.6,比后者平均高近0.06。

3.流动人口的消费特征存在地区差异

经济发达的东部地区流动人口消费水平及增速高于其他地区,但东部地区流动人口平均消费倾向和消费弹性总体上相对较低,这可能主要受到高房价和高生活成本影响。2016—2018年,东部地区流动人口平均消费倾向为0.52、平均消费弹性为0.75,前者分别比中部、西部、东北地区低0.05、0.07、0.08,后者分别比中部和西部地区低0.003和0.0003。另外,东部地区流动人口住房消费占比略高于其他地区且这一差异呈扩大趋势。

4.居住证制度下,流动人口通过申领居住证开始实质性享受城市基本公共服务

流动人口对城市基本公共服务的可获得程度平均为0.5179,其中排他性服务领域的可获得程度平均为0.3703,超过一半的城市基本公共服务和排他性公共服务的可获得程度分别超过0.5和0.35。但城市政府在承诺开放的排他性公共服务领域通过"条件"约束选择性地限制了流动人口获得城市公共服务的机会,排他性服务的可获得程度仍相对较低。

公共服务可获得程度在各类城市和各服务领域的分布表现为:东部城市低于中部城市更低于西部城市、直辖市低于省会城市更低于其他地级市、珠三角、长三角和京津冀城市低于三大经济圈外城市,人口净流入城市低于人口净流出城市;社会服务领域最低(0.1177),低于住房保障领域(0.2023)、公共教育领域(0.3686),更低于劳动就业领域(0.5875)。相对发达的城市公共服务可获得程度更低,人们普遍较为关注的公共教育、住房、社会福利等基本民生类公共服务可获得程度也有待进一步提高。

5.流动人口通过申领居住证提高对城市基本公共服务的实际可获得程度,总体上能够激励其提高消费水平、释放消费潜力,也能激励其提高家庭消费中非住房消费的比重、促进消费结构的优化升级

计量检验结果显示,2016—2018 年各年度全部公共服务领域、排他性公共服务领域,以及公共教育服务领域流动人口可获得程度指数影响消费水平的估计系数分别为 0.107—0.049、0.037—0.082、0.025—0.067,以及它们影响消费中非住房消费比重的估计系数分别为 0.044—0.109、0.034—0.083、0.032—0.069,均在 0.01 水平上统计显著。

另外,在公共服务供给水平越高的城市,流动人口通过申领居住证提高城市基本公共服务的实际可获得程度对其消费水平的促进作用越大。2016—2018 年各年度,反映城市公共服务供给水平的"公共财政支出"与全部公共服务领域、排他性公共服务领域以及公共教育服务领域的流动人口可获得程度指数的交叉项系数均显著为正。这说明,在公共服务供给水平更高的经济发达城市进一步放开对流动人口通过申领居住证获得公共服务的条件限制,能更有效地释放流动人口消费潜力,促进其消费水平提高。

(二)政策启示

1.重视流动人口消费规模增长和消费结构升级的潜力

随着我国经济持续高质量发展、新型城镇化建设不断推进,流动人口总规模逐渐趋于稳定,其流动模式也呈现出明显的家庭化迁移趋势,约57%的流动人口在城镇具有明确的居留意愿(李国正等,2020)。流动人口来到城市不再仅仅只是寻找工作、获取收入,他们同样也是城市重要的消费主体。全国流动人口监测调查数据也显示流动人口消费水平持续稳步上升且增幅明显,且流动人口总体消费弹性基本稳定在 0.7 以上,随着收入的不断提高,流动人口的边际消费意愿并不低,我们需要打破以往对流动人口不愿在城市消费的传统印象,重视流动人口在流入地消费的扩容升级。

尤其是东部沿海经济发达地区,在关注流动人口作为日益稀缺的劳动力要素助力产业发展的同时,也要重视引导和鼓励流动人口有效提高在流

入地的消费支出、提高非基础类消费比重,促进其消费结构优化升级,改善东部经济发达地区流动人口平均消费倾向和消费弹性相对低而住房消费比重相对高的现状。

2. 深化户籍制度改革,降低流动人口平等享有公共服务的制度性限制

对于流动人口群体,通过申领居住证提高对城市基本公共服务的可获得程度能够显著提高其家庭消费水平,促进其消费结构的优化。但是长期以来,由于户籍制度的限制,流动人口与本地居民在享受公共服务和社会福利等方面存在较大差异,使他们通过缩减消费、增加储蓄等手段预防未来的不确定性,整体上抑制了其消费需求和支出。城市政府只有不断扩大开放的公共服务领域,降低提供服务的约束条件,进一步降低制度层面对流动人口平等享有公共服务的限制,提高居住证持证人口对城市基本公共服务的可获得程度,才能充分发挥公共服务因素对流动人口消费扩容升级的促进作用,改善流动人口消费不足的情况。

在居住证政策的实施过程中,要逐步给予流动人口更多实质性福利,缩小各阶层之间享有公共服务的差距,最终实现公民权利的平等。不同类型的城市应结合自身实际情况合理优化通过居住证向流动人口提供的公共服务,在公共服务资源更丰富的经济发达城市,要积极拓展居住证的适用范围,降低对持居住证人口享受公共服务的限制条件,在经济欠发达城市要重点提高承载于居住证的公共服务供给能力。

3. 以住房保障政策为重要抓手,促进流动人口消费结构提质升级

流动人口总消费中基本住房消费的比重一直较高,2016—2018年,这一比重虽小幅下降了0.16,但仍然超过1/5。较高的住房成本可能是制约流动人口消费升级的重要原因之一。降低流动人口的居住成本是促进流动人口消费升级的重要保障,流入地政府应逐步完善住房保障和租房市场管理体系,加大住房保障投入力度、积极探索和完善多元化保障性住房供给渠道,增加保障房供应,稳定房屋租赁价格,同时进一步降低持有居住证者享受住房保障服务的限制条件。具体政策层面,针对流动人口的住房保障需

求,在提高中小户型廉租房、公租房在流动人口中的租住比例的同时,可以利用"城中村"等非正规空间良好的区位、集体建设用地以及各类存量闲置建筑,在政府统筹支持的基础上,积极引入社会力量参与,将其改造或建设成面向流动人口的合租住房或蓝领公寓。重视流动人口在城市中的住房保障需求,有利于消除他们在流入地的后顾之忧,进而提高其消费意愿,也是进一步释放流动人口的内需潜力、促进其消费结构提质升级的有效突破点。

项目负责人:宋文娟
项目组成员:郑　冰　韩雅文　方　柯
　　　　　　　胡　琼　蒋卓余

共同富裕背景下的中等收入群体倍增：现状、制约与对策

一、引言

实现共同富裕是收入分配制度改革的重要目标和努力方向（李莹，2022）。从推动到推进再到实现全体人民共同富裕是一个长期过程，如何在发展中兼顾公平与效率，形成两头小中间大、以中等收入群体为主体的橄榄型收入分配格局，促进经济社会发展均衡水平不断提高，是新发展格局下我国扎实推动共同富裕的重要保障（阮敬等，2021）。

近年来，国内陆续有学者（迟福林，2017；刘世锦，2022；王一鸣，2020；郑功成，2021；蔡昉，2022）提出实施中等收入群体倍增计划或倍增战略。《中共中央　国务院关于支持浙江高质量发展建设共同富裕示范区的意见》明确了浙江高质量发展建设共同富裕示范区的四个战略定位之一——收入分配制度改革试验区（何立峰，2021）。浙江省提出并实施中等收入群体规模倍增计划和"扩中提低"方案，为推进收入分配制度改革先行示范指明了方向。然而，在高质量发展建设共同富裕示范区的进程中，收入差距高位波动是当前面临的一大主要问题，而合理缩小收入差距则是一个重大挑战。因此，本文在准确把握共同富裕与中等收入群体倍增关系的基础上，对浙江省城乡居民可支配收入现状进行全面分析，并基于实现中等收入群体倍增的基本条件，提出中等收入群体倍增面临的制约因素，进而提出相应的对策建议。

二、浙江省城乡居民可支配收入现状分析

扩大中等收入群体是浙江高质量发展建设共同富裕示范区、实现共同富裕目标的战略重点,也是持续扩大内需,保持经济平稳、有活力、可持续增长的现实需要。近年来,浙江经济高质量发展特征日益凸显,收入分配格局持续优化,区域、城乡和收入差距明显缩小,中等收入群体不断壮大,率先基本形成以中等收入群体为主体的橄榄型社会结构。

(一)居民收入持续稳定增长

一是全省居民收入持续增加,农村居民收入增幅更大。2022 年,浙江省全体居民人均可支配收入为 60302 元,是全国平均水平的 1.63 倍;城镇和农村居民人均可支配收入分别为 71268 元和 37565 元,分别是全国平均水平的 1.45 倍、1.87 倍。2013—2022 年,全体居民人均可支配收入从 29775 元增长到 60302 元,累计增长 102.5%,年均增长 9.2%。其中,城镇居民人均可支配收入从 37080 元增长到 71268 元,累计增长 92.2%,年均增长 8.5%;农村居民人均可支配收入从 17494 元增长到 37565 元,累计增长 114.7%,年均增长 10.0%。

二是各市居民收入稳步增长,但差距明显。2022 年,杭州市全体居民人均可支配收入为 70282 元,居全省第 1 位,第 2 位是宁波市 68348 元,第 3 位是绍兴市 65760 元,衢州市和丽水市居第 10 和 11 位,分别为 45276 元和 44450 元。从城镇居民人均可支配收入看,前 3 位分别是杭州市 77043 元、宁波市 76690 元、绍兴市 76199 元,第 10 和 11 位分别是衢州市 57465 元和丽水市 55784 元。从农村居民人均可支配收入看,前 3 位分别是嘉兴市 46276 元、舟山市 45924 元、绍兴市 45709 元,第 10 和 11 位分别是衢州市 31468 元和丽水市 28470 元。

三是农村居民收入增幅大于城镇居民,各市居民收入累计增长率差异显著。从整体变化趋势看,2013—2022 年 11 地市农村常住居民人均可支

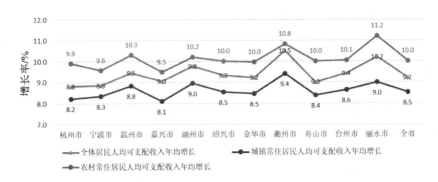

注:数据来源于历年浙江省统计年鉴。图 2、图 4 与此相同。

图 1　2013—2022 年各市居民人均可支配收入年均增长率

配收入累计增长幅度最大;城镇常住居民人均可支配收入累计增长幅度最小,除衢州市累计增长 105.4% 之外,其余地市及全省均在 100% 以下。从各地市比较看,2013—2022 年,衢州市和丽水市的全体居民、城镇和农村常住居民的人均可支配收入的累计增长幅度均居前列,这与其居民人均可支配收入基数偏小、近年来政策赋能山区高质量发展等都有密切联系(见图 2)。

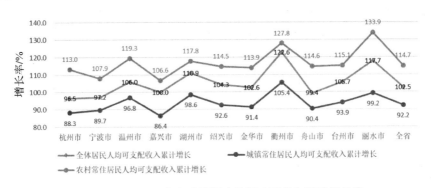

图 2　2013—2022 年各市居民人均可支配收入累计增长率

(二)收入分配格局持续优化

一是中等收入群体不断扩大。浙江省以高质量发展建设共同富裕示范区为契机,提出并实施中等收入群体规模倍增计划和"扩中提低"方案,扩中提低改革成效显著,中等收入群体不断扩大,橄榄型结构社会打造稳步推进。浙江省统计局数据显示,2021 年,家庭年可支配收入 10 万元至 50 万元群体(三口之家)比例达到 72.4%,比 2016 年提高 24.3 个百分点,远高于全国平均水平;20 万元至 60 万元群体比例达到 30.6%,比 2020 年提高 3.8 个百分点。

二是收入初次分配趋于合理。当前初次分配领域存在严重的收入分配不公问题,主要根源在于生产要素市场不完善。对此,浙江省以解决市场不完善和扭曲造成的利益分配不平衡问题作为改革重点,以生产要素市场改革持续推进初次分配制度改革。从统计数据看,浙江省生产总值含金量逐步提高,2013—2022 年,全体居民人均可支配收入占人均 GDP 的比例从 45.7% 增长到 50.9%。这在很大程度上表明浙江省初次分配制度改革成效较为显著,收入初次分配趋于合理(见图 3)。

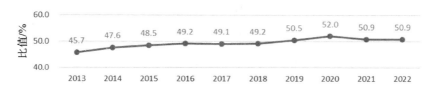

图 3　2013—2022 年浙江省全体居民人均可支配收入与人均 GDP 的比值

(三)居民收入结构不断改善

一方面,工资性收入是居民收入的最主要来源。2013—2022 年,工资性收入在浙江省全体居民人均可支配收入中的占比一直维持在 50% 以上,且以较小幅度逐年降低,从 58.53% 降低为 56.68%;工资性收入占全省城镇常住居民人均可支配收入的比重一直超过 50% 且呈下降趋势,从 58.24% 降低到 55.73%;工资性收入占全省农村居民收入的比重维持在 60% 左右波动且呈小幅增长态势,从 59.54% 增长到 60.39%。

另一方面,经营净收入、财产净收入、转移净收入占比偏低。2013—2022 年,从全体居民收入看,其占比均在 10%—19%,且经营净收入占比呈下降趋势,从 18.81% 降低为 16.38%;财产净收入和转移净收入占比呈上升趋势,分别从 11.13% 上升至 12.27%、从 11.53% 上升至 14.67%。从城镇居民收入看,经营净收入、财产净收入、转移净收入所占比重均维持在

12%—17%之间,且经营净收入占比呈下降趋势,从 16.17% 降低至 14.36%;财产净收入和转移净收入占比呈上升趋势,分别从 13.52% 上升至 14.59%、从 2.07% 上升至 15.32%。从农村居民收入看,经营净收入占比超过 20%,转移净收入占比在 10% 左右,财产净收入占比仅为 2%—3%,且经营净收入占比呈下降趋势,财产净收入和转移净收入占比呈上升趋势。

由此可见,2013—2022 年,浙江省居民可支配收入中的工资性收入和经营净收入呈现小幅下降趋势,财产净收入和转移净收入出现一定幅度增加,这表明居民收入结构不断改善,居民收入构成日趋合理。

(四)城乡居民收入差距持续缩小

浙江省及 11 地市的城乡居民收入倍差显示,2013—2022 年期间,全省及各地市的城乡收入差距持续缩小。全省城乡居民收入倍差从 2013 年的 2.12 缩小到 2022 年的 1.90;11 个地市中,丽水市的缩小幅度最大,从 2013 年的 2.30 缩小到 2022 年的 1.96,其次是金华市,从 2013 年的 2.18 缩小到 2022 年的 1.95,宁波市和湖州市的缩小幅度最小,分别从 1.85 缩小到 1.69、从 1.76 缩小到 1.61。这主要是因为各地市的城乡收入差距基数存在差异。

对全省及 11 地市的城乡居民收入倍差进行对比,发现各地市之间存在较大差异。第一,与全省相比,丽水市、金华市明显高于全省平均水平,温州市略高于或与之持平,其余 8 个地市均低于全省平均水平。这表明,丽水市、金华市、温州市的城乡居民收入差距相对较大,且高于全省平均水平。第二,将 11 个地市相对比,嘉兴市、舟山市、湖州市处于最低水平,且舟山市(2022 年为 1.57)逐步缩小到接近嘉兴市水平(2022 年为 1.56);处于中间偏下位置的是绍兴市、宁波市、杭州市,在 1.95 以下且持续降低;处于中间偏上位置的是衢州市、台州市,在 2.08—1.83 区间内逐步缩小(见图 4)。

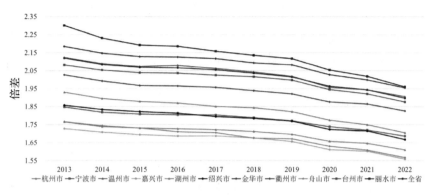

图4　城乡居民收入倍差（2013—2022 年）

三、共同富裕视角下中等收入群体倍增的制约因素

当前我国中等收入群体存在规模比重和质量不足以满足全体人民共同富裕要求、不足以支撑形成橄榄型社会结构的现状。这主要是由我国处于中等收入阶段，物质基础不够雄厚、产业结构和就业结构及劳动力结构不够高端、收入分配失衡及税收制度收入调节功能不足、社会保障和公共服务体系不完善等原因导致的。需要通过增加居民收入、促进社会公平来打破这些阻碍，以实现中等收入群体倍增。

（一）制约居民收入增长的因素

收入增加是实现中等收入群体倍增的基本条件。中等收入群体规模和比重受经济增长和居民收入水平的影响，而经济增长是居民收入增长的基础，人力资本是影响家庭（居民）收入水平的重要因素。当前我国经济发展处于转型的关键期，长期内经济潜在增长速度将延续下降趋势且趋于中速增长，而人力资本质量不高、结构失衡的问题在短期内也难以获得解决，这些因素都制约着我国居民收入的增长。

一是经济增长速度放缓。经济持续稳定增长是中等收入群体规模倍增的前提。中等收入群体规模及比重的变动与经济增长速度紧密相关，经济增速下降会制约中等收入群体扩大。在人口总量变化和人口结构调整、资源约束趋紧、技术进步加速、经济增长动能转换等多重因素的影响下,今后一段时期内,我国经济潜在增长速度将延续下降趋势(王一鸣,2020),有学者预期2020—2035年我国的人均国内生产总值增长速度将从6%左右降低到4%左右(朱兰和万广华,2023)。当经济增速降低、居民人均可支配收入随之降低,中等收入群体规模增长和比重提高则失去了基本来源。

二是经济发展方式转变。以产业结构转型升级为重要体现和主要依托(王岳平,2010)的经济发展方式转变对收入分配有重要影响。产业结构转型升级已经成为新发展阶段我国经济发展的重要特征(林淑君等,2022)。要素供给结构、要素需求结构会分别随着产业比重或者供给侧技术进步、投资及消费和出口需求的变化而发生变化,并对要素分配结构和收入差距起着决定性作用(郭凯明和王钰冰,2022),从而影响居民收入增长。长期以来我国依靠资源等要素投入的粗放型经济发展方式,以及生产要素市场不够完善,造成资本报酬偏高、劳动收入较低的格局,不利于居民收入增长。

三是人力资本质量不高。人力资本及其提升是影响家庭收入水平、提高居民收入的重要因素。从总体上看,当前我国的人力资本质量不高、结构失衡,存在明显的人力资本"高端不高"问题。从不同收入群体的劳动力受教育程度来看,高收入群体和中等收入群体普遍具有更长的受教育年限和更高的学历水平(刘世锦等,2022),低收入群体的受教育年限更短、学历水平更低。可见,进入中等收入群体的概率与受教育程度呈正相关(王一鸣,2020),居民收入增长与人力资本质量之间存在正相关关系。今后提高居民收入需要通过以各种水平的教育或培训提升人力资本水平的方式来实现。

(二)制约低收入群体进入中等收入群体的因素

社会流动是实现中等收入群体倍增的关键途径。制约低收入群体进入中等收入群体的因素主要是体制性、政策性因素,如户籍制度、社会保障制度等,这些因素通过影响城乡和地区之间劳动力流动、城乡之间公共服务均等程度及地区之间公共服务提供能力等,对不同社会群体的机会不平等程度以及社会流动性等产生影响,进而影响不同群体的收入水平以及收入流动性,从而对低收入群体进入中等收入群体产生制约。

一是农业人口转移困境。当前我国农业人口转移面临市民化进程缓慢、城市内部新二元结构形成等制度困境。长期以来,我国经济社会发展过程中存在城乡二元分割体制、户籍制度改革不彻底、劳动力市场制度改革严重滞后等现象,造成劳动力市场存在严重的城乡二元分割和扭曲,导致农业转移人口不能获得市民身份。这一方面使农业转移人口无法获得与户籍人口平等的教育机会和就业机会及均等化的基本公共服务,不利于其收入增加和财富积累;另一方面导致机会不平等的代际传递,给农业转移人口等低收入群体进入中等收入群体带来更大难度。

二是劳动力市场不完善。我国仍面临着劳动力市场改革不够彻底、劳动力市场不完善等问题,劳动力要素流动受到严重阻碍,不仅造成了劳动力要素资源配置效率偏低,而且引致了劳动力要素报酬分配的不合理、不公正。当前劳动力市场分割和配置扭曲问题仍然比较突出(李实和朱梦冰,2018),而劳动力市场的地区分割、城乡分割、部门分割以及就业市场的户籍歧视,导致劳动力难以通过劳动力市场流动到自身能力与劳动报酬相匹配的就业岗位,导致了不断扩大的收入差距和严重的收入分配不公(Démurger et al.,2009;万海远和李实,2013)。

三是公共服务非均等化。一直以来,受财政体制"分灶吃饭"特征及城乡二元结构的影响,我国不同地区的公共服务提供能力受地方财政收入水平和地方政府创收能力影响而存在较大差异(李实和朱梦冰,2018),城乡间的公共服务资源配置存在明显向城镇优势发展区域倾斜的不均衡特征。地区间公共服务提供能力的差异以及城乡间教育、医疗、社会保障等基本公共服务的非均等化,导致不同群体所享受到的基本公共服务水平和质量差异显著,不仅对当代城乡居民的收入水平产生影响,也会由于代际传递而影响后代人力资本水平的提高和收入的增加。

四、中等收入群体"扩容提质"的对策建议

本研究在分析浙江省城乡居民可支配收入现状及其规模倍增的制约因素的基础上,围绕居民收入稳定增长、收入分配结构改善这两个实现中等收入群体规模倍增的基本条件,提出相应的对策建议。

第一,经济政策应重在挖掘增长潜能。基于使实际增长率匹配潜在增长率、减少增长中的波动的目标,制定合理的宏观经济政策,重点发掘低效率部门改进、消费结构和产业结构升级、前沿性创新、绿色发展等方面的增长新动能,确保经济稳定增长,以期通过经济高质量发展有效解决城镇中等收入群体面临的就业容量不足、优质就业岗位缺乏、收入来源单一、行业垄断、微观领域机会不平等以及农村中等收入群体面临的教育和人力资本差异、工资收入增长幅度缓慢、城镇化困境等问题,切实为实现城乡居民收入稳定增长和居民收入差距持续缩小的目标奠定坚实的物质基础。

第二,结构性改革应重在增强社会流动性。针对增强社会流动性的压力加大、空间缩小问题,重点围绕要素流动和基础部门深化结构性改革,主要包括推动城乡间要素双向流动、打破能源等领域行政性垄断、拓宽低收入阶层纵向流动通道。其中,低收入阶层向上流动是中等收入群体规模倍增的重中之重,畅通流动机制尤为重要。一是横向流动机制,低收入群体当代内实现流动的横向流动机制,包括城市地区横向流动机制和农村地区横向流动机制;二是纵向流动机制,低收入群体代际间实现流动的纵向流动机制,包括人力资本机制、社会资本机制、财富资本机制,使低收入阶层子女向上流动。

第三,社会政策应重在提升人力资本质量。在提供"保基本"社会安全网的基础上,创建与完善由基本社会安全网、社保资金体系、反贫困长效机制、职业教育培训体系组成的"四位一体"社会政策重点支持机制,包括建立涵盖就业、医疗、养老等方面的覆盖全国的基本社会安全网,以更大力度划

转国有资本,充实社保资金体系,形成能够实现贫困代际阻隔的反贫困长效
机制,构建可以作为一项基本公共服务加以提供的职业教育培训机制。

项目负责人:李 慧

项目组成员:李 慧 李万星 金 洁

屈兴龙 王晓君

[参考文献]

[1] 李莹. 共同富裕目标下缩小收入差距的路径探索、现实挑战与对策建议
[J]. 经济学家,2022(10):54-63.

[2] 阮敬,王继田,刘雅楠. 中等收入群体与橄榄型收入格局的结构演化——基
于推动共同富裕的研究背景[J]. 统计学报,2021,2(1):1-15.

[3] 刘世锦,王子豪,姜淑佳,等. 实现中等收入群体倍增的潜力、时间与路
径研究[J]. 管理世界,2022,38(8):54-67.

[4] 迟福林. 在转型升级中实现中等收入群体倍增[EB/OL]. (2017-03-29)
[2023-05-25]. http://www.71.cn/2017/0329/941252.shtml.

[5] 王一鸣. 把中等收入群体倍增作为一个大战略[EB/OL]. (2020-01-13)
[2023-05-25]. https://m.hexun.com/news/2020-01-13/199946878.
html.

[6] 郑功成. 实施中等收入群体倍增计划[N/OL]. 文摘报,2021-11-16
[2023-05-25]. https://epaper.gmw.cn/wzb/html/2021-11/16/nw.
D110000wzb_20211116_4-07.htm.

[7] 蔡昉. 央行蔡昉演讲实录:中等收入群体"倍增"有潜力[N/OL]. 财经商
报,2022-09-07[2023-03-19]. https://baijiahao.baidu.com/s? id=
1743312727529197823&wfr=spider&for=pc.

[8] 何立峰. 支持浙江高质量发展建设共同富裕示范区 为全国扎实推动
共同富裕提供省域范例[J]. 宏观经济管理,2021(7):1-2,20.

[9] 张来明,李建伟. 收入分配与经济增长的理论关系和实证分析[J]. 管理

世界,2016(11):1-10.

[10] 浙江省统计局.浙江省第十四次党代会以来经济社会发展成就之共同富裕篇[EB/OL].(2022-05-07)[2023-05-25]. http://tjj. zj. gov. cn/art/2022/5/7/art_1229129214_4921137. html.

[11] 王岳平.加快产业结构转型升级 推进发展方式转变[J].中国经贸导刊,2010(21):8-10.

[12] 朱兰,万广华.中等收入群体"扩容提质":现状、挑战与对策[J].兰州大学学报(社会科学版),2023,51(1):41-53.

[13] 林淑君,郭凯明,龚六堂.产业结构调整、要素收入分配与共同富裕[J].经济研究,2022,57(7):84-100.

[14] 郭凯明,王钰冰.供需结构优化、分配结构演化与2035年共同富裕目标展望[J].中国工业经济,2022(1):54-73.

[15] 李实,朱梦冰.中国经济转型40年中居民收入差距的变动[J].管理世界,2018,34(12):19-28.

[16] 万海远,李实.户籍歧视对城乡收入差距的影响[J].经济研究,2013,48(9):43-55.

面向共同富裕的浙江创新要素
配置评价与优化研究

一、绪 论

(一)研究背景

优化创新要素配置不仅有助于提高创新效率,为高质量发展提供动能,夯实共同富裕的经济基础,同时有利于全局性要素收益分配格局的优化,缩小创新差距和经济发展差距,提高发展的均衡性与创新成果共享性。现阶段,研究创新要素配置优化问题对于推动经济高质量发展,促进共同富裕实现具有重要意义。浙江省作为高质量发展建设共同富裕示范区,创新要素配置不均衡问题突出,表现为创新要素分布呈现"北高南低"的地区不均衡和"重应用研究、轻基础研究"的结构不均衡,如何优化创新要素配置,是浙江省推进高质量发展建设共同富裕示范区过程中亟须解决的一个重要问题。

2021 年发布的《中共中央 国务院关于支持浙江高质量发展建设共同富裕示范区的意见》(以下简称《意见》)明确提出,加快构建推动共同富裕的综合评价体系,建立评估机制,坚持定量与定性、客观评价与主观评价相结合,全面反映共同富裕示范区建设工作成效,更好反映人民群众满意度和认同感。本课题将围绕如何在共同富裕目标下评价和优化创新要素配置的问题,构建创新要素配置指标体系和共同富裕评价体系,评价浙江省创新要素配置现状,测度浙江省共同富裕实现程度,分析创新要素配置在促进共同富裕实现中的作用效果,探寻促进共同富裕实现的创新要素配置优化路径。

(二)国内外研究现状

1. 共同富裕的相关研究

对于共同富裕的讨论集中在国内,内容主要围绕"什么是共同富裕""共同富裕测度""如何实现共同富裕"三个方面,国外尚未有针对共同富裕的直接论述。具体如下:

(1)共同富裕的内涵研究。学术界基于政治学、经济学、哲学等多种理论视角,对共同富裕的内涵进行丰富的诠释与解读,涵盖生产力发展和所有制关系(郁建兴和任杰,2021)、效率与公平(史晋川,2022)、收入与分配(李实和朱梦冰,2022)、物质富裕与精神富裕(刘东超,2022)、人的全面发展(赵曙明和何光远,2022)、经济与社会发展(刘培林等,2021)等内容。

(2)共同富裕测度研究。李金昌和余卫(2022)以"以人民为中心"和"共享、富裕、可持续"为要点,提出共同富裕过程性评价指标体系和共同富裕结果性评价指标体系。共同富裕过程性评价指标体系中包括以下六个方面:经济质效并增、发展协调平衡、精神生活丰富、全域美丽建设、社会和谐和睦、公共服务优享;共同富裕结果性评价指标体系则是由共享性、富裕度和可持续性三个方面组成。

(3)共同富裕的实现路径研究。关于共同富裕的实现路径可概括为:政治方面始终坚持中国共产党的领导核心,制度方面坚持社会主义基本经济制度、持续推进收入分配制度改革,发展理念方面坚持高质量发展,通过深层次改革促进共同富裕(陈燕,2021;刘培林等,2021;陈劲等,2022;李实,2021)。

2. 区域创新要素配置的相关研究

根据研究侧重点与评价方法的不同,已有研究可归纳为配置内涵分析、配置效率测度、配置水平评价、错配程度测算四类。

(1)创新要素配置的内涵研究。创新要素配置在微观、中观和宏观三个层面上有不同的表现及内涵。在微观层面,创新要素配置表现为以企业为代表的创新主体内部人力、资本等要素投入的规模以及创新要素投入与产出的比例关系(Raymond & Pierre,2010);在中观层面,创新要素配置是政府和微观创新主体之间利用创新资源形成的互动关系,通过协同配合实现要素整合和优化配置(高月姣和吴和成,2015);在宏观层面,创新要素配置表现为国家或区域内部创新主体、创新资源、创新环境等要素之间的有效配合以及区域之间创新要素的流动能力(肖兴志和徐信龙,2019)。

(2)区域创新要素配置效率评价。创新活动是一个包含多投入和多产出的复杂过程,利用经典统计模型测算创新要素配置绝对效率非常困难,大部分文献从相对效率视角进行测度,主要采用数据包络分析(DEA)和随机前沿分析(SFA)。诸多研究结论表明,我国区域创新要素配置效率不高,而且存在显著的省域差异、南北差异、东西差异(Chen et al.,2019;杨骞和刘鑫鹏,2021)。

(3)区域创新要素配置水平评价。主要采用综合指数法,通过构建创新要素配置指标体系,将多个维度的创新指标组合设计成综合性配置指数,对区域创新要素配置水平进行综合评价。例如,陶长琪和徐茉(2021)构建包含人力、知识、技术、数据、制度五个维度的创新要素综合系统指标体系,发现我国省份间、东中西三大地区间创新要素配置水平差距明显。

(4)区域创新要素错配测度。相关研究将创新要素引入传统的资源错配测算框架,对我国区域创新要素错配程度及导致的效率损失进行测算。靳来群等(2019)借鉴 Brandt 等(2013)关于要素市场配置扭曲的测算框架,测算中国创新资源结构性错配程度,指出东北及西北地区创新资源投入过度,东南及西南地区投入相对不足;董直庆和胡晟明(2020)将 Aoki(2012)的生产要素错配分析框架引入研发活动领域,研究指出创新要素错配的改善将会促使整体创新效率提升约 0.7%。

文献述评:①尚未有文献基于共同富裕视角评价创新要素配置。大部分文献关注创新要素配置本身,缺乏将创新要素配置与中国新发展阶段的特征与目标要求相结合的研究,共同富裕作为新发展阶段的重大战略,结合共同富裕的目标和要求研究创新要素配置具有重要理论和实践价值。②结合我国区域经济发展特征评价区域创新要素配置的研究较为匮乏。创新要素配置与区域经济技术耦合发展，现有研究关注创新要素配置本身，忽视其与区域经济发展的适宜性，难以客观评价不同区域创新要素配置的真实情况，无法有针对性地识别不同地区创新要素配置过程中存在的问题。

(三)研究创新点

1. 突破现有文献从单一角度、单一指标评价区域创新要素配置的局限性，注重区域创新要素配置多层次、多维度、动态的系统性评价

课题基于对区域创新系统运行过程的剖析，从创新人力要素、创新资本要素、数据要素、知识要素、技术要素和制度要素六个方面构建创新要素配置指标体系，从时间和空间的维度对浙江省创新要素配置进行系统评价。

2. 立足国家发展需要，采用"核心特征事实＋标准分析方法"的研究思路开展理论和实证研究

基于我国共同富裕的战略目标，浙江省作为共同富裕示范区的现实背景，结合浙江省创新要素内部结构不均衡和地区分布不均衡的特征事实，多维度分析创新要素配置对共同富裕的效果，为优化创新要素配置，充分发挥共同富裕实现进程中的创新引领作用提供经验依据。

二、浙江省创新要素配置水平的测度及分析

本文在界定创新要素及配置内涵的基础上，从创新人力、创新资本、数据要素、知识要素、技术要素和制度要素六个方面构建创新要素配置测度指标体系，并采用熵权 TOPSIS 法和综合指数法对 2013—2020 年浙江省及各地级市的创新要素配置水平进行测度与分析。

(一)创新要素配置指标体系与测度方法

本文将创新要素界定为参与创新过程、影响创新绩效、体现创新成果的生产要素，具有边际报酬递增特性，包括创新人力要素、创新资本要素、数据

要素、知识要素、技术要素和制度要素六类。

1. 创新要素配置指标体系构建

（1）创新人力配置。

创新人力配置不仅要持续优化人力投入效能，还要积极改善人力配置结构。本文从创新人力配置规模和配置结构两个维度筛选指标，前者反映各地区创新人力投入规模，后者反映出创新人力在不同类型研发活动间的分配比例。配置规模指标包含 R&D 人员全时当量、基础研究人员全时当量、应用研究人员全时当量和试验发展人员全时当量四个指标，配置结构指标包含 R&D 人员占比和每万从业人员中科学研究人员（包括基础研究＋应用研究）全时当量。

（2）创新资本配置。

创新资本配置的测度从配置规模和配置强度着手，配置规模指标包括 R&D 经费内部支出、基础研究经费支出、应用研究经费支出和试验发展经费支出，配置强度指标包含 R&D 经费投入强度和科学研究经费强度，其中科学研究经费为基础研究与应用研究经费支出之和。

（3）数据要素配置。

本文选择从数据基础设施建设和数据流通应用两个维度筛选指标，前者是数据要素实现传递共享的硬件基础和基本物质条件，包含每百户互联网接入计算机数、互联网宽带接入用户数及软件和信息技术服务业固定资产投资额三项指标，后者反映数据要素在创新过程中的价值创造和数字产业发展进程，包括数字经济核心产业增加值占比和电信业务收入。

（4）知识要素配置。

由于知识要素的主要产出形式为论文、课题和专利等知识型的创新成果，所以本文选用 R&D 课题数、发表论文数和专利授权数三个指标衡量内部知识创造，同时，适当的外部获取可以帮助创新主体识别、获取和利用相关知识，选取规模以上工业企业 R&D 经费外部支出和高技术产业企业购买国内技术支出两项指标来衡量外部知识获取。

（5）技术要素配置。

本文基于企业、科研机构两大创新主体,从技术开发层面和技术应用层面两个维度进行指标筛选,前者包括企业新产品开发项目数和高技术产业新产品开发经费支出,后者包括企业新产品销售收入和专利所有权转让及许可收入。

(6)制度要素配置。

政府治理对创新环境进行宏观调控,市场环境直接影响企业创新活力,前者用财政科教支出和企业研究开发费用加计扣除减免税衡量,后者用金融机构年末存款余额和外商直接投资额衡量。

基于上述创新要素配置内涵分析,兼顾指标体系的系统性、合理性和数据可获得性,筛选出 30 项指标构建创新要素综合系统配置指标体系,具体见表1。

表 1　创新要素综合系统配置指标体系

一级指标	二级指标	三级指标	单位
创新要素配置			
创新人力	配置规模	(A1)R&D 人员全时当量	人年
		(A2)基础研究人员全时当量	人年
		(A3)应用研究人员全时当量	人年
		(A4)试验发展人员全时当量	人年
	配置结构	(A5)R&D 人员占比	%
		(A6)每万从业人员中科学研究人员全时当量	人年
创新资本	配置规模	(B1)R&D 经费内部支出	万元
		(B2)基础研究经费支出	万元
		(B3)应用研究经费支出	万元
		(B4)试验发展经费支出	万元
	配置强度	(B5)R&D 经费投入强度	%
		(B6)科学研究经费强度	‰
数据要素	数据基础设施建设	(C1)每百户互联网接入计算机数	台
		(C2)互联网宽带接入用户数	户
		(C3)软件和信息技术服务业固定资产投资额	万元
	数据流通应用	(C4)数字经济核心产业增加值占比	%
		(C5)电信业务收入	万元

一级指标	二级指标	三级指标	单位
知识要素	内部知识创造	(D1)科学研究与开发机构R&D课题数	项
		(D2)科学研究与开发机构发表论文数	篇
		(D3)科学研究与开发机构专利授权数	件
	外部知识获取	(D4)企业R&D经费外部支出	万元
		(D5)高技术产业购买国内技术支出	万元
技术要素	技术开发	(E1)企业新产品开发项目数	项
		(E2)高技术产业新产品开发经费支出	万元
	技术应用	(E3)企业新产品销售收入	万元
		(E4)科学研究与开发机构专利所有权转让与许可收入	千元
制度要素	政府治理	(F1)财政科教支出	万元
		(F2)企业研究开发费用加计扣除减免税	万元
	市场环境	(F3)金融机构年末存款余额	亿元
		(F4)外商直接投资额	万美元

注：该表中均为正向指标。

本文选取浙江省 11 个地级市 2013—2020 年的面板数据为样本，数据来源于历年《浙江统计年鉴》、《浙江科技统计年鉴》、各地级市统计年鉴以及浙江省通信管理局官网。其中，由于地级市指标数据的可获得性问题，指标 A1 与 A4、B1 与 B4 均由地级市相关指标涵盖的自然与科学研究机构数据与规模以上工业企业数据加总求得；指标 B5 根据定义为指标 B1 与地级市的生产总值相除所得；指标 B6 为指标 B2 与 B3 相加之和与地级市的生产总值相除所得；指标 C4 即信息传输、软件和信息技术服务业增加值与对应地级市数字经济增加值之比；指标 F1 由各地级市财政的教育支出与科学技术支出加总而得。

2.创新要素配置测度方法

(1)熵权 TOPSIS 法。

本文采用熵权 TOPSIS 法对浙江省创新要素配置水平进行测算，既能减少主观赋值带来的偏差,又能对各个观测对象进行有效评价,得出相对优劣,增加浙江省创新要素配置水平的测算结果的客观性和可靠性。

(2)综合指数法。

综合指数法是用单一统计指标定量地反映多个指标综合变动的一种方法。基本思想是将不同性质、不同单位的各种指标通过指数变换,加权得出综合指数,该方法能够对不同地区创新要素配置水平进行综合评分。基于CHME理论从横向和纵向合成浙江省各地市创新要素综合系统配置指数和子系统分解指数,其中,从横向分别集成创新人力子系统配置指数、创新资本子系统配置指数、数据要素子系统配置指数、知识要素子系统配置指数、知识要素子系统配置指数,然后按照地区进行纵向合成,得到综合指数。

(二)浙江省创新要素配置测度结果

1. 浙江省创新要素综合系统配置水平

浙江省及各地市2013—2020年创新要素综合配置水平测算结果见表2。浙江省创新要素配置综合水平年平均值为0.111,2020年浙江创新要素配置综合水平得分相较于2013年增长了1.5倍,增幅明显。分地市来看,创新要素综合系统配置水平年均值排名前三的依次是杭州(0.383)、宁波(0.174)和嘉兴(0.119),这三个地市的创新要素综合系统配置水平年均值都高于全省均值;而创新要素综合系统配置水平年均值排名后三位的地市为舟山(0.053)、丽水(0.052)、衢州(0.035),这些地区创新要素综合系统配置水平低于全省平均值。从增长率看,创新要素综合系统配置水平增长率最高的是丽水(49.47%),位列第二、三位的分别是舟山(35.86%)、衢州(33.24%),表明这些地区创新要素配置优化潜力较大。该结果表明浙江省地市间的创新要素配置水平存在显著差距,但这种差距正在逐步收敛。分区域来看,浙东北地区创新要素配置水平年均值(0.147)明显高于浙西南地区(0.068),但是浙西南地区创新要素配置水平年均增长率(22.93%)高于浙东北地区(14.61%),说明两大区域间创新要素配置水平差距呈现收敛趋势。

表 2　2013—2020 年浙江省创新要素综合配置水平

地区	2013	2014	2015	2016	2017	2018	2019	2020	年平均	排名	增长率（%）
杭州市	0.369	0.277	0.284	0.290	0.291	0.358	0.499	0.694	0.383	1	11.89
宁波市	0.086	0.101	0.104	0.183	0.214	0.171	0.278	0.255	0.174	2	19.33
温州市	0.057	0.059	0.093	0.104	0.107	0.125	0.115	0.141	0.100	4	16.64
嘉兴市	0.051	0.098	0.092	0.093	0.269	0.078	0.108	0.162	0.119	3	25.52
湖州市	0.029	0.030	0.035	0.054	0.095	0.088	0.088	0.114	0.067	8	31.24
绍兴市	0.049	0.095	0.062	0.083	0.076	0.120	0.087	0.117	0.086	5	1.98
金华市	0.036	0.050	0.061	0.051	0.067	0.113	0.082	0.107	0.071	7	8.36
衢州市	0.027	0.026	0.013	0.019	0.029	0.034	0.048	0.082	0.035	11	33.24
舟山市	0.099	0.014	0.016	0.018	0.016	0.085	0.084	0.094	0.053	9	35.86
台州市	0.052	0.049	0.063	0.058	0.066	0.094	0.095	0.171	0.081	6	27.05
丽水市	0.011	0.014	0.016	0.016	0.020	0.065	0.078	0.200	0.052	10	49.47
浙东北	0.114	0.103	0.099	0.120	0.160	0.150	0.191	0.239	0.147	—	14.61
浙西南	0.037	0.040	0.049	0.049	0.058	0.086	0.084	0.140	0.068	—	22.93
浙江省	0.079	0.074	0.076	0.088	0.114	0.121	0.142	0.194	0.111	—	16.91

说明：浙东北地区包括杭州市、宁波市、嘉兴市、湖州市、绍兴市、舟山市六个地级市，浙西南地区包括温州市、金华市、衢州市、台州市、丽水市五个地级市，下同。

图 1 描绘了 2013—2020 年浙江省创新要素配置综合水平变化趋势。可以看出，浙江省创新要素配置综合水平呈逐年递增趋势，说明浙江省创新要素配置水平整体向好。分区域来看，浙东北创新要素配置水平明显高于浙西南地区。

2. 浙江省创新要素各子系统配置水平

进一步测算创新人力、创新资本、数据要素、知识要素、技术要素和制度要素各子系统配置水平的年均值和增长率，见表 3。可以发现，浙江省创新人力与创新资本配置特征相似，表现为浙东北地区在两类要素的配置水平上高于浙西南地区，不过地市间配置水平的差距呈现收敛趋势；数据要素、知识要素、技术要素、制度要素的配置特征相似，表现为浙东北地区四类要

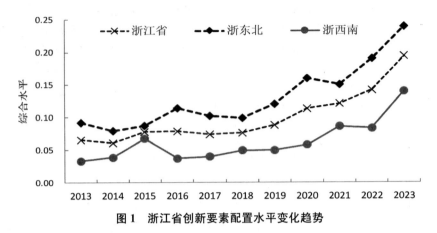

图 1 浙江省创新要素配置水平变化趋势

素的配置水平高于浙西南地区,不过地市间配置水平的差距呈现扩大趋势。

表3 2013—2020年浙江省各创新要素配置水平

地区	创新人力		创新资本		数据要素		知识要素		技术要素		制度要素	
	平均	增长率(%)	平均	增长率(%)	平均	增长率(%)	平均	增长率(%)	平均	增长率(%)	平均	增长率(%)
杭州	0.060	28.32	0.060	34.65	0.068	14.43	0.117	13.68	0.061	14.75	0.042	23.23
宁波	0.027	21.92	0.030	9.59	0.017	1.77	0.039	39.68	0.037	13.37	0.023	19.01
温州	0.016	27.46	0.013	22.08	0.020	2.56	0.017	18.17	0.021	12.95	0.012	15.94
嘉兴	0.010	17.86	0.018	27.79	0.018	1.24	0.009	22.21	0.031	17.24	0.013	25.76
湖州	0.010	30.08	0.023	24.77	0.009	6.13	0.005	15.92	0.009	16.30	0.007	26.56
绍兴	0.011	19.32	0.022	20.11	0.016	7.34	0.004	24.51	0.014	9.16	0.009	16.66
金华	0.011	31.73	0.020	23.56	0.013	5.12	0.006	6.68	0.009	14.90	0.008	13.46
衢州	0.008	25.50	0.008	34.85	0.005	7.95	0.003	−3.46	0.002	17.79	0.002	18.47
舟山	0.008	20.10	0.012	−4.74	0.005	2.53	0.004	65.46	0.002	33.94	0.002	40.69
台州	0.010	30.47	0.019	43.63	0.012	3.76	0.012	7.68	0.012	13.40	0.009	24.97
丽水	0.010	86.44	0.015	75.93	0.005	5.61	0.003	17.14	0.002	15.62	0.002	43.87
浙东北	0.021	24.96	0.027	20.11	0.022	8.90	0.030	18.57	0.026	14.39	0.016	22.35
浙西南	0.011	34.87	0.015	36.69	0.011	4.14	0.008	10.76	0.009	13.97	0.007	18.79
浙江省	0.016	27.72	0.022	24.40	0.017	7.38	0.020	17.12	0.017	14.29	0.012	21.52

三、浙江省共同富裕水平测度及分析

本文基于"富裕"和"共享"两个维度,构建过程指标与结果指标相互结合的共同富裕评价指标体系,建立能够综合反映共同富裕进程与实现程度的量化指标;进而,采用熵权 TOPSIS 法测算 2013—2020 年浙江省及各地市共同富裕水平,并从富裕和共享维度分析浙江省共同富裕实现进程中的区域差异。

(一)共同富裕指标体系构建

1. 共同富裕内涵解析

"富裕"作为"共同富裕"中的一个维度而言,一方面反映综合国力的强大,体现经济的可持续高质量发展,为共同富裕实现提供经济基础和物质保障;另一方面,富裕是指经济建设、精神建设、生态文明建设都显有成效,达到了整体较高水平,实现精神生活丰富、生态环境美好、社会风气文明,最终实现人的全面进步。"共同"意味着发展成果的分享,即我们追求的富裕社会不是少数人的富足,而是全体人民的共富。当前我国城乡之间、区域之间、收入之间的不平衡问题依然存在,发展不充分问题依然突出,缩小城乡发展差距、促进区域协调发展是共同富裕的重要目标。共同富裕是全体人民共同富裕,缩小区域差距和城乡差距,减少经济不平等,提供公共社会服务,实现社会公平,是经济高质量发展和社会可持续发展的重要保障,也是提高人民生活水平的基础。共同富裕要求更加平衡的分配格局,在区域和城乡层面集中体现为协调发展和共享发展。

2. 共同富裕评价指标体系

基于对共同富裕内涵的解析,兼顾指标体系合理性和数据可获得性,本文从物质富裕、精神富裕、生态富裕方面解构"富裕",从人群共享、城乡共享、区域共享方面解构"共同",筛选出 25 项指标构建浙江省共同富裕评价指标体系。

(1)富裕维度指标选取。

富裕维度包含物质富裕、精神富裕、生态富裕 3 个一级指标,经济发展、人民生活、文化产业发展、综合素质提高、节能减排、生态优质 6 个二级指标,劳动生产率、人均可支配收入等 15 个三级指标。

①物质富裕。

经济高质量发展是实现物质富裕的重要基础和保障,经济发展既要强调"量"的扩张,又要注重"质"的提升,最终旨在提高人民的生活水平。本文设置经济发展和人民生活 2 个二级指标,经济发展从经济规模、生产效率、创新驱动、产业结构方面选取指标,人民生活从收入、消费、就业方面选取指标。

②精神富裕。

精神生活富裕离不开文化产业的持续发展,人均教育文化娱乐消费支出和文化旅游财政支出从消费端和供给端来反映文化产业的发展;综合素质提升也是精神富裕的重要表现,只有物质生活和精神生活的同时满足,才能实现综合素质提升。人均公共图书馆藏量体现了公众图书资源的丰富情况,图书馆更多地收集专业和经典的书籍,能为居民阅读提供更加多样的选择;文化馆个数主要从社会层面体现居民能够享受到精神熏陶的情况,反映精神生活的富裕程度。

③生态富裕。

生态文明不仅是共同富裕的重要内容,也是实现共同富裕的重要驱动力量。生态富裕以绿色低碳发展为目标,贯彻绿水青山就是金山银山的重要理念。生态文明可归于"环境",本文从节能减排、生态优质两方面衡量生态富裕,节能减排包括单位产出废水、单位地区生产总值废气排放,生态优质主要筛选出与居民生活密切相关的 PM2.5 年平均浓度、体现城市绿化建设水平的建成区绿化覆盖率两个指标。

(2)共享维度指标选取。

实现共同富裕必须解决好不平衡不充分发展问题,缩小人民生活水平差距,提高社会保障水平,推动地区协同发展、缩小区域差距,推动城乡共同发展、缩小城乡差距(刘培林等,2021)。需要注意的是,共享发展不意味着没有任何差距,而是差距控制在适度范围内。基于此,本文共享维度指标包含人群差距、区域差距、城乡差距 3 个负向一级指标,社会保障、公共服务、区域差异、城乡差异 4 个二级指标,社会保障支出占地区生产总值比重、每万人口拥有医生数、地区发展差异系数等 10 个三级指标。

①人群差距。

社会保障体现了国家为维持人民基本生活水平而提供的一系列保障措施,以社会保障投入强度指标衡量国家对社会保障的重视程度;居民最低生活保障线以下人数占比体现了消灭贫困的程度,以此来衡量社会保障体系的实施成果。公共服务指标选取方面,主要考虑教育、医疗、养老和交通。在教育方面,选取高等教育毛入学率衡量国家教育状况和高水平人力培养状况;在医疗方面,用每万人口拥有医生数来衡量我国医疗体系的建设状况;在养老方面,由于我国进入老龄化社会,养老资源尚且难以满足我国老年人养老需求,用每万老年人口养老服务机构床位数衡量进入老龄化社会的准备状况;在交通方面,设置人口平均公共交通数来反映我国公共交通建设状况。

②区域差距。

区域差距主要通过地区经济发展差异与地区人均可支配收入差异体现,地区经济发展差异系数采用泰尔系数衡量[见式(1)],地区差距并非单向地越小(大)越好,而应该介于合理范围内,本文参考李金昌和余卫(2022)的研究,将地区发展差异系数区间设置为 0.02－0.03;地区人均可支配收入差异通过可支配收入的极差衡量。

$$T_i = \sum_i^n g_i \log \frac{g_i}{p_i} \tag{1}$$

其中,n 为地区个数,g_i 表示 i 地区生产总值占全国比重,p_i 表示 i 地区的人口占全国比重。

③城乡差距。

城乡差距通过城乡收入差距与城乡消费差距反映,城乡收入差距以城镇居民人均可支配收入/农村居民人均可支配收入衡量,城乡消费差距以城镇居民人均消费水平/农村居民人均消费水平衡量。

　　基于上述共同富裕内涵分析,兼顾指标体系的系统性、合理性和数据可获得性,构建浙江省共同富裕评价指标体系,具体见表 4。

表 4　浙江省共同富裕评价指标体系

维度	一级指标	二级指标	三级指标	指标解释
富裕维度	物质富裕	经济发展	地区生产总值(＋)	地区生产总值
			劳动生产率(＋)	地区生产总值/年平均从业人员数
			R&D 经费投入强度(＋)	R&D 经费支出/地区生产总值
			第三产业占比(＋)	第三产业产值/地区生产总值
		人民生活	人均社会消费品零售总额(＋)	社会消费品零售总额/常住人口数
			人均可支配收入(＋)	可支配收入/常住人口数
			失业率(－)	统计调查数据
	精神富裕	文化产业发展	人均教育文化娱乐消费支出(＋)	教育文化娱乐消费支出/常住人口数量
			文旅财政支出(＋)	文化旅游财政支出
		综合素质提高	人均公共图书馆藏量(＋)	公共图书馆藏书量/常住人口数
			文化馆个数(＋)	统计调查数据
	生态富裕	节能减排	单位产出的废水(－)	废水排放量/地区生产总值
			单位地区生产总值废气排放(－)	废气排放量/地区生产总值
		生态优质	建成区绿化覆盖率(＋)	建成区绿化覆盖面积/建成区面积
			PM2.5 年平均浓度(－)	实际检测数据
共享维度	人群差距	社会保障	社会保障支出占地区生产总值比重(＋)	社会保障支出/地区生产总值
			居民最低生活保障线以下人数占比(－)	居民最低生活保障线以下人数/常住人口数量

续　表

维度	一级指标	二级指标	三级指标	指标解释
		公共服务	高等教育毛入学率（＋）	高等教育在校人数/18－35 岁总人口数
			每万人口拥有医生数（＋）	医生数/每万人口数
			每万老年人口养老服务机构床位数（＋）	养老服务机构床位数/每万老年人口数
			人均公共汽车拥有量（＋）	公共汽车拥有量/常住人口数
区域差距	区域差距	区域差异	地区发展差异系数（0）	泰尔系数计算
			地区人均可支配收入差异系数（一）	人均可支配收入最高值/人均可支配收入最低值
城乡差距	城乡差距	城乡差异	城乡收入差距（一）	城镇居民人均可支配收入/农村居民人均可支配收入
			城乡消费差距（一）	城镇居民人均消费水平/农村居民人均消费水平

注：（＋）指代正向指标，（一）指代负向指标，（0）指代适度指标。

（3）数据来源与处理。

本文选取浙江省 11 个地级市 2013—2020 年数据进行实证研究，数据主要来源于历年的《浙江省统计年鉴》，浙江 11 个地级市的统计年鉴以及相应年份的统计公报，部分环境指标数据来源于《浙江自然资源与环境统计年鉴》，少数缺失数据采用插值法拟合。

为消除量纲以及负向指标对于结果的影响，对数据进行标准化处理：

正向指标：$Z_{ij} = \dfrac{X_{ij} - \min X_j}{\max X_j - \min X_j}$

负向指标：$Z_{ij} = \dfrac{\max X_j - X_{ij}}{\max X_j - \min X_j}$

适度指标：$Z_{ij} = \begin{cases} \dfrac{X_{ij} - \min X_j}{X_{01} - \min X_j} & \min X_j \leqslant X_{ij} < X_{01} \\[2ex] \dfrac{\max X_j - X_{ij}}{\max X_j - X_{02}} & X_{02} \leqslant X_{ij} < \max X_j \end{cases}$

式中:i 代表城市,j 代表指标,X_{ij} 表示原始的指标值,Z_{ij} 表示标准化后的指标值,$\max X_j$ 表示第 j 项指标最大值,$\min X_j$ 表示第 j 项指标最小值,X_{01} 表示适度指标的下限,X_{02} 表示适度指标的上限。

(二)浙江省共同富裕水平测度结果

1. 浙江省共同富裕水平总体特征

基于上述共同富裕指标体系,采用熵权 TOPSIS 方法测算出浙江省 11 个地市共同富裕指数,具体见表 5。总体而言,2013—2020 年,浙江省共同富裕水平呈现出区域不平衡,浙东北地区的共同富裕指数值(0.457)高于浙西南地区(0.286),分地市来看,排名前两位的地级市分别是杭州市(0.810)、宁波市(0.591),这两个地级市的共同富裕综合水平年平均值都高于 0.5,处于第一梯队;舟山、温州、绍兴、嘉兴、台州五个城市共同富裕水平年均值位于 0.3—0.4 区间内,处于第二梯队;丽水、金华、湖州、衢州的共同富裕水平年均值位于 0.2—0.3 区间内,处于第三梯队;共同富裕水平年均值最高的杭州市是最低的衢州市的约 3.7 倍,由此可见浙江省各地级市的共同富裕综合水平仍存在较大差距。

表5 2013—2020 年浙江省各地市共同富裕水平

地区	2013 年	2014 年	2015 年	2016 年	2017 年	2018 年	2019 年	2020 年	均值	排名
杭州市	0.791	0.843	0.854	0.843	0.724	0.839	0.803	0.783	0.810	1
宁波市	0.574	0.557	0.580	0.599	0.585	0.603	0.618	0.611	0.591	2
温州市	0.325	0.355	0.271	0.325	0.322	0.346	0.374	0.436	0.344	4
嘉兴市	0.425	0.380	0.327	0.351	0.339	0.312	0.301	0.318	0.344	6
湖州市	0.267	0.235	0.269	0.317	0.313	0.254	0.221	0.265	0.268	10
绍兴市	0.290	0.244	0.300	0.415	0.416	0.341	0.331	0.375	0.339	5
金华市	0.238	0.210	0.195	0.271	0.326	0.279	0.293	0.357	0.271	9
衢州市	0.179	0.201	0.265	0.244	0.199	0.198	0.206	0.260	0.219	11
舟山市	0.449	0.414	0.453	0.437	0.375	0.349	0.329	0.326	0.392	3
台州市	0.266	0.270	0.334	0.354	0.410	0.281	0.284	0.329	0.316	7

地区	2013 年	2014 年	2015 年	2016 年	2017 年	2018 年	2019 年	2020 年	均值	排名
丽水市	0.225	0.216	0.294	0.295	0.256	0.280	0.312	0.360	0.280	8
浙东北	0.466	0.446	0.464	0.494	0.459	0.450	0.434	0.446	0.457	—
浙西南	0.247	0.250	0.272	0.298	0.303	0.277	0.294	0.348	0.286	—
浙江省	0.366	0.357	0.377	0.405	0.388	0.371	0.370	0.402	0.379	—

2.浙江省共同富裕的分项评价

进一步从富裕、共享两个维度,物质富裕、精神富裕、生态富裕、人群差距、区域差距和城乡差距六个一级指标,对浙江省及 11 个地市共同富裕水平进行统计测度分析,见表 6 和表 7。浙东北的富裕水平(0.452)和共享水平(0.463)均高于浙西南地区,从增长率来看,浙西南富裕指数增长率(−2.06%)低于浙东北(2.73%),共享指数增长率(2.36%)高于浙东北(0.14%),表明浙江省两大区域间富裕差距不断扩大,共享差距逐步缩小。分地市来看,杭州市的富裕指数与共享指数年均值均位于全省第一,富裕指数高于全省年均值的包括三个城市,分别是杭州(0.845)、宁波(0.636)、温州(0.455);共享指数高于全省年均值的包括四个城市,分别是杭州(0.786)、宁波(0.534)、绍兴(0.353)、舟山(0.546)。

表 6　2013—2020 年浙江省各地市共同富裕指数均值及排名

地区	富裕维度			共享维度		
	年均值	排名	增长率(%)	年均值	排名	增长率(%)
杭州市	0.845	1	2.85	0.786	1	−2.59
宁波市	0.636	2	−1.61	0.534	3	0.90
温州市	0.455	3	−5.03	0.196	11	−4.39
嘉兴市	0.374	5	3.11	0.306	6	8.80
湖州市	0.270	8	3.61	0.255	8	10.59
绍兴市	0.332	7	3.34	0.353	4	−2.91
金华市	0.334	6	0.95	0.201	10	8.94

续　表

地区	富裕维度			共享维度		
	年均值	排名	增长率(%)	年均值	排名	增长率(%)
衢州市	0.166	11	1.32	0.259	7	6.41
舟山市	0.254	10	3.97	0.546	2	−6.57
台州市	0.381	4	2.74	0.210	9	−0.59
丽水市	0.256	9	−11.76	0.313	5	2.07
浙东北	0.452	—	2.73	0.463	—	0.14
浙西南	0.318	—	−2.06	0.236	—	2.36
浙江省	0.385	—		0.350	—	0.90

表 7 显示了 2013—2020 年浙江省及各地市共同富裕一级指标评价值。从富裕维度的分项指标来看,浙江省的生态富裕指数>精神富裕指数>物质富裕指数,杭州、宁波、温州三个城市在物质富裕、精神富裕方面发展水平高于其他 8 个地市,台州、湖州、绍兴在生态富裕方面发展更好。从共享维度的分项指标来看,浙江省的区域共享指数>城乡共享指数>人群共享指数,杭州、舟山、宁波的人群共享水平较高,湖州、舟山、绍兴的区域共享水平高,嘉兴、舟山、湖州的城乡共享水平较高。

表 7　2013—2020 年浙江省共同富裕一级指标水平评价值

地区	物质富裕		精神富裕		生态富裕		人群共享		区域共享		城乡共享	
	均值	排名	均值	排名	均值	排名	均值	排名	均值	排名	均值	排名
杭州市	0.982	1	0.988	1	0.385	10	0.823	1	0.427	8	0.418	7
宁波市	0.718	2	0.636	2	0.429	6	0.529	3	0.789	5	0.529	6
温州市	0.392	3	0.536	3	0.254	11	0.196	10	0.272	10	0.0472	11
嘉兴市	0.336	5	0.388	4	0.392	8	0.265	6	0.834	4	0.997	1
湖州市	0.242	9	0.123	11	0.826	2	0.211	8	0.971	1	0.730	3
绍兴市	0.382	4	0.245	8	0.600	3	0.326	4	0.846	3	0.666	4
金华市	0.283	7	0.362	5	0.437	4	0.205	9	0.100	11	0.0474	10
衢州市	0.080	11	0.162	10	0.435	5	0.248	7	0.642	7	0.218	8

续 表

地区	物质富裕		精神富裕		生态富裕		人群共享		区域共享		城乡共享	
	均值	排名	均值	排名	均值	排名	均值	排名	均值	排名	均值	排名
舟山市	0.257	8	0.229	9	0.421	7	0.534	2	0.940	2	0.741	2
台州市	0.285	6	0.356	6	0.889	1	0.193	11	0.278	9	0.611	5
丽水市	0.096	10	0.33	7	0.390	9	0.304	5	0.746	6	0.207	9
浙江省	0.368	—	0.396	—	0.496	—	0.349	—	0.622	—	0.474	

四、浙江省创新要素配置对共同富裕的影响研究

本文基于前文关于创新要素配置、共同富裕的量化数据,进一步检验创新要素配置对实现共同富裕的影响,多维度探讨浙江省创新要素系统综合配置水平及各子系统配置对实现共同富裕的差异性作用效果。

(一)计量模型设定与变量说明

为了识别不同创新要素子系统配置对共同富裕的异质性作用效果,本文构建六类创新要素配置影响"富裕"和"共享"两个维度的计量模型,对样本数据进行实证分析:

$$模型1 \quad CP_{it} = \alpha_0 + \alpha_1 IFA_{jt} + \varepsilon_{it} \tag{2}$$

$$模型2 \quad P_{it} = \beta_0 + \beta_1 IFA_{ijt} + \eta_{it} \tag{3}$$

$$模型3 \quad C_{it} = \gamma_0 + \gamma_1 IFA_{ijt} + \lambda_{it} \tag{4}$$

其中,i 表示浙江省11个市级地区,t 表示不同年份;CP_{it} 表示共同富裕指数值,P_{it}、C_{it} 分别表示富裕指数值、共享指数值;IFA_{ijt} 表示不同创新要素子系统的配置水平,$j \in \{TA, RP, RC, DF, KF, TF, GF\}$,$TA$ 表示创新要素综合系统配置水平,RP 表示创新人力子系统的配置水平,RC 表示创新资本子系统的配置水平,DF 表示数据要素子系统的配置水平,KF 表示知识要素子系统的配置水平,TF 表示技术要素子系统的配置水平,GF 表示

制度要素子系统的配置水平。相关指标数据主要来源于前文对创新要素配置、共同富裕的测度结果。各变量描述性统计结果如表 8 所示。

表 8　变量描述性统计结果

变量	符号	平均值	标准差	最小值	最大值
共同富裕水平	CP_{it}	0.3794	0.1711	0.1790	0.8540
富裕水平	P_{it}	0.3915	0.1918	0.1470	0.9530
共享水平	C_{it}	0.3618	0.1901	0.0590	0.8840
创新要素综合系统配置水平	TA_{it}	0.1110	0.1106	0.0110	0.6940
创新人力配置水平	RP_{it}	0.0165	0.0216	0.0006	0.1581
创新资本配置水平	RC_{it}	0.0216	0.0235	0.0012	0.1703
数据要素配置水平	DF_{it}	0.0171	0.0182	0.0032	0.0927
知识要素配置水平	KF_{it}	0.0182	0.0216	0.0003	0.1058
技术要素配置水平	TF_{it}	0.0200	0.0376	0.0003	0.2292
制度要素配置水平	GF_{it}	0.0118	0.0141	0.0004	0.0990

(二)浙江省创新要素配置对共同富裕影响的实证检验

分地区面板回归中，由于地区间创新要素配置水平存在较大差异，很可能产生异方差问题，同时不同地区之间的创新活动存在相互影响，即存在截面自相关问题。本文选择能处理相关性和异方差问题的可行性广义最小二乘法(FGLS)和面板校正标准差(PCSE)进行回归。表 9 基于 FGLS 模型检验浙江省创新要素各子系统配置对共同富裕的影响，基于 PCSE 模型的回归结果与表 4 回归结果一致，文章不再列出。

表9　浙江省创新要素配置对共同富裕的影响

模型		创新要素综合配置（TA_{it}）	创新人力配置（RP_{it}）	创新资本配置（RC_{it}）	数据要素配置（DF_{it}）	知识要素配置（KF_{it}）	技术要素配置（TF_{it}）	制度要素配置（GF_{it}）
模型1	回归系数	1.218***(0.102)	5.059***(0.649)	3.685***(0.668)	7.363***(0.621)	5.626***(0.594)	3.598***(0.297)	8.869***(0.884)
	常数值	0.244***(0.0159)	0.296***(0.0176)	0.300***(0.0213)	0.253***(0.0155)	0.307***(0.0126)	0.275***(0.0162)	0.276*(0.021)
模型2	回归系数	1.039***(0.148)	4.430***(0.820)	3.543***(0.783)	7.576***(0.779)	4.083***(0.841)	3.187***(0.424)	7.566***(1.205)
	常数值	0.276***(0.0231)	0.319***(0.0222)	0.315***(0.0249)	0.262***(0.0194)	0.317***(0.0236)	0.328***(0.0180)	0.303***(0.0221)
模型3	回归系数	0.841***(0.160)	3.438***(0.863)	2.507***(0.819)	6.143***(0.899)	3.358***(0.868)	2.572***(0.464)	5.246***(1.325)
	常数值	0.268***(0.0250)	0.305***(0.0234)	0.308***(0.0261)	0.257***(0.0224)	0.301***(0.0244)	0.310***(0.0197)	0.300***(0.0242)

注：*、**、***分别表示10%、5%、1%的显著性水平,括号内为标准差,下同。

　　模型1结果显示了创新要素配置对共同富裕的影响。结果表明,创新要素综合系统及各个子系统配置水平的系数估计值均在1%水平上保持显著为正,表明浙江省创新要素配置对实现共同富裕具有正向影响。由于本文中各变量数据均经过标准化处理,回归系数可以直接进行比较。对比各子系统回归系数,发现制度要素子系统配置水平、数据要素子系统配置水平对共同富裕的影响系数明显高于其他创新要素,说明数据创新要素在促进共同富裕实现进程中是最具潜力的创新要素,这正体现了浙江省推动数字经济助力共同富裕示范区建设现状,浙江省政府通过合理制定创新政策,积极推动共同富裕实现。

　　模型2、模型3结果分别显示了创新要素配置对富裕、共享的影响。结果表明,创新要素综合系统及各个子系统配置水平的系数估计值均在1%水平上保持显著为正,表明浙江省各创新要素系统配置对促进富裕和共享均具有显著正向影响。对比各子系统回归系数,可知数据要素子系统配置无论对富裕水平还是共享水平的影响系数均高于其他创新要素子系统,而且数据要素配置对富裕的边际影响系数相较于共享更大,表明数据要素配置在促进富裕实现方面作用效果更强。创新资本子系统和技术要素子系统配置对共同富裕的作用效果弱于其他创新要素子系统。

五、研究结论与建议

本项目以浙江省为研究对象,首先,在界定创新要素及配置内涵的基础上,从创新人力、创新资本、数据要素、知识要素、技术要素和制度要素六个方面构建创新要素配置测度指标体系,并结合实际数据对浙江省及各地级市的创新要素配置水平进行测度与分析;其次,基于"富裕"和"共享"两个维度,构建共同富裕评价指标体系,测算浙江省及各地市共同富裕水平;最后,构建了包含多维创新要素配置与共同富裕关系的面板回归模型,并采用可行性广义最小二乘法(FGLS)实证分析不同类型创新要素配置对共同富裕的差异化影响。研究得出如下结论:

(一)研究结论

1. 浙江省创新要素配置水平整体呈现出不断优化趋势,但不同地区之间创新要素配置水平存在明显差异

创新要素综合系统配置水平的空间区位分布呈浙东北高、浙西南低的特征;杭州、宁波、嘉兴的创新要素配置水平远高于舟山、丽水、衢州。浙江省地市间创新要素配置水平差距整体呈现出缩小趋势,地区间创新人力配置水平、创新资本配置水平的差距逐步缩小,数据要素、知识要素、技术要素、制度要素配置水平的地区间差距则呈现扩大趋势。

2. 浙江省各地级市间共同富裕水平存在较大差距

杭州、宁波的共同富裕程度相对较高,处于第一梯队;舟山、温州、绍兴、嘉兴、台州、金华共同富裕基础较好,处于第二梯队;丽水、湖州、衢州的共同富裕水平相对较低,处于第三梯队。在共同富裕发展类型方面,杭州市与宁

波市富裕程度与共享程度均位于全省前列,属于共同富裕型;温州市的富裕程度较高但共享程度较低,属于率先富裕型;舟山的共享程度较高,但富裕程度相对较低,属于优先共享型,湖州、衢州、丽水的富裕程度和共享程度都偏低,属于相对滞后型。

3.浙江省创新要素配置对实现共同富裕具有显著的正向影响,不同类型创新要素配置对共同富裕实现的作用效果存在显著差异

创新要素配置水平提升对富裕程度的促进作用强于对共享程度的作用。数据要素子系统配置水平对共同富裕的影响系数明显高于其他创新要素,说明数据创新要素在促进共同富裕实现进程中是最具潜力的创新要素,这正体现了浙江省提高数字经济助力共同富裕示范区建设现状。制度要素对共同富裕的作用系数相对较大,说明浙江省通过政策统筹推动共同富裕效果显著;创新人力配置与知识要素配置对共同富裕的影响系数接近,创新资本和技术要素配置对共同富裕的作用效果弱于其他创新要素。

(二)政策建议

1.因地制宜制定创新政策,优化创新要素配置

对于杭州市、宁波市等拥有较好创新基础条件的地区,应重视人力要素、知识要素的重要推动作用,促进产学研结合进一步深化,提高创新要素配置效率及水平;对于舟山市、丽水市等创新资源相对欠缺的地区,地方政府应有针对性地采取资源倾斜、资源集聚等方式,优先提高创新要素发展的基础环境条件。

2.要着力激活数据要素潜力,强化数字经济对共同富裕的积极作用

根据本文研究结论,数据创新要素对共同富裕的作用效果高于传统创新要素,体现了浙江省发展数字经济助力共同富裕示范区建设现状,浙江省政府通过合理制定创新政策,积极推动共同富裕实现。

3.加强地区间的经验共享与资源互惠,缩小区域差距

浙东北地区的创新要素配置水平始终高于浙西南地区,通过加强地区

间的经验共享与资源互惠,发挥优势地级市的带动作用,提升弱势地级市的创新要素配置水平,进而缩小地区内部地级市间的创新差距。

项目负责人:焦翠红

项目组成员:王科平　胡思慧　陈锦颖

[参考文献]

[1] 陈劲,阳镇,张月遥.共同富裕视野下的中国科技创新:逻辑转向与范式创新[J].改革,2022(1):1-15.

[2] 陈燕.中国共产党的共同富裕:理论演进与实现路径[J].科学社会主义,2021(3):115-120.

[3] 靳来群,胡善成,张伯超.中国创新资源结构性错配程度研究[J].科学学研究,2019,37(3):545-555.

[4] 李金昌,余卫.共同富裕统计监测评价探讨[J].统计研究,2022(2):3-17.

[5] 李实.共同富裕的目标和实现路径选择[J].经济研究,2021,56(11):4-13.

[6] 李实,朱梦冰.推进收入分配制度改革促进共同富裕实现[J].管理世界,2022,38(1):52-62,76.

[7] 刘培林,钱滔,黄先海,等.共同富裕的内涵、实现路径与测度方法[J].管理世界,2021,37(8):117-129.

[8] 吕光明,陈欣悦.2035年共同富裕阶段目标实现指数监测研究[J].统计研究,2022(4):3-20.

[9] 孙豪,曹肖烨.中国省域共同富裕的测度与评价[J].浙江社会科学,2022(6):4-18,155.

[10] 谭燕芝,等.中国农民共同富裕水平测度及时空分异演变[J].经济地理,2022(8):11-21.

[11] 陶长琪,徐茉.经济高质量发展视阈下中国创新要素配置水平的测度

[J].数量经济技术经济研究,2021(3):1-20.

[12] 万广华,等.基于人民幸福感的共同富裕指标体系构建及测度[J].经济科学,2023(2):5-25.

[13] 杨骞,刘鑫鹏.中国区域创新效率的南北差异格局:2001—2016[J].中国软科学,2021(12):92-100,128.

[14] 郁建兴,任杰.共同富裕的理论内涵与政策议程[J].政治学研究,2021(3):13-25,159-160.

[15] 张杰.中国政府创新政策的混合激励效应研究[J].经济研究,2021,56(8):160-173.

[16] 张伟,张东辉.中国创新要素配置的统计测度研究[J].经济体制改革,2021(6):26-33.

[17] AOKI S. A Simple Accounting Framework for the effect of resource misallocation on aggregate productivity[J]. Journal of the Japanese and international economies,2012,26(4):473-494.

[18] BRANDT L, TOMBE T, ZHU X. Factor market distortions across time, space and sectors in China[J]. Review of economic dynamics, 2013,16(1):39-58.

[19] CHEN Z, YANG Z, YANG L. How to optimize the allocation of research resources? An empirical study based on output and substitution elasticities of universities in chinese provincial level[J]. Socio-economic planning science,2019(4):1-12.

[20] CLAUDE D, RALPH H. The long-run impact of human capital on innovation and economic development in the regions of Europe[J]. Applied economics,2019(5):542-563.

[21] CZARNITZKI D, LOPES-BENTO C. Innovation subsidies:does the funding source matter for innovation intensity and performance? Empirical evidence from Germany[J]. Industry & innovation,2014, 21(5):380-409.

[22] ROBINSON D, BELL M, MARTIN B, et al. The Evolution of

Mission-Oriented Policies: Exploring Changing Market Creating Policies in the US and European Space Sector[J]. Research Policy, 2018,48(4):936-948.

[23] SCHOT J, STEINMUELLER W E. Three frames for innovation policy: R&D, systems of innovation and transformative change[J]. Research policy,2018,47(9):1554-1567.

[24] YANG Z, et al. Alleviating the misallocation of R&D Inputs in China's manufacturing sector: from the perspectives of factor-biased technological innovation and substitution elasticity. Technological forecasting and social change,2020(151):1-13.

共同富裕视角下社会养老保险
对流动人口收入不平等的影响

一、引言

第七次全国人口普查数据显示,截至 2020 年,人户分离的流动人口数为 3.76 亿,较 2010 年人口普查时增长了 70%。十年来我国流动人口规模超预期增长,人口持续向大城市和都市圈聚集。随着中国特色社会主义进入新时代,社会主要矛盾已经转化为人民日益增长的美好生活需求和不平衡不充分的发展之间的矛盾。收入不平等已经成为发展不平衡不充分的核心本质。伴随着经济的高速增长,收入不平等现象越发突出,引起了社会各界的广泛关注和讨论。鉴于人口流动和收入分配的重要性,对这一问题的研究具有十分重要的理论和现实意义。

在实践层面,党的二十大报告提出,城乡区域发展和收入分配差距仍然较大,分配制度是促进共同富裕的基础性制度,应加大税收、社会保障、转移支付等的调节力度,收入分配机制完善和社会保障体系建设是政府工作的重点。流动人口规模超预期增长背景下,进行社会养老保险对流动人口收入不平等影响机制的探讨,对于完善收入分配制度,促进共同富裕至关重要。

在理论层面,国内学者长期关注收入不平等现象,围绕收入不平等程度的测度、成因分解(汪毅霖和张宁,2021)及影响因素展开研究。当前文献关注的影响因素包括人口老龄化(姚玉祥,2021)、城镇化水平(郭熙保和朱兰,

2018)、贸易开放(陈昭和曹红兰,2021)、劳动力流动(段龙龙和王林梅,2021)等。在关于社会养老保险与收入不平等的研究中,大多数文献集中于探讨城乡收入不平等(李时宇和冯俊新,2014)或农户收入不平等(杨晶和邓悦,2020)问题,鲜有学者围绕社会养老保险与流动人口内部收入不平等问题展开讨论。鉴于此,本文采用大型权威微观调查数据,通过构建收入不平等短期与长期指标,探讨社会养老保险对流动人口收入不平等的影响效应及机制,有助于丰富收入不平等领域的相关定量研究。本文所得结论将为全面理解我国社会养老保险的收入调节作用,完善收入分配制度,促进共同富裕提供政策参考。

二、社会养老保险与流动人口收入不平等的理论框架

(一)流动人口收入不平等的测度

测度收入不平等的指标包括绝对指标与相对指标两大类。应用最广泛的绝对指标有 Kolm 指数、方差和极差等,但由于存在量纲,这些指标的度量会随单位变化而发生变化,导致测度结果不够准确。因此,既往研究大多采用相对指标,如基尼系数、泰尔指数、阿特金森指数等(Ozturk,2016;赵昕东和沈承放,2022)。

为避免笼统地从整体层面测量居民收入不平等,一些学者从个体层面引入"相对剥夺"的概念(Runciman,1966)。相对剥夺按性质可以分为两类:主观方面,测量个体对于该领域内相对剥夺的主观感受,代表性指标为自评剥夺指数;客观方面,测量个体在该领域内相对剥夺的客观程度,代表性指标有 Podder 指数、Yitazhaki 指数和 Kakwani 指数等(任国强和石玉成,2016)。

(二)社会养老保险与收入不平等

已有大量学者基于中国制度设计和经验数据进行养老保险制度收入再

分配效应的测算与分析,现有文献中的观点大致可以分为两类:一类观点认为养老保险制度通过增加转移性收入对收入分配产生直接影响,实现从高收入人群向低收入人群的收入再分配,有利于缩小贫富差距。这些学者得到的结论基本一致,但研究角度和研究方法存在差异。何立新(2008)发现总体上中国城镇社会保障制度缩小了个人收入差距,降低了相对贫困率,具有正的再分配效应;王晓军和康博威(2009)采用统计模拟和精算方法分析发现,我国现行的社会养老保险制度安排存在明显的收入再分配效应,包括从城镇企业职工、高收入阶层、男性人群、缴费时间短的参保人群、寿命较短的参保人群向对应群体的收入再分配;王翠琴和薛惠元(2012)、邓大松和贺薇(2018)则分别聚焦于新型农村社会养老保险和政府转移支付的收入再分配效应。

另一类观点认为中国的养老保险制度对收入差距的调节效应并不显著,甚至产生了"逆向收入再分配"的作用。造成收入不平等扩大的原因有多种,例如,中国城镇社会保障制度缺乏缴费的累进性和待遇给付的亲贫性(He and Sato,2013);养老金的代际和代内收入差距(侯慧丽和程杰,2015);社会保障支出规模的整体增加会使居民收入分配状况逐步恶化(蔡萌和岳希明,2018);养老金、企业年金等扩大了转移性收入差距(杨天宇,2018);养老保险缴费过程扩大了城镇内部的收入差距(李实等,2019)等。

此外,新农保全国试点以来,农村养老保险对微观个体的就业、消费、劳动供给、收入、贫困和福利的影响也得到了学界的关注。张川川等(2015)研究发现新农保养老金收入显著提高了农村老年人的收入水平,减少了贫困的发生。卢洪友等(2019)研究发现,城居保和新农保整体上扩大了城乡家庭总收入差距。杨晶和邓悦(2022)研究发现,农村养老保险制度不仅具有直接调节农户收入的作用,还能够产生间接生产力效应抑制农户收入不平等。

(三)文献述评

总体来看,现有研究围绕社会养老保险对收入不平等的影响进行了大量讨论,得到了完全不同的结论。已有文献值得借鉴,但仍然存在以下两个问题有待改进与完善:第一,从研究视角看,大部分文献通过基尼系数衡量收入不平等,而较少有文献从个体层面收入不平等的视角展开研究,特别是流动人口内部的收入不平等。第二,从指标度量周期来看,既往研究主要采用年度截面收入为基础估算收入不平等程度,但如果考虑到收入流动性的存在,以年度截面收入为基础进行估算可能存在高估问题。原因在于:流动人口的工作具有不稳定性,有一些流动人口的收入水平较低,但这可能只是暂时性的。因此,需利用微观追踪调查数据,基于流动人口在连续时期的收入数据来计算长期收入不平等程度,以期更准确、更全面地度量收入不平等程度。

三、数据来源与研究设计

(一)数据、变量与描述性统计

1.数据说明

在度量短期收入不平等时,本文采用国家卫生健康委员会发布的全国流动人口动态监测调查(China Migrants Dynamic Survey, CMDS)数据。该数据按照随机原则在各省(区、市)和新疆生产建设兵团流动人口较为集中的流入地抽取样本点开展抽样调查,使调查结果对全国和各省具有代表性。本文主要利用 2016 年的 CMDS 数据,在删除缺失值后,得到 123642 个观测值。

在度量长期收入不平等时,本文采用中国家庭金融调查(China Household Finance Survey, CHFS)数据。中国家庭金融调查是西南财经大学中国家庭金融调查与研究中心在全国范围内开展的抽样调查项目,旨在收集有关家庭金融微观层次的相关信息,其数据具有代表性。本文利用 CHFS2013 和 2015 年数据,在对样本数据进行处理后,最终得到 1344 个观测值。

2.变量选取

参考任国强和尚金艳(2011)的做法,本文采用 Kakwani 个体相对剥夺指数度量短期收入不平等,其测度方法为:令 X 代表一个群组,样本数量为 n,将群内个体按收入的升序排列,得到这个参照群的总体收入分布: $X = (X_1, X_2, \cdots, X_n), X_1 \leqslant X_2 \leqslant \cdots \leqslant X_n$。根据定义,将每个个体和其他参照个体比较,则该个体的相对剥夺可表示为:

$$RD(x_i) = \frac{1}{\mu_x} \gamma_{x_i}{}^+ (\mu_{x_i}{}^+ - x_i)$$

其中,μ_x 是群内所有个体收入的均值,$\mu_{x_i}{}^+$ 是群内 X 收入超过 x_i 的样本收入的平均值,$\gamma_{x_i}{}^+$ 是 X 中收入超过 x_i 的样本数占总样本数的百分比。由于 Kakwani 个体相对剥夺指数的特性,其取值范围为 0—1,数值越大,代表收入不平等程度越严重。

解释变量为社会养老保险参与,根据问卷中的问题"您是否参加了养老保险(包括新农保、养老金等)","是"取值为 1,"否"取值为 0。控制变量包括个体特征、家庭特征和流动特征。变量的定义如表 1 所示。

表 1 变量定义(研究短期收入不平等)

变量类别	变量	变量描述
被解释变量	短期收入不平等	利用 Kakwani 个体相对剥夺指数衡量收入不平等,取值范围为 0—1
解释变量	社会养老保险参与	是=1,否=0
个体特征	性别	男=1,女=0
	年龄	受访者的实际整数年龄
	年龄平方/100	受访者年龄的平方除以 100
	受教育水平	大学专科及以上=5;高中/中专=4;初中=3;小学=2;未上过学=1
	政治面貌	党员=1,其他=0
	婚姻状况	已婚/再婚=1,未婚/离婚/同居=0
	户口性质	农业=1,非农业=0
	民族	汉族=1,其他=0
	就业身份	受雇=1,其他=0

续　表

变量类别	变量	变量描述
家庭特征	是否拥有房产	是＝1,否＝0
	家庭规模	家庭成员数量
流动特征	流出地性质	城市＝1,农村＝0
	累计外出时间	实际外出整数年
	流动频率	截至目前的总共流动次数
	流入区域	东北地区＝4;西部地区＝3;中部地区＝2;东部地区＝1
	落户意愿	愿意＝1,不愿意/没想好＝0
	购房意愿	是＝1,否＝0
	居住意愿	是＝1,否＝0

数据来源:根据CMDS问卷整理得到。

　　由于收入流动性的存在,以年度截面收入为基础测算的短期收入不平等程度可能存在高估问题,而长期收入的不平等程度会有所降低(刘志国等,2017)。因此,本文研究了社会养老保险对流动人口长期收入不平等的影响。被解释变量为长期收入不平等,同样采用 Kakwani 个体相对剥夺指数进行度量。解释变量为社会养老保险参与,参加社会养老保险＝1,否＝0。控制变量包括个体特征和家庭特征。变量的定义如表2所示。

表2　变量定义(研究长期收入不平等)

变量类别	变量	变量描述
被解释变量	长期收入不平等	利用 Kakwani 个体相对剥夺指数衡量收入不平等,取值范围为0—1
解释变量	社会养老保险参与	是＝1,否＝0
个体特征	性别	男＝1,女＝0
	年龄	受访者的实际整数年龄
	年龄平方/100	受访者年龄的平方除以100
	受教育水平	没上过学＝1;小学＝2;初中＝3;高中＝4;中专/职高＝5;大专/高职＝6;大学本科＝7;硕士研究生＝8;博士研究生＝9

变量类别	变量	变量描述
	政治面貌	党员＝1,其他＝0
	婚姻状况	已婚＝1,未婚/分居/离婚/同居/丧偶＝0
	是否户主	户主＝1,非户主＝0
	户口性质	农业＝1,非农业＝0
	民族	汉族＝1,其他＝0
	健康状况	非常好＝1;很好＝2;好＝3;一般＝4;不好＝5
	工作性质	受雇＝1,其他＝0
	工作份数	受访者同时拥有几份工作
	工作时间	工作的年数
	专业技术职称	无职称＝1;技术员＝2;初级职称＝3;中级职称＝4;高级职称＝5;荣誉职称＝6
	工作职务	普通职工＝1;单位部门负责人＝2;单位负责人＝3;副股/组长＝4;副科长＝5;副局长＝6;副局长及以上＝7;村干部＝8;乡干部＝9;其他＝10
	编制类型	行政编制/事业编制/军队编制＝1;没有编制＝0
家庭特征	家庭成员数量(不包括本人)	家庭成员数＝居住家庭成员数＋外出家庭成员数
	亲兄弟姐妹个数	亲兄弟姐妹个数

数据来源:根据 CHFS 问卷整理得到。

3.描述性统计

表3报告了短期收入不平等变量(基于 CMDS2016)的描述性统计结果。结果显示:流动人口的收入不平等存在改善空间;被调查对象中只有56.6%的人群参加了社会养老保险。受访者的平均年龄为34.8岁,其收入状况具有代表性和参考意义;就业性质为受雇的人占比为56.3%;本地房产拥有率只有28.2%;家庭规模平均为3人,在一定程度上反映了当下家庭规模小型化的现状。仅有37.5%的人愿意在流入地落户,25.5%的人愿意在当地购买住房,反映了落户的成本较高以及流动人口缺乏幸福感和归属感。

表3 主要变量描述性统计(研究短期收入不平等)

变量	均值	标准差	最小值	最大值
短期收入不平等	0.349	0.188	0	1
社会养老保险参与	0.566	0.496	0	1
性别	0.573	0.495	0	1
年龄	34.812	10.573	18	98
年龄平方/100	13.000	7.068	3.24	96.04
受教育水平	3.513	1.107	1	7
政治面貌	0.041	0.198	0	1
婚姻状况	0.813	0.390	0	1
户口性质	0.824	0.381	0	1
民族	0.927	0.261	0	1
就业身份	0.563	0.496	0	1
是否拥有房产	0.282	0.450	0	1
家庭规模	3.089	1.136	1	10
流出地性质	0.739	0.439	0	1
累计外出时间	6.780	5.476	1	59
流动频率	1.340	0.970	1	32
流入区域	2.043	1.020	1	4
落户意愿	0.375	0.484	0	1
购房意愿	0.255	0.436	0	1
居住意愿	0.669	0.471	0	1

数据来源:根据 CMDS2016 整理得到,观测值为 123642 个。

表4报告了长期收入不平等变量(CHFS2013—2015)的描述性统计结果。报告显示,社会养老保险覆盖率偏低,流动人口收入差距有待进一步缩小;受调查群体的受教育程度不高;男女比例较为均衡;婚姻状况良好;绝大多数以雇员身份参加工作;平均工作年限为8年。

表4　主要变量描述性统计(研究长期收入不平等)

变量	均值	标准差	最小值	最大值
长期收入不平等	0.369	0.207	0	0.96
社会养老保险参与	0.705	0.456	0	1
性别	0.596	0.491	0	1
年龄	36.945	9.371	18	72
年龄平方	14.527	7.384	3.24	51.84
受教育水平	4.900	1.843	1	9
政治面貌	0.189	0.392	0	1
婚姻状况	0.855	0.352	0	1
是否户主	0.572	0.495	0	1
户口性质	0.443	0.497	0	1
民族	0.948	0.222	0	1
身体状况	2.869	1.142	1	5
工作性质	0.999	0.027	0	1
工作份数	1.034	0.201	1	3
工作时间	8.374	8.473	0.1	41
专业技术职称	1.962	1.376	1	6
工作职务	1.509	1.325	1	10
编制类型	0.222	0.416	0	1
家庭成员数量	2.141	1.220	0	11
亲兄弟姐妹数量	2.112	1.669	0	11

数据来源:根据 CHFS2013—2015 整理得到,观测值为 1344 个。

(二)模型设定

本文利用 Kakwani 个体相对剥夺指数来衡量收入不平等程度。由于该指标的取值范围为 0 至 1,且存在 0 值,属于受限制被解释变量,因此利用 Tobit 模型进行回归。模型构建如下:

$$inequality_{it} = \alpha_0 + \alpha_1 insurance_{it} + \beta X_{it} + \delta_p + \theta_t + \varepsilon - it$$

其中,$inequality_{it}$ 表示第 i 个个体在第 t 年的收入不平等程度,$insurance_{it}$ 表示第 i 个个体在第 t 年的养老保险参与情况,X_{it} 表示控制变量,δ_p 表示省份固定效应,θ_t 表示年份固定效应,ε_{it} 代表随机误差项。

四、社会养老保险影响流动人口收入不平等的实证研究

(一)基准回归结果

表 5 和表 6 分别报告了社会养老保险影响流动人口短期收入不平等和长期收入不平等的估计结果。本文采用逐步回归法,将代表个体特征、家庭特征和流动特征的控制变量依次加入回归方程,以验证结果的稳健性。回归结果显示:参加社会养老保险显著降低了流动人口收入不平等程度,相比于短期收入不平等,社会养老保险对降低长期收入不平等具有更加显著的作用。此外,流动人口收入不平等程度与家庭成员数量正相关。一个可能的原因是:随着家庭成员数量的增加,个人会把更多的时间、精力从工作转移到家庭中,这在一定程度上影响了收入来源,增大收入差距。关于年龄对流动人口收入不平等的影响,短期和长期结果具有一致性,即年龄对收入不平等的影响呈现"U"形,这与个体的生命周期是一致的。

个体特征对短期与长期收入不平等的影响存在差异。回归结果显示,从短期来看,政治面貌和户口类型会显著影响流动人口收入不平等;从长期来看,政治面貌和户口性质对流动人口收入不平等的影响不显著。受教育程度对流动人口收入的影响在短期和长期上具有一致性,降低了流动人口收入不平等,这在一定程度上反映教育水平的提高会带来更多的工作机会与工资溢价。

表 5 的结果还表明落户意愿、购房意愿以及居留意愿等流动特征有助于降低流动人口收入不平等。此外,表 6 报告了健康状况对流动人口长期收入不平等的影响。结果显示:随着健康状况变差,流动人口的收入不平等程度增加。这是由于健康状况会影响流动人口的收入来源:健康状况良好,

其参与工作的概率增加,工作时间和工作薪酬也将增加。

表5　社会养老保险对流动人口短期收入不平等的影响:基准回归结果

变量	短期收入不平等 模型4	短期收入不平等 模型1	短期收入不平等 模型2	短期收入不平等 模型3
社会养老保险参与	-0.021***	-0.020***	-0.017***	-0.011***
	(0.001)	(0.001)	(0.001)	(0.001)
性别	0.006***	0.004***		0.003***
	(0.001)	(0.001)		(0.001)
年龄	0.001**	-0.004***		-0.003***
	(0.000)	(0.000)		(0.000)
年龄平方/100	0.001	0.008***		0.006***
	(0.000)	(0.000)		(0.000)
受教育程度	-0.046***	-0.033***		-0.029***
	(0.001)	(0.001)		(0.000)
政治面貌	-0.010***	-0.010***		-0.010***
	(0.003)	(0.002)		(0.002)
婚姻状况	0.096***	-0.015***	(0.002)	-0.005***
	(0.001)	(0.001)		
户口性质	0.031***	0.019***		0.021***
	(0.001)	(0.001)	(0.001)	
民族	-0.053***	-0.040***		-0.020***
	(0.002)	(0.002)		(0.002)
就业身份	0.018***	0.031***		0.039***
	(0.001)	(0.001)		(0.001)
是否拥有房产		-0.027***	-0.054***	-0.038***
		(0.001)	(0.001)	(0.001)
家庭规模		0.079***	0.083***	0.080***
		(0.000)	(0.000)	(0.000)

变量	短期收入不平等	短期收入不平等	短期收入不平等	短期收入不平等
	模型 4	模型 1	模型 2	模型 3
流出地性质		-0.011^{***}	-0.038^{***}	-0.022^{***}
		(0.001)	(0.001)	(0.001)
累计外出时间			0.002^{***}	0.000^{***}
			(0.000)	(0.000)
流动频率			-0.006^{***}	-0.008^{***}
			(0.000)	(0.000)
流入区域			0.042^{***}	0.039^{***}
			(0.000)	(0.000)
落户意愿			-0.017^{***}	-0.009^{***}
			(0.001)	(0.001)
购房意愿			-0.023^{***}	-0.014^{***}
			(0.001)	(0.001)
居住意愿			-0.013^{***}	-0.010^{***}
			(0.001)	(0.001)
年份固定效应	控制	控制	控制	控制
省级固定效应	控制	控制	控制	控制
观测量	123,642	123,642	123,642	123,642

注：***、**、*分别表示在1%,5%和10%的统计水平上显著。回归结果在个人层面进行标准误的聚类调整。

表6　社会养老保险对流动人口长期收入不平等的影响：基准回归结果

变量	长期收入不平等	长期收入不平等	长期收入不平等	长期收入不平等
	模型 5	模型 6	模型 7	模型 8
社会养老保险参与	-0.043^{***}	-0.065^{***}	-0.044^{***}	-0.043^{***}
	(0.010)	(0.011)	(0.011)	(0.011)

续 表

变量	长期收入不平等	长期收入不平等	长期收入不平等	长期收入不平等
	模型 5	模型 6	模型 7	模型 8
性别	−0.087 ***		−0.080 ***	−0.080 ***
	(0.011)		(0.010)	(0.010)
年龄	−0.011 ***		−0.009 **	−0.011 ***
	(0.004)		(0.004)	(0.004)
年龄平方/100	0.018 ***		0.017 ***	0.018 ***
	(0.005)		(0.005)	(0.005)
受教育程度	−0.046 ***		−0.041 ***	−0.038 ***
	(0.004)		(0.004)	(0.004)
政治面貌	0.005		0.010	0.007
	(0.013)		(0.014)	(0.014)
婚姻状况	0.013		0.018	0.005
	(0.015)		(0.015)	(0.016)
是否户主	−0.031 ***		−0.027 ***	−0.023 **
	(0.011)		(0.010)	(0.011)
户口类型	0.019		0.010	0.005
	(0.012)		(0.012)	(0.013)
民族	−0.047 **		−0.047 **	−0.046 **
	(0.021)		(0.021)	(0.021)
健康状况		0.020 ***	0.013 ***	0.012 ***
		(0.005)	(0.004)	(0.004)
工作性质		0.165	0.124	0.157
		(0.187)	(0.171)	(0.171)
工作份数		−0.049 *	−0.046 **	−0.046 **
		(0.025)	(0.023)	(0.023)
工作时间		−0.001 **	−0.003 ***	−0.003 ***
		(0.001)	(0.001)	(0.001)

变量	长期收入 不平等	长期收入 不平等	长期收入 不平等	长期收入 不平等
	模型 5	模型 6	模型 7	模型 8
专业技术职称		−0.031***	−0.014***	−0.014***
		(0.004)	(0.004)	(0.004)
工作职务		−0.015***	−0.007*	−0.007*
		(0.004)	(0.004)	(0.004)
编制类型		−0.014	0.035**	0.032**
		(0.014)	(0.014)	(0.014)
家庭成员数量		0.025***		0.014***
		(0.004)		(0.004)
亲兄弟姐妹数量		0.024***		0.005
		(0.003)		(0.003)
年份固定效应	控制	控制	控制	控制
省级固定效应	控制	控制	控制	控制
观测量	1,344	1,344	1,344	1,344

注：***、**、*分别表示在 1%,5% 和 10% 的统计水平上显著。回归结果在个人层面进行标准误的聚类调整。

(二)应对内生性问题：工具变量法

基准回归模型可能遗漏了同时影响社会养老保险参与和收入不平等程度的变量（比如个人能力、性格特征等）。为解决内生性问题,本文利用社区层面的养老保险参与率作为工具变量。社区养老保险参与率在一定程度上反映了社会养老保险的普及程度和民众的保险意识,与个人参保行为存在高度相关性,同时与被解释变量不直接相关。表7报告了工具变量法的回归结果以及 DWH 内生性检验的结果。模型9和模型10的 DWH 检验均在 1% 水平上拒绝了社会养老保险参与不存在内生性问题的原假设。两阶段估计结果中,第一阶段的 F 值均大于 10,说明不存在弱工具变量问题。结果显示,无论从短期还是长期来看,社会养老保险参与都显著降低了流动人口收入不平等,说明基准回归结果具有稳健性。

表7 应对内生性问题:工具变量法

变量	短期收入不平等	长期收入不平等
	模型9	模型10
社会养老保险参与	−0.019***	−0.081***
	(−0.002)	(0.018)
控制变量	控制	控制
年份固定效应	控制	控制
省级固定效应	控制	控制
观测量	123,642	1,344
第一阶段F值	8667.44	798.42
弱工具变量检验P值	0.000	0.000
DWH检验chi^2	42.908(P=0.00)	6.614(P=0.01)

注:***、**、*分别表示在1%、5%和10%的统计水平上显著。回归结果在个人层面进行标准误的聚类调整。

(三)异质性分析

不同的收入水平会影响社会养老保险的参保能力,最终影响社会养老保险的参保类型。因此,有必要对不同收入水平下社会养老保险对流动人口收入不平等的影响进行进一步的异质性分析。

对于短期收入不平等,本文以样本年收入的中位数(24000元)为标准,将年收入划为低收入组和高收入组。对于长期收入不平等做类似的分组处理(样本年收入中位数为37424元)。对不同收入水平分组进行回归分析,结果如表8所示。结果显示:短期而言,养老保险能显著降低流动人口收入不平等,但相比于低收入组,社会养老保险在高收入组中的作用更加明显,此种趋势在长期中得到了延续和加强;从长期来看,社会养老保险显著降低了流动人口中高收入组的收入不平等程度,而对低收入组没有显著影响。可能的解释是:一方面,社会养老保险具有延时性,短期而言会产生"挤出"效应,即更偏好现金而非养老保险,但随着时间的增加,养老保险长期的保障性凸显,显著降低收入不平等程度;另一方面,由于不同类型的养老保险的准入门槛和保障水平有所区别,相比于低收入群体,高收入群体能够负担缴费金额更高的养老保险类型,受到的保障作用更强。

表 8　不同收入水平下社会养老保险对收入不平等的影响

变量	短期收入不平等		长期收入不平等	
	低收入组	高收入组	低收入组	高收入组
	模型 14	模型 11	模型 12	模型 13
社会养老保险参与	−0.004 *** (−0.001)	−0.010 *** (−0.001)	−0.024 (−0.015)	−0.026 ** (−0.012)
控制变量	控制	控制	控制	控制
年份固定效应	控制	控制	控制	控制
省级固定效应	控制	控制	控制	控制
样本量	67,265	56,377	672	672

注:***、**、* 分别表示在 1%、5% 和 10% 的统计水平上显著。回归结果在个人层面进行标准误的聚类调整。

(四)社会养老保险影响收入不平等的机制分析

本文对不同时间区间下社会养老保险对流动范围的影响进行分析,以流动范围为被解释变量。表 9 中模型 15 和模型 17 报告了社会养老保险参与影响流动人口流动范围的回归结果。可以发现:从短期来看,社会养老保险参与显著降低了流动人口的流动范围;而从长期来看,这种影响并不显著。一种可能的解释是:短期来看,由于社会养老保险的机制设置,导致不同省份之间的社会养老保险不能有效转换,出于保障上的需要,流动范围将会缩小;长期而言,人口流动的影响因素多,影响机制复杂,是否参加社会养老保险对于流动范围的影响并不显著。进一步结合模型 16 可知,从短期来看,扩大流动范围能显著降低流动人口收入不平等。这是因为:随着流动范围的增加,人口流向经济发达地区,有更多机会获得更高的薪资水平。

综上所述,短期来看,社会养老保险对流动人口收入不平等的影响是通过扩大流动范围来实现的,即存在"社会养老保险—流动范围—流动人口收入不平等"的因果链;但是,从长期来看,不存在这条因果链。这是因为:长期来看,影响流动范围的因素包括职业发展、子女数量、城市经济发展等内外部因素,社会养老保险的影响微乎其微。

表9 社会养老保险对流动范围的影响

变量	流动范围（短期）	短期收入不平等	流动范围（长期）	长期收入不平等
	模型15	模型16	模型17	模型18
社会养老保险参与	−0.066*** （−0.004）	−0.013*** −0.001	−0.009 （−0.028）	−0.043*** −0.011
流动范围		−0.032*** −0.001		−0.066*** −0.01
控制变量	控制	控制	控制	控制
年份固定效应	控制	控制	控制	控制
省级固定效应	控制	控制	控制	控制
样本量	123,642	123,642	1,344	1,344

注:***、**、*分别表示在1%、5%和10%的统计水平上显著。回归结果在个人层面进行标准误的聚类调整。

五、研究结论与政策建议

本文基于全国流动人口动态监测调查数据和中国家庭金融调查数据,从短期和长期两个维度分析了社会养老保险对流动人口收入不平等的影响效应与作用机制,研究结果表明:社会养老保险显著降低了流动人口的收入不平等程度;此外,年龄、受教育水平、身体状况、家庭成员个数等会对流动人口收入不平等产生显著影响;对比低收入群体,社会养老保险降低流动人口收入不平等的作用在高收入群体中更加显著;随着流动人员在流入地落户意愿的加强,其收入不平等程度有所降低。

基于研究结果,本文提出以下建议:

第一,关注流动人口收入不平等问题,完善流动人口的参保机制,提高参保积极性。研究结果显示,当前流动人口社会养老保险的参与率不高。基本养老保险尚停留在传统的退休保障路径上,未能考虑流动人口参与保险的保障性与合理性,如就业地点与户籍分离的就业人员容易被排除在职工基本养老保险之外,只能转投待遇较低的居民基本养老保险。需要通过合理的制度改革,完善流动人口参与社会养老保险的渠道。此外,须提高流动人口参加养老保险的积极性。目前,流动人口参加养老保险不积极有两方面原因:一是受限于受教育程度,对社会养老保险的关注较少,不了解其待遇支付政策;二是受限于收入水平,即使认识到社会养老保险的重要性,也不具备相应的缴费能力。因此,在加强宣传、提升认知的同时,应通过财政补贴适当降低费率等方式提高流动人口的社会养老保险参与率。

第二,持续改进收入分配体系,适当缩小不同养老保险之间的待遇差距。一方面,持续完善收入分配体系,在初次分配的基础上充分发挥二次分配和三次分配的作用。另一方面,高收入和低收入人群之间的收入差距是由于机会不公平和信息差导致的,需完善相关制度,保障流动人口机会均等的权利。此外,适当缩小不同养老保险之间的待遇差距,促进真正社会公平的实现。

第三,强化流动人口均等化服务,提高城市的人文关怀。研究结果显示,居住意愿和落户意愿会显著降低流动人口的收入不平等程度。流动人口不仅需要物质层面的社会保障,还需要社会归属和认同。完善基础设施建设,为流动人口提供便捷交通、舒适住房、安全医疗,为流动人口子女上学提供便利的服务,有助于降低流动人口的收入不平等程度。

项目负责人:杨芊芊

项目组成员:邹小苊　叶子涵　王　刚

冯晓瑞

[参考文献]

[1] 汪毅霖,张宁. 不平等厌恶的测度与收入不平等调整的人类发展指

数——基于阿特金森社会福利函数的研究[J].数量经济研究,2021,12
(2):115-133.

[2] 姚玉祥.人口老龄化如何影响城乡收入不平等[J].现代经济探讨,
2021,472(4):33-42.

[3] 郭熙保,朱兰.城镇化水平影响收入不平等的机制分析——基于中国综
合社会调查数据[J].经济理论与经济管理,2018,331(7):5-15.

[4] 陈昭,曹红兰.贸易开放、经济发展与城乡收入不平等的实证关系研究
[J].当代经济,2021,521(5):12-20.

[5] 段龙龙,王林梅.财政支农、劳动力流动与城乡收入不平等[J].劳动经
济评论,2021,14(2):162-190.

[6] 李时宇,冯俊新.城乡居民社会养老保险制度的经济效应——基于多阶
段世代交叠模型的模拟分析[J].经济评论,2014,187(3):3-15.

[7] 杨晶,邓悦.中国农村养老保险制度对农户收入不平等影响研究[J].数
量经济技术经济研究,2020,37(10):83-100.

[8] OZTURK A. Examining the Economic Growth and the Middle-Income
Trap: from the Perspective of the Middle Class[J]. International
Business Review,2016,(3):726-738.

[9] 赵昕东,沈承放.收入不平等影响经济增长研究综述[J].经济评论,
2022,237(5):117-128.

[10] RUNCIMAN W G. Relative deprivation and social justice: a study of
attitudes to social inequality in twentieth-century England[M].
Berkeley:University of California Press,1996.

[11] 任国强,石玉成.我国农村居民个体收入剥夺的决定因素研究——基于
CGSS2010数据的实证分析[J].农业技术经济,2016,249(1):48-59.

[12] 何立新,佐藤宏.不同视角下的中国城镇社会保障制度与收入再分
配——基于年度收入和终生收入的经验分析[J].世界经济文汇,
2008,186(5):45-57.

[13] 王晓军,康博威.我国社会养老保险制度的收入再分配效应分析[J].
统计研究,2009,26(11):75-81.

[14] 王翠琴,薛惠元. 新型农村社会养老保险收入再分配效应研究[J]. 中国人口·资源与环境,2012,22(8):140-146.

[15] 邓大松,贺薇. 政府转移支付收入老年再分配效应的统计测算[J]. 统计与决策,2018,34(19):125-129.

[16] HE L,SATO H. Income Redistribution in Urban China by Social Security System:An Empirical Analysis Based on Annual and Lifetime Income[J], Contemporary Economic Policy,2013,31(2),314-331.

[17] 侯慧丽,程杰. 老龄化社会中养老金代际代内收入差距与养老金再分配[J]. 人口与发展,2015,21(1):12-21.

[18] 蔡萌,岳希明. 中国社会保障支出的收入分配效应研究[J]. 经济社会体制比较,2018,195(1):36-44.

[19] 杨天宇. 中国居民转移性收入不平等成因的实证分析[J]. 中南财经政法大学学报,2018(1):42-50,159.

[20] 李实,徐晓静,贾晗睿. 基本养老保险缴费不平衡对居民收入不平等的影响[J]. 北京工商大学学报(社会科学版),2019,34(5):92-103.

[21] 张川川,John Giles,赵耀辉. 新型农村社会养老保险政策效果评估——收入、贫困、消费、主观福利和劳动供给[J]. 经济学(季刊),2015,14(1):203-230.

[22] 卢洪友,王云霄,杜亦譞. 城乡居民基本养老保险、家庭异质性决策和收入差距——基于风险分担的视角[J]. 财政研究,2019(9):94-107.

[23] 任国强,尚金艳. 基于相对剥夺理论的基尼系数子群分解方法研究[J]. 数量经济技术经济研究,2011,28(8):103-114.

[24] 刘志国,James Ma. 收入流动性与我国居民长期收入不平等的动态变化:基于 CHNS 数据的分析[J]. 财经研究,2017,43(2):60-69,134.

普惠性人力资本投入的内涵、
统计监测指标及共同富裕效应

人的能力是实现共同富裕的基本要素。威廉·配第的著名论断"劳动是财富之父,土地是财富之母"暗含了人在财富创造中的重要作用。斯密在《国富论》中强调了一国居民的后天所获能力(人力资本)对社会财富形成的重要性。浙江建设高质量发展共同富裕示范区,要达成"缩小收入差距、实现共同富裕"的目标并实现高质量发展,关键就是要提升人民群众的长期可持续发展能力。而要提升人民群众的可持续发展能力,惠及全民的普惠性人力资本投入则必不可缺。普惠性人力资本投入一方面可以扩中(提高个体劳动生产率)和提低(完善社会保障机制),是实现共同富裕的重要基础;另一方面可以通过增加居民消费等促进经济增长,是高质量发展的必然要求。基于此,本文首先对普惠性人力资本投入的内涵进行理论阐释,并据此构建普惠性人力资本投入的统计监测指标,然后在此基础上实证检验普惠性人力资本的地区经济增长效应及共同富裕效应。

一、普惠性人力资本投入的理论考察

(一)人力资本理论的新发展:赫克曼曲线

现代人力资本理论兴起于 20 世纪 60 年代,舒尔茨(1961,1963)首次明确地提出"人力资本",之后贝克尔(1962)等进一步发展了人力资本理论。舒尔茨提出的人力资本概念是指蕴涵在人身上表现为劳动者能力和素质的资本,包括知识、技能、经验等。舒尔茨讨论了五种形式的人力投资行为:(a)医疗和保健;(b)在职人员培训;(c)学校教育;(d)技术推广服务;(e)人口的迁移活动。贝克尔给出了一个更广泛的定义,认为人力资本不仅包括知识、技能和才干,还包括时间、健康和寿命,其中用于增加人的能力并提高其收入的投资均是人力资本投资。

赫克曼在 2003 年发表了具有里程碑意义的研究报告《人力资本政策》,对传统提升人力资本的相关政策提出了挑战。该报告最突出的贡献是"赫克曼曲线",这条曲线描述了生命周期各阶段人力资本投资的收益规律(见图 1)。赫克曼曲线的含义是:在一个给定能力的个体生命周期中,假定每个年龄段实施同样的投资,那么在其他条件相同的情况下,早期人力资本的回报率始终高于晚期。对于该曲线向右下方不断递减的原因,作者认为:一是由于早期投资拥有较长的收获期;二是由于人力资本蓄积具有"技能集聚效应",早期投资或是提高了后期人力资本的产出效率,或是降低了后期投资的成本(Heckman,2003)。赫克曼的研究从公共资金绩效的角度出发,为政府教育投入决策向学前基础教育阶段倾斜提供了"近乎一场革命"的理论依据。此外,赫克曼还创新性地提出了人力资本投资的"自我丰富性"和"多期互补性"概念。人力资本投资的"自我丰富性"意味着,"生命周期早期阶段技能的蓄积在后续阶段会自动添加技能的蓄积";人力资本投资的"多期互补性"则意味着,"如果没有后期的投入作为补充,那么早期投入也将难有收获"。赫克曼的人力资本投资思想具有以下三个明确的政策含义:一是指出政府的公共投资要加大对早期(学前)教育的投入;二是早期技能蓄积不能忽视对非认知能力的公共投入;三是人力资本投资是长期性的。

在赫克曼曲线的启示下,近年来大量研究围绕早期教育投入和人力资本积累展开。研究表明:(1)以学前教育为代表的早期人力资本投入将对个体认知能力发展产生积极影响(贾晋等,2018;袁玉芝、赵仪,2019);(2)早期教育投入在个体非认知能力发展过程中发挥了不可替代的作用(张鼎权等,2018;龚欣、李贞义,2018);(3)学前教育还对个体学习成绩、后续受教育情况、就业、工资等均产生长期影响(Berlinski,2008;Heckman et al.,2010;蔡秀云等,2022)。除对早期(学前)教育投入重要性的强调,Heckman(2003)指出:"非认知能力对于劳动力

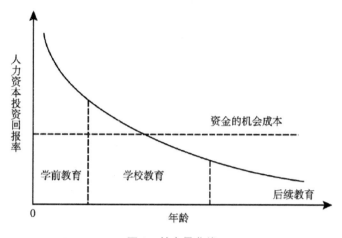

图1　赫克曼曲线

市场的成功和学校的成功都非常重要。"点明了在重视早期(学前)教育投入的同时不能忽视对非认知能力的公共投入。近年,大量研究证实了包括注意力、社交能力等在内的非认知能力对个体的劳动力市场前景和未来生活的幸福感具有正向作用(乐君杰、胡博文,2017)。除了教育,家庭因素、自身能力存量、文化资本等均会对个体的非认知能力发展产生影响[①]。综上所述,无论是从理论还是从实证的视角看,学前教育投入对个体全生命周期的人力资本发展都具有重要意义。另外,在推动人力资本积累的过程中,还应当关注少年宫、图书馆、博物馆、科技馆等公共文化设施的投入,将早期对非认知能力发展的公共投入转化为未来经济社会发展的持续动力。

(二)基于可行能力平等原则的收入分配

人力资本理论不仅有助于理解经济增长问题,也有助于理解收入分配问题。在考察人力资本和收入分配的关系时,不得不提一种特殊的人力资本,即阿玛蒂亚·森提出的可行能力。森(2010)认为,人的自我实现受到生存环境、教育程度、医疗保健等因素的制约,因而需要引入能力、自由等非效用信息,合理的收入分配应基于可行能力平等原则,用可行能力来看待个人利益

---

① 通常使用子女参观博物馆、外出看演出等文化活动参与,家庭藏书等文化资源作为文化资本的指标度量其对非认知能力发展的影响(仇立平、肖日葵,2011)。

和衡量平等。森对可行能力定义为"个体实现各种可能的功能性活动组合的实质自由"。其中,功能性活动是指"一个人认为值得去做或达到的多种多样的事情",包括一个人处于什么样的状态(beings)和能够做什么(doings)的集合。因此,可行能力实际上就是一种人力资本,包括个体本身可以或应该达到的能力(营养能力、居住能力、防范死亡能力、接受教育和参与政治等社会活动的基本能力);由一种潜在转向现实的能力,个体可经由自身愿望获得一种自我满意的生活水平的实现能力。影响可行能力的因素有自由、收入财富、基本需求等。阿玛蒂亚·森力图在经济与伦理、效率和公平的结合和统一中实现分配正义:在进行社会分配的决策时,强调可行能力需要外在保障(平等社会权利)来实现;提出分配正义的实现途径,支持政府实施积极的公共政策行为,加强社会保障、普及教育、就业等措施来提高社会成员的能力。也就是说,个体可行能力建设需要高质量的基本公共服务和民生福利作为保障机制。

基于阿玛蒂亚·森的可行能力思想,学界围绕公共服务体系对个体可行能力的影响效应展开了不少的研究。这些研究表明:要实现每个人可行能力的平等,就是要打破制度性、机会性的不平等,实现基本公共服务均等化,并不断提升基本公共服务的质量(刘德吉,2009);个体可行能力的实现与积极的公共政策有着紧密的联系(方福前、吕文慧,2009);社会保障、教育、医疗等完善的公共服务体系是实现个体可行能力的有效手段,也是调节收入分配、实现社会公平的根本保障(夏怡然、陆铭,2015)。

(三)普惠性人力资本投入的内涵

梳理人力资本理论可以发现,对人力资本投资的不同选择,会显著影响经济增长和收入分配的走势。因此,要实现共同富裕和经济社会高质量发展的目标,选择合理的普惠性的人力资本投入就显得非常重要。本文认为,普惠性人力资本投入的核心思想就是上述赫克曼的早期人力资本理论和阿玛蒂亚·森的可行能力平等原则。基于此,我们定义普惠性人力资本投入的概念如下:普惠性人力资本投入是以"缩小收入差距、实现共同富裕"为最终目标,以人民群众的"可行能力建设"和"长期可持续发展"为实现路径,以"基本公共服务"和"民生福利"为保障机制,以政府公共财政投入和社会组织公益慈善投入为经济支撑的一个系统性的全民人力资本建设和提升体系。

要实行有效的普惠性人力资本投入,还需注重以下几个方面的内容:一是要注重儿童早期发展,加大对学前教育的投入。如"赫克曼曲线"所示,早期人力资本投资不仅投入少、回报率高,还直接影响后期的人力资本发展,因此政府应该把更多的资源投向学龄前儿童,如建设婴幼儿养育设施、实施免费的学前教育制度以及免费的儿童医疗服务等。二是要重视对非认知能力的公共投入,增加面向少年儿童的各项素质类教育投入,包括少年宫、图书馆等设施的建设,以及开展各种使用公共财政投入的面向青少年的素质培训。三是要注重义务教育的质量特别是要提高农村地区义务教育的教育质量。四是要加强对老年人力资本的投入,主要是提高卫生健康水平,加强对老年再就业能力的培训,以应对老龄化社会。五是要提供高质量的基本公共服务,强化社会保障机制,包括完善公共就业服务和职业教育体系,加大社区医疗卫生建设,强化社会救助机制等。

二、普惠性人力资本投入的统计监测指标

基于上节对普惠性人力资本投入的概念界定,本节从客观和主观两个维度来构建普惠性人力资本投入的统计监测指标,以用来评价各地区的普惠性人力资本投入及发展状况。其中,客观维度包括普惠性人力资本的投入和产出,主观维度用群众满意度来衡量。

我们用社会经济发展指标和人的发展指标来反映普惠性人力资本产出水平。其中社会经济发展指标对应普惠性人力资本投入的最终目标,包括GDP增长率、收入差距、就业结构、就业率这4个衡量经济发展水平及共同富裕状况的二级指标。人的发展指标对应普惠性人力资本投入的实现路径,参照联合国人类发展指数(HDI),并基于数据可获得性,选取学前教育入园率、高中入学率、每万人口在校大学生数、劳动年龄人口平均受教育年限、死亡率、人均可支配收入这6个二级指标,用来衡量人民群众的人力资本水平和可行能力。其中,学前教育入园率和高中入学率反映基础教育水

平;每万人口在校大学生数和劳动年龄人口平均受教育年限反映成人总体受教育水平;死亡率反映各地健康水平;人均可支配收入反映个体收入水平。

综合舒尔茨、贝克尔以及赫克曼等对人力资本投资的定义,我们用普惠性学校教育投入、普惠性公共素质投入、普惠性技能提升投入、普惠性卫生健康投入这 4 个指标来反映各地区普惠性人力资本投入水平。普惠性学校教育投入包括教育经费投入、教育经费投入占地方财政支出比重、学前教育规模、学前教育师生比、义务教育规模、义务教育师生比这 6 个二级指标,用以衡量各地区在认知能力建设上的教育投入水平。普惠性公共素质投入包括文化旅游体育与传媒经费投入、文化旅游体育与传媒经费投入占地方财政支出比重、青少年宫素质教育投入占地方财政支出比重、文化设施数量、体育设施、艺术氛围这 6 个二级指标,用以衡量各地区在非认知能力建设上的投入水平。普惠性技能提升投入包括职业中学数量、中职师生比、技工学校数、技工学校师生比、成人教育、职业技能培训人次数这 6 个二级指标,用以衡量各地区在职业技术教育和成人技能提升上的投入水平。普惠性卫生健康投入包括卫生健康经费投入、卫生健康经费投入占地方财政支出比重、医疗床位数、卫生技术人员数、医疗卫生机构数、医疗救助投入、医疗保险参保率这 7 个二级指标,用以衡量各地区在医疗卫生健康方面,经费、物、人和医疗保障上的投入水平。

综上所述,本文构建的普惠性人力资本投入的统计监测指标体系包含 7 个一级指标,36 个二级指标,指标具体定义见表 1。数据取得上,除劳动年龄人口平均受教育年限、青少年宫素质教育投入占地方财政支出比重、技工学校数、技工学校师生比、每年新增成人教育人数、职业技能培训人次数、医疗救助投入这 7 个指标的数据需要从对应的主管部门补充获取(部分地区的统计年鉴里上述数据缺失),群众满意度需要通过问卷调查获取外,其他指标数据都可以从历年的省统计年鉴和各地区统计年鉴、教育事业发展统计公报、国民经济和社会发展统计公报这些公开信息中获得①。

---

① 上述指标体系可以使用主观赋值法或因子分析法等来确定指标权重,并基于权重计算得到各地区的普惠性人力资本投入指数,但基于篇幅本文不再展开,文中也不对各地区的普惠性人力资本投入水平和发展状况进行具体评价。

表 1 普惠性人力资本投入监测指标体系

维度	一级指标	序号	二级指标	单位	定义
客观维度普惠性人力资本产出	社会经济发展	1	GDP 增长率	%	各地区生产总值年增长率
		2	收入差距	%	城乡居民人均可支配收入比
		3	就业结构	%	第二、第三产业就业人数占就业人员总数比
		4	就业率	%	各地区就业人员数占 15—59 岁人口数的比
	人的发展	1	学前教育入园率	%	幼儿园入学率
		2	高中入学率	%	在校高中及职高人数/高中及职高学龄人数
		3	每万人口在校大学生数	人/万人	每万人口拥有在校大学生数
		4	劳动年龄人口平均受教育年限	年	15—59 岁劳动年龄人口平均受教育年限
		5	死亡率	‰	一年内地区死亡人数与同期平均人数之比
		6	人均可支配收入	元	全体居民人均可支配收入
客观维度普惠性人力资本投入	普惠性学校教育投入	1	教育经费投入	万元/万人	每万人拥有教育经费投入
		2	教育经费投入占地方财政支出比重	%	教育经费投入与地方财政支出的比值
		3	学前教育规模	个/万人	每万人拥有幼儿园数
		4	学前教育师生比	%	幼儿园教职工数与在园幼儿数的比值
		5	义务教育规模	个/万人	每万人拥有小学和初中学校总数
		6	义务教育师生比	%	小学和初中教师数与在校学生的比值

267

续　表

维度	一级指标	序号	二级指标	单位	定义
	普惠性公共素质投入	1	文化旅游体育与传媒经费投入	万元/万人	每万人拥有文化旅游体育与传媒经费投入
		2	文化旅游体育与传媒经费投入占地方财政支出比重	%	文化旅游体育与传媒经费投入与地方财政支出的比值
		3	青少年宫素质教育投入占地方财政支出比重	%	青少年宫素质教育投入占地方财政支出比重
		4	文化设施数量	个/万人	每万人拥有公共图书馆、文化馆（站）和博物馆数
		5	体育设施	个/万人	每万人拥有体育场馆数
		6	艺术氛围	个/万人	每万人拥有艺术表演团体数
	普惠性技能提升投入	1	职业中学数量	个/万人	每万人拥有职业中学数量
		2	中职师生比	%	职业中学教师数与在校学生数的比值
		3	技工学校数	个	每万人拥有技工学校数
		4	技工学校师生比	%	技工教师数与在校学生数的比值
		5	每年新增成人教育人数	人	新增成人中等学历教育毕业人数
		6	职业技能培训人次数	人	全年职业技能培训人次数
	普惠性卫生健康投入	1	卫生健康经费投入	万元/万人	每万人拥有卫生健康经费投入
		2	卫生健康经费投入占地方财政支出比重	%	卫生健康经费投入与地方财政支出的比值
		3	医疗床位数	个/万人	每万人拥有医疗床位数
		4	卫生技术人员数	个/万人	每万人拥有卫生技术人员数
		5	医疗卫生机构数	个/万人	每万人拥有医疗卫生机构数
		6	医疗救助投入	万元/万人	每万人医疗救助经费投入
		7	医疗保险参保率	%	（城乡居民基本医疗保险＋职工医疗保险）参保人数占总人数比重

续　表

维度	一级 指标	序号	二级指标	单位	定义
主观 维度	满意度	1	群众满意度	1— 10 分	公众对普惠性人力资本投入 满意度

三、普惠性人力资本投入的共同富裕效应分析

(一)数据及变量

本文使用的数据来自 2018—2022 年《中国统计年鉴》。基于第一节对普惠性人力资本投入的理论考察及概念界定,我们认为教育、健康和非认知能力投入是影响人力资本积累的最核心因素,因此以下的实证分析我们选取教育经费投入占一般公共预算支出比重、每万人医疗床位数、人均拥有图书馆藏量这三个变量作为普惠性人力资本投入的代理变量,来探究普惠性人力资本投入的经济增长效应和共同富裕效应。

具体变量设置如下:(1)被解释变量:GDP 增长率、人均 GDP 及城乡居民收入差距。使用"GDP 增长率"和"人均 GDP"作为经济增长的代理变量,使用"城乡居民收入差距"作为共同富裕的代理变量,用城乡居民人均可支配收入之比作为城乡居民收入差距的变量;(2)核心解释变量:选取"教育经费投入占一般公共预算支出比重""每万人医疗床位数""人均拥有图书馆藏量"作为教育投入、卫生健康投入、公共素质投入的代理变量。教育经费投入占一般公共预算支出比重的定义为"省份本年度教育经费支出占本年度一般公共预算支出的比重";每万人医疗床位数的定义为"省份本年度医疗床位总数/总人口(万人)";人均拥有图书馆藏量的定义为"省份本年度图书馆藏总量/总人口(人)";(3)控制变量:包括各省的三次产业 GDP 结构、15—64 岁劳动年龄人口占比、进出口总额的 GDP 占比,以及每平方米商品房平均销售价格。

(二)实证分析结果

本文使用面板固定效应模型分析普惠性人力资本投入的地区经济增长效应及共同富裕效应。

表 2 和表 3 给出了普惠性人力资本投入对地区经济增长影响的回归结果。回归结果显示,教育经费投入占一般公共预算支出比重每提高 1%,GDP 增长率提高 1.033,人均 GDP 增加 1556.8 元;每万人医疗床位数每增加一个单位,GDP 增长率提高 0.002,人均 GDP 增加 718.2 元;人均拥有图书馆藏量每增加一个单位,GDP 增长率提高 0.104,人均 GDP 增加 458.29元,且都在 1%、5% 或 10% 的统计水平上显著。该结果表明,教育、医疗、公共素质等方面的人力资本投入增加,有助于促进各地的经济增长。

表 4 给出了普惠性人力资本投入对城乡居民收入差距的影响效应。回归结果显示,每万人医疗床位数量和人均拥有图书馆藏量的提升,均有助于缩小城乡居民收入差距,每万人医疗床位数量增加的共同富裕效应尤其显著。教育经费投入增加对城乡居民收入差距的影响尽管在统计上不显著,但就影响方向而言,也有利于缩小城乡居民收入差距。该结果表明,增加普惠性人力资本投入将有助于进一步缩小城乡居民收入差距,促进共同富裕的早日实现。

表 2 普惠性人力资本投入对 GDP 增长率的影响

变量	(1)	(2)	(3)
	GDP 增长率	GDP 增长率	GDP 增长率
教育经费投入占一般公共预算支出比重	1.033** (0.436)	—	—
每万人医疗床位数量	—	0.002* (0.001)	—
人均拥有图书馆藏量	—	—	0.104* (0.054)
第二产业占比	3.753*** (0.596)	3.948*** (0.594)	3.797*** (0.599)

续　表

变量	(1) GDP 增长率	(2) GDP 增长率	(3) GDP 增长率
第三产业占比	1.472** (0.576)	1.548*** (0.569)	1.474** (0.581)
劳动年龄人口占比	−0.254 (0.197)	−0.089 (0.246)	0.113 (0.276)
对外开放程度	0.587*** (0.120)	0.442*** (0.127)	0.537*** (0.119)
商品房平均销售	2.11e−06 (2.52e−06)	—	2.11e−06 (2.56e−06)
常数项	−2.247*** (0.482)	−2.373*** (0.501)	−2.437*** (0.508)
观测值	155	155	155
R−squared	0.584	0.568	0.578

表3　普惠性人力资本投入对人均 GDP 的影响

变量	(1) 人均 GDP	(2) 人均 GDP	(3) 人均 GDP
教育经费投入占一般公共预算支出比重	1556.79*** (543.78)	—	—
每万人医疗床位数量	—	718.2*** (127.5)	—
人均拥有图书馆藏量	—	—	458.29*** (54.20)
第二产业占比	218,469*** (74,222)	82,016 (66,020)	209,070*** (60,490)
第三产业占比	100,653 (71,805)	243,285*** (67,992)	95,861 (58,598)
劳动年龄人口占比	−219,283*** (24,579)	−124,510*** (28,185)	−56,654** (27,822)
对外开放程度	58,323*** (14,927)	16,424 (14,912)	48,963*** (12,037)

续　表

变量	(1)	(2)	(3)
	人均 GDP	人均 GDP	人均 GDP
商品房平均销售	3.713***(0.301)	3.298*** (0.313)	3.381*** (0.258)
常数项	12,603 (60,022)	−60,237 (57,110)	−104,825** (51,274)
观测值	155	155	155
R－squared	0.804	0.835	0.870

表 4　普惠性人力资本投入对城乡居民收入差距的影响

变量	(1)	(2)	(3)
	城乡居民 收入差距	城乡居民 收入差距	城乡居民 收入差距
教育经费投入占一般 公共预算支出比重	−0.164 (0.808)	—	—
每万人医疗床位数量	—	−0.0122*** (0.00153)	—
人均拥有图书馆藏量	—	—	−0.165* (0.099)
第二产业占比	1.688 (1.114)	1.666* (0.898)	1.764 (1.100)
第三产业占比	2.808** (1.075)	3.425*** (0.872)	2.840*** (1.063)
劳动年龄人口占比	3.236*** (0.369)	1.583*** (0.363)	2.649*** (0.507)
商品房平均销售	−1.46e−05*** (4.65e−06)	−6.72e−06* (4.68e−06)	−1.30e−05*** (3.83e−06)
常数项	−1.758* (0.902)	−0.251 (0.750)	−1.292 (0.934)
观测值	155	155	155
R－squared	0.616	0.749	0.625

四、结论与启示

本文基于赫克曼早期人力资本理论和阿玛蒂亚·森的可行能力平等原则,对普惠性人力资本投入的内涵和概念进行了理论阐释及界定,并据此构建了具有实际可操作性的普惠性人力资本投入的统计监测指标,最后实证检验了教育、健康、非认知能力等普惠性人力资本投入的经济增长效应和共同富裕效应。

本文的分析表明,普惠性人力资本投入具有促进经济高质量发展、实现共同富裕的重要作用。要让改革的成果惠及每一个人,保障所有人都可以无歧视无例外地享受制度红利,一是要不断提高对学前教育和义务教育的投入,保障人力资本提升的起点公平;二是要强化劳动者技能提升,紧密结合产业发展需求,拓展职业培训和成人教育空间;三是在非认知能力上,加强对公共文化和综合素质的投入,加快公益性文化和体育设施的开放使用,促进城乡居民参与文化活动,享受文化福利;四是要推动健康领域基本公共服务均等化,健全医疗保险制度,逐步缩小城乡、地区、人群间健康服务和水平的差异。

项目负责人:乐君杰

项目组成员:钱雪亚　周明海　黄欣雨

郑蓉忆

[参考文献]

[1] BECKER G. Investment in human capital:a theoretical analysis[J]. Journal of political Economy,1962,70(5):9-49.

[2] BERLINSKI S, et al. Giving children a better start:preschool attendance and school-age profiles[J]. Journal of public economics,

2007,92(5)：1416-1440.

［3］SCHULTZ T W. Investment in Human Capital［J］. American Economic Review,1961,51(1)：1-17.

［4］SCHULTZ T W. The Economic Value of Education［M］. New York：Columbia University Press,1963.

［5］阿玛蒂亚·森.以自由看待发展［M］.北京：中国人民大学出版社 2010.

［6］蔡秀云,其格乐,张停停.学前教育经费投入对人力资本的多维影响研究［J］.中国人口科学,2022(1)：85-98,128.

［7］方福前,吕文慧.中国城镇居民福利水平影响因素分析——基于阿马蒂亚·森的能力方法和结构方程模型［J］.管理世界,2009(4)：17－26.

［8］龚欣,李贞义.学前教育经历对初中生非认知能力的影响——基于 CEPS 的实证研究［J］.教育与经济,2018(4)：37-45.

［9］贾晋,李雪峰,王慧.赢在起跑线?——学前教育经历与青少年多维能力发展的实证研究［J］.教育与经济,2018(6)：56-64.

［10］乐君杰,胡博文.非认知能力对劳动者工资收入的影响［J］.中国人口科学,2017(4)：66-76.

［11］刘德吉.阿玛蒂亚·森的能力平等观与公共服务均等化［J］.上海经济研究,2009(11)：107-113.

［12］仇立平,肖日葵.文化资本与社会地位获得——基于上海市的实证研究［J］.中国社会科学,2011(6)：121-135,223.

［13］夏怡然,陆铭.城市间的"孟母三迁"——公共服务影响劳动力流向的经验研究［J］.管理世界,2015(10)：78-90.

［14］袁玉芝,赵仪.学前教育对初中生认知能力的影响研究——基于 CEPS 数据的经验分析［J］.教育科学研究,2019(11)：43-50,57.

［15］张鼎权,郑磊,祁翔.学前教育对学生非认知能力影响的研究［J］.教育科学研究,2018(5)：37-43.

浙江省公共数据统计核算理论与方法研究

一、绪论

(一)研究背景

2020 年 4 月 9 日,中共中央、国务院印发了《关于构建更加完善的要素市场化配置体制机制的意见》,明确提出了"加快培育数据要素市场""推进政府数据开放共享""提升社会数据资源价值"等意见。2022 年 1 月 21 日,浙江省第十三届人民代表大会第六次会议通过了《浙江省公共数据条例》,对公共数据的管理、开放共享等问题给出了指导方针。2022 年 12 月 9 日中共中央、国务院发布《关于构建数据基础制度更好发挥数据要素作用的意见》,明确提出了要推进实施公共数据确权授权机制,并提出要推动用于数字化发展的公共数据按政府指导定价有偿使用,确权工作的开展为数据成为资产提供了现实基础。基于此,在国民经济核算及现代统计范式下,开展对公共数据资产价值的统计测度研究,具有非常重要的理论和现实意义。

但是从目前的研究进展看,主要集中于商业数据和个人数据的核算上,并未涉及对公共数据的核算。据此,本报告对公共数据统计核算的理论和方法进行系统研究,在中国国民经济核算体系(2016)框架下,基于《浙江省公共数据条例》,综合考虑浙江省税务、民政等行政部门开展行政工作而产生的数据与电力公司、燃气公司等公共企业因提供公共服务而产生的数据的区别，开展对公共数据的内涵、分类、范围、物量统计和价值量核算研究，以满足浙江省相关部门开展公共数据统计管理的需要，为公共数据的逐级逐步开放提供统计基础。

(二)研究意义

1.理论意义

数据要素市场的培育需要数据统计核算理论与方法的配套，公共数据不同于传统的商业数据，其在政府管理和社会发展中起到了至关重要的作用，对公共数据开展统计核算是科学开展公共数据管理与开放使用的前提。本报告对公共数据的界定、分类、物量统计和价值量核算的研究将为建立数据统计核算理论体系提供参考，为各地区开展公共数据统计核算提供理论和方法支撑。基于公共数据物量和价值量的核算理论与方法研究，可以探索公共数据资产纳入政府资产负债表的可行性与存在的问题，进而完善我国资产负债核算的理论体系。

2.现实意义

浙江省数字政务的发展走在了全国前列，因此而产生的大量公共数据如何管理和利用的问题是目前亟须解决的问题。2022年3月1日正式实施的《浙江省公共数据条例》为浙江省公共数据的管理和开放提供了基本指导方针，但公共数据管理实践的开展必须以合理的公共数据统计核算为基础，如此才能准确制定具体的管理和实施办法。本项目通过对公共数据的界定和分类，设计了公共数据物量核算表，阐述了其价值核算的基本思路，将为浙江省相关统计部门基于宏观角度开展公共数据的统计核算提供理论依据和方法支撑，为浙江省公共数据逐级开放共享和未来的有偿使用奠定基础。

（三）文献综述

1. 数据要素与数据资产相关问题研究

对于数据的概念，Shannon（1948）最早将数据定义为观察单位的信息。狭义的角度看，数据是一种基于数字化处理后具有潜在使用价值的信息（Hawley，1995；Horne，1998；Ruan，2019）；广义角度看，数据应是一切能以特定形式储存的内容、文本或媒介（张启望，2006；Toygar，2013）。随着商业模式的创新，数据已成为一种新生产要素，会产生出新知识产品、新技术、新型信息咨询服务等经济价值（MIT，2016；高伟，2016；Jones，2019）。

从国民经济核算角度出发，数据应是已记录为可存储、传输或处理的数字化形式的观察结果，并能够从中获取信息和知识以支持决策（许宪春，2022）。对于数据的生产性，一种观点认为数据不属于任何机构单位的产出，不能通过生产进入国民经济核算体系，其进入核算体系的唯一途径只能是非生产资产（李静萍，2020）；数字经济下的数据资产核算问题是 SNA 框架无法处理的难题，数据是经济生产过程不可缺少的要素，但其自身却不是经济生产过程的产出成果，不是经济产出经过积累转化的资产存量（高敏雪，2021）。另一种观点则承认数据具有生产属性，从数据产生的根源上认为数据是产生的，它们不是简单地"出现"，必须有一个动作使数据存在，这个动作便被认为是生产（加拿大统计局，2019）。SNA2008 中对资产的定义要求成为资产需要拥有经济所有权并能为其带来收益。从国民经济核算的角度结合资产及固定资产的定义，数据资产是拥有应用场景且在生产过程中被反复或连续使用一年以上的数据（许宪春，2022）。数据资产定价是一个复杂的过程，要综合应用市场价格法、收益法、支付意愿法和广告收入法等方法，结合应用场景分析（李静萍，2020）。

2. 公共数据相关问题研究

目前，部分地区已经颁布了政府数据资产、政务数据资产和公共数据资产的管理办法，各地对政府资产的定义也存在差别。《贵州省政府数据资产管理登记暂行办法》对"政府数据资产"的概念有明确界定，认为政府数据资产是由政务服务实施机构建设、管理、使用的各类业务应用系统，以及利用业务应用系统依法依规直接或间接采集、使用、产生、管理的，具有经济、社会等方面价值，权属明晰、可量化、可控制、可交换的非涉密政府数据。《山西省政务数据资产管理试行办法》将政务数据资产界定为由政务服务实施机构建设、管理和使用的各类业务应用系统，以及利用业务应用系统，依据法律法规和有关规定直接或者间接采集、使用、产生、管理的文字、数字、符号、图片和音视频等具有经济和社会价值、权属明晰、可量化、可控制、可交换的政务数据。《广东省公共数据管理办法》指出，"公共数据，是指公共管理和服务机构依法履行职责、提供公共服务过程中制作或者获取的，以电子或者非电子形式对信息的记录"。从各地政府文件来看，行政部门目前并未明确区分政府数据、政务数据和公共数据，存在概念混用的情况。

3. 研究述评

官方统计部门和学术界都对数据的生产性和资产性问题开展了探索性研究，但对于公共数据的研究较少，且主要集中于公共数据的管理方面，并未涉及公共数据的统计核算问题。要开展公共数据的统计核算还存在以下四点主要问题：第一，政府数据、政务数据和公共数据的概念混用，不利于公共数据核算主体和范围的确定。第二，公共数据的分类依据多样化，不利于公共数据物量统计的开展。第三，公共数据的经济所有权未达成一致，对公共数据作为政府资产开展核算带来挑战。第四，对数据资产价值核算方法的研究较多，但针对公共数据资产的价值核算研究较少。

4. 研究思路

本项目将基于政府资产负债表完善的最终目的和公共数据价值核算的具体目标，依照"内涵界定→分类分级→范围确定→物量统计→价值核算→实践思考"的思路，对公共数据核算的理论与方法开展研究，具体技术路线如图1所示。

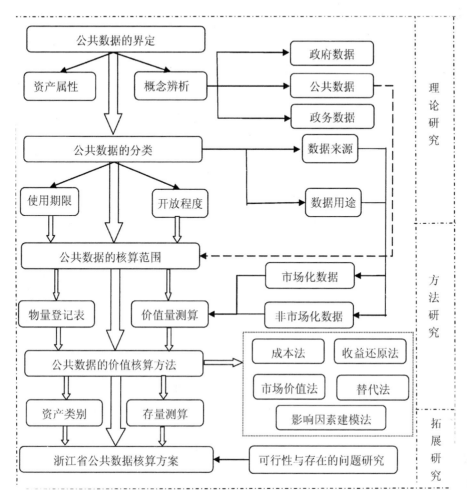

图 1　技术路线图

二、公共数据的内涵、特征与分类

(一)公共数据的内涵

1.数据的内涵

从狭义的角度看,数据是一种基于数字化处理后具有潜在使用价值的信息;从广义角度看,数据应是一切能以特定形式储存的内容、文本或媒介。关于数据是否具有生产属性的研究,存在两种观点,一种观点承认数据的生产属性,认为数据是产生的,它们不是简单地"出现",必须有一个动作使数据存在,这个动作便被认为是生产,可通过数据价值链、数据生命周期等理论,描述数据的生产过程;另一种观点认为数据不是经济生产过程的产出成果,不能通过生产进入国民经济核算体系,不是经济产出经过积累转化成的资产存量,其进入核算体系的唯一途径只能是非生产资产。

根据《国民账户体系2008》(SNA2008)对经济生产的界定,数据要满足经济生产的定义,需要满足由特定单位控制和负责,并投入劳动、资本等生产要素等条件,可见,狭义角度的数据满足生产的定义。因此,从国民经济核算角度考虑,数据是已记录为可存储、传输或处理的数字化形式的观察结果(Statistics Canada,2019;许宪春等,2022)。基于宏观统计核算的角度,本报告所讨论的数据均指国民经济核算角度的狭义数据。

2. 公共数据的内涵

目前相关学术研究及不同地方政府所发布的相关文件中,对"政府数据""政务数据""公共数据"存在交叉混用的情况,导致公共数据的统计口径难以统一。《浙江省公共数据条例》认为,公共数据是指本省国家机关、法律法规规章授权的具有管理公共事务职能的组织以及供水、供电、供气、公共交通等公共服务运营单位(以下统称公共管理和服务机构),在依法履行职责或者提供公共服务过程中收集、产生的数据。从宏观统计核算的角度,要进行公共数据的核算,就要明晰数据的核算主体,对政府部门给予明确的界定。政府部门是政务数据和公共数据的核算主体,无论是政府日常工作所产生的政务数据,还是政府基于其管理属性所采集的公共数据,其经济所有权均归政府所有,从宏观统计的实践考虑,将政府作为政务和公共数据核算主体更符合现有核算体系对机构部门的划分,也更有利于统计核算实践工作的开展。因此,本报告界定的政府部门是包含一般政府部门和公共企业的公共部门,公共数据是同时包含一般政府部门和公共企业部门数据的大口径公共数据。

(二)公共数据的特征及分类

1.公共数据的特征

第一,权属关系复杂,"公共性"与"非公共性"兼备。基于政府部门的权力、动机和功能特殊性,公共数据权属关系涉及多主体。由国家代表全民管理及使用的基础数据,如基础的自然人、法人及非法人组织数据等,其法定所有权归自然人、法人等主体所有,经济所有权由政府代为管理,如果这些数据完全进行市场化管理,将影响其公共性及公平性,应由政府主导和管理公共数据。

第二,多方主体参与,开放性与共享性共存。公共数据涉及多方主体,政府部门自身产生的数据、自然人、法人及非法人组织等提供的数据、自然资源等客体数据共同丰富了公共数据的内容。数据开放的主体是政府部门,而政府部门的数据开放需要其他部门的数据共享来实现。

第三,多元价值融合,政治、经济、社会价值并重。公共数据价值表现的不同主要基于其使用场景的不同,公共数据自用时,主要是为了提高行政效率,节约行政成本。供企业使用时,可提高生产率或提高利润;供个人使用时,一方面使个人可以享受个性化便利服务,如政府提供的网上办事等;另一方面,数字经济时代,人人都可以成为生产者,个人也可以利用公共数据进行再生产。

2.数据与公共数据的分类

(1)数据的分类。

现有对数据分类问题的研究,由于分类方法、目的的不同,产生了不同的分类结果。2020年4月,国家市场监督管理总局和国家标准化管理委员会发布了《信息技术 大数据 数据分类指南》,为数据的分类提供了国家标准,提供了大数据分类过程及分类视角、分类维度和分类方法等方面的建议和指导,指出常见的数据分类维度可包括产生来源、结构化特征、业务归属、处理时效性要求等,分类方法可采用线分类法、面分类法、混合分类法①。

(2)公共数据的分类。

对公共数据的分类,一方面要体现公共数据的特征,另一方面则要基于宏观核算角度,结合公共数据的各类属性,从权属划分角度进行分类,以便于公共数据的物量统计和价值量核算。因此,可以根据公共数据的特征、权属关系、来源、用途、开放共享程度等多个角度对公共数据进行分类。

一级分类上,从生产属性不同区分市场生产者和非市场生产者,把公共数据分为一般政府部门数据和公共企业数据。二级分类上,一般政府部门依照数据产生主体进行分类。其管理的对象包括人、财、物,因此可分为自然人数据、组织数据、客体数据②。公共企业独立经营但需受政府财政约束,可按照数据权属关系不同,分为中央财政事权类基本公共服务数据、地方财政事权类基本公共服务数据、中央和地方共同财政事权类基本公共服务数据。三级分类结合每类数据来源和用途进行分类。对一般政府部门中的自然人数据分为属性数据(包括身份证、姓名、性别、年龄等数据)和行为数据(主要包括政务活动行为,如纳税信息、社保信息等数据),组织数据分为属性数据(包括信用代码、规模、性质等数据)和业务数据(包括纳税、专利等数据),客体数据分为属性数据(包括资源种类、规模等数据)和感应数据(主要包括设备感应监测数据等,如海洋水位变化等数据);对公共企业三种财政事权类公共服务分为服务对象属性数据(包含自然人、组织、客体等属

---

① 线分类法适用于针对一个类别只选取单一分类维度进行分类的场景;面分类法适用于对一个类别同时选取多个分类维度进行分类的场景;混合分类法适用于以一个分类维度划分大类、另一个分类维度划分小类的场景。

② 参照国家市场监督管理总局和国家标准化管理委员颁布的《信息技术 大数据 数据分类指南》、上海市地方标准《上海市公共数据开放分级分类指南》、浙江省地方标准《数字化改革 公共数据分类分级指南》、贵州省地方标准《政务数据 数据分类》等文件的实践经验。

性数据)和公共服务业务数据,后者参照指导意见按照用途进行具体细分①。具体分类如图 2 所示。

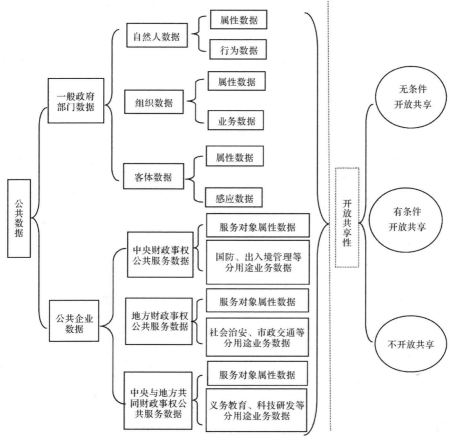

图 2　公共数据分类

---

① 参照指导意见中央财政事权类公共服务数据主要包括国防、外交、国家安全、出入境管理、国防公路、国界河湖治理、全国性重大传染病防治、全国性大通道、全国性战略性自然资源使用和保护等数据;地方财政事权类公共服务数据包括社会治安、市政交通、农村公路、城乡社区事务等基本公共服务数据;中央与地方共同财政事权类公共服务数据包括义务教育、高等教育、科技研发、公共文化、基本养老保险、基本医疗和公共卫生、城乡居民基本医疗保险、就业、粮食安全、跨省(区、市)重大基础设施项目建设和环境保护与治理等基本公共服务数据。

三、公共数据资产界定与核算范围

(一)公共数据资产界定

公共数据要成为资产,首先要明晰公共数据的法定所有权和经济所有权问题。对法定所有权归属政府的数据,其经济所有权也归属政府。对法定所有权不属于政府,但政府收集是基于其行政职能的合法行为并经过授权得到的数据,需要区别讨论,如一般政府部门收集的自然人、法人组织等基础数据,政府拥有该数据的使用权,本报告认为其经济所有权应归政府所有,也即是归公共部门所有。但公共企业基于经营需要收集的自然人、法人组织、客体等的基础数据,其经济所有权并不天然归公共企业所有。

对于公共数据的收益,基于公共数据多元价值融合,政治、经济、社会价值并重的特征,其经济价值表现为可为政府部门或者公共企业部门带来直接收益,而其社会和政治价值带来的则是潜在收益。对于非市场生产者的一般政府部门,政府一般不因这些数据产生直接收益,更多的是潜在收益,提升的是政府的行政效率,通过对个人、企业开放共享部分不涉及隐私安全的数据可以提升企业效率,便利居民生活。作为市场生产者的公共企业,其运营虽然会受政府公共政策的影响,但总体不影响其企业性质,产生的数据可授权运营并产生直接收益。可见,在提高行政效率、降低行政成本、逐级开放提升企业决策力上具有潜在价值的公共数据,以及部分市场化并具备经济价值的数据,都是属于公共部门(含狭义政府)的数据资产。

本报告定义的公共数据资产是法定所有权归政府、国家或者全民所有,经济所有权归政府所有的可开发利用、能够产生完整数据流动闭环、经济价值或者潜在经济价值明晰且使用期限在一年以上的公共数据,既包括传统狭义政府部门正常工作所收集的数据和专项调查数据,也包括水电煤等公共企业所获得的各类数据。

（二）公共数据资产核算范围

本报告认为，公共数据资产首先是开放共享属性里的无条件开放共享和满足条件后开放共享这两类数据，对于暂不开放共享的公共数据，即使其法定所有权和经济所有权都归政府所有，但不能实现可开发利用，不能产生完整数据流动闭环，暂不纳入公共数据资产，如涉及国家机密和国家安全的公共数据。对一般政府部门数据中的自然人数据、组织数据、客体数据，其经济所有权明晰，价值主要是潜在的政治和社会价值，能借助政府部门的权力特殊性，实现数据使用者与提供者的相互验证，形成完整的数据流动闭环，使用期限在一年以上的满足公共数据资产要求。对于公共企业，其基于提供公共服务需要收集的自然人、法人组织、客体类属性数据，法定所有权归自然人、法人、客体本身所有，经济所有权可由政府授权给公共企业所有，作为公共服务的基础服务数据，使用期限在一年以上的可满足公共数据资产要求。对公共企业业务数据，其法定所有权和经济所有权明晰，经济、政治、社会价值并重，但需根据不同财政事权下不同用途的数据，分情况界定使用期限在一年以上公共数据资产类别。

浙江省的公共数据开放程度较高，公共数据平台已经汇总开放几十个部门超过上万条数据，但是也存在较多的非公开非共享数据，各类牵涉国家安全以及居民隐私的数据，很难将其公开化和市场化，该类数据资产暂不纳入本报告公共数据的范围内，同样，浙江省公共数据平台虽然开放了诸多数据，但并非每一类数据都可以带来确切的收益，对于无明确经济价值的数据，本报告暂不将其纳入核算范围。

四、公共数据资产物量与价值量核算

（一）公共数据资产物量核算

1. 物量影响因素

在综合现有观点以及对公共数据特征、分类、资产概念和范围界定后，本报告认为对影响公共数据资产的因素可区分为供给和使用两类。从供给角度看,要考虑数据的来源、数据权属划分、产生情况、存储情况、开放共享程度等;从使用情况看,要考虑数据使用情况、数据反馈情况等问题。对非市场生产者的一般政府部门数据和市场生产者的公共企业数据,其物量影响因素还存在差异,如一般政府部门拥有的数据更多的是基础服务型政务数据,而公共企业更多的是公共服务数据,一般政府部门数据以无消耗数据为主,随着使用次数增多,其价值并不发生显著变化,随时间积累可能更有价值,如基础的人口、法人数据属于无经济消耗数据,数据积累以后,数据价值可能更大;而公共企业数据中的业务数据属于经营类数据,其经济价值可能受使用次数、时效性等影响,如即时交通、医疗数据等对时效性要求较高。综上所述,一般政府部门数据资产物量影响因素与公共企业数据资产物量影响因素既存在共同点又有所区别。

2.公共数据资产物量统计表设计

基于宏观核算的目的,物量统计要充分考虑公共数据的类别和特征,以便为后续价值量核算奠定基础。在具体设计上,纵向指标一方面要反映数据的开放共享属性,只有无条件开放共享及满足条件后可开放共享的公共数据才能纳入公共数据资产;另一方面,从公共数据供给、公共数据使用两个维度进行统计,供给维度应该考察公共数据的供给情况,包括数据产生情况、数据存储情况等,使用情况考虑因素包括使用次数、使用周期、使用频率、数据反馈等。横向上,根据公共数据的分类,一般政府部门数据按照数据的产生主体、数据类型设置,公共企业数据按照财政事权主体及数据用途设置。因此,基于一般政府部门和公共企业的数据资产物量影响因素不同的特点,分别设计一般政府部门数据资产物量统计表和公共企业数据资产物量统计表,见表1和表2。

(二)公共数据资产价值量核算

1.公共数据资产初始存量价值核算

无论是自用数据还是共享开放数据,均可以选择使用成本法核算其价

表 1　一般政府部门数据资产物量统计表

产生主体	数据类型	数据开放共享情况 无条件/有条件/暂不开放共享	数据供给情况 数据产生 产生频率	产生方式	结构化特征	数据积累时长	数据格式	数据存储 存储方式	存储量	数据使用情况 数据使用 使用次数	使用周期	使用频率	完整度	准确度	时效性
自然人数据	属性数据														
	行为数据														
法人及非法人组织数据	属性数据														
	业务数据														
客体数据	属性数据														
	感应数据														

注：①产生频率：每秒、分、时、天、周、月、季度、半年、年、不定期、不更新等；②产生方式：人工采集数据、信息系统产生数据、感知设备产生数据、原始数据、二次加工数据；③结构化特征：结构化数据、半结构化数据和非结构化数据；④存储方式：数据库、其他；⑤存储量：以基本单位字节表示，分别为 B、KB、MB、GB、TB、PB、EB、ZB、YB、BB、NB、DB。

数字的魅力 │ SHUZIDEMEILI

表 2　公共企业数据资产物量统计表

财政事权主体	数据用途	数据开放共享情况（无条件/有条件/暂不开放共享）	产生频率	产生方式	结构化特征	数据可使用时长	数据格式	存储方式	存储量	使用次数	使用周期	使用频率	完整度	准确度	时效性
中央财政公共事务服务数据	属性数据														
	国防数据														
	全国性重大传染病防治数据														
	…														
地方财政公共事务服务数据	属性数据														
	社会治安数据														
	市政交通数据														
	…														
中央和地方财政公共事务同共服务数据	属性数据														
	义务教育数据														
	科技研发数据														
	…														

（数据供给情况：数据产生、数据可使用时长、数据存储；数据使用情况：数据使用、数据反馈）

值,对满足公共数据资产条件的数据产品,以生产成本进行估价,基于数据资产的生产过程,其成本主要包含采集成本(包括人力、网络成本)、存储成本(包括硬件的物理设备及软件系统成本)、管理成本(包括隐私维护、加工成本)、治理成本(包括行政、政策、制度法律等成本)四类。具体核算实践中,如果是政府直接生产的数据,如基于国家行政管理需要收集的国民经济、人口、资源、环境等宏微观数据,其生产成本可全部加总计算;但不同公共数据的成本也不相同,如基础的政务数据(除专门生产统计数据的统计部门的数据外),大部分是伴生于行政服务活动,而非专门收集的,其成本的计算需要从行政投入中进行相应的剥离。具体的剥离系数要根据数据的使用场景,在原业务运行基础上剥离出由于数据要素作用提升效率而节约的成本部分。

对于开放共享的一般公共数据,虽然是无偿开放,但相关单位在获得数据后,会对自身科学研究、市场营销等方面起到积极作用,因此成本法并不能完全体现其价值,可以考虑采用收益还原法,通过建立专项的"公共数据对企业发展的作用"调研,设计包含表1中各项数据特征以及对企业的增值作用等相关问题的问卷。具体到核算实践,对于无条件开放的数据价值,可以通过科学抽样获取问卷数据;对于有条件开放的数据,则要求相关单位在使用数据后填写反馈问卷,以此获得收益还原法所需的数据,进而核算共享开放的一般公共数据价值。

对于公共企业数据,其用途包括公共企业自身使用、无偿开放给公众、有偿交易。对自用数据产品,主要是满足公共管理需求,不满足市场法和收益法的估价条件,因此同样选择生产成本法进行估价,主要包括采集、存储、管理、治理成本。具体到核算实践,同样分为公共企业直接生产的数据和公共企业间接产生的数据,前者根据相关的项目进行全部加总计算,后者同样需要进行相关的剥离,具体的剥离程度同样需结合数据的应用场景进行确定。对于无偿开放的数据,可采用类似一般政府的方式,通过对数据使用方的问卷调研,采用收益还原法核算其价值。对于有偿共享的公共企业数据,可以使用市场价值法核算其价值。

2. 公共数据资产变化核算

公共数据资产初始价值核算完成后,面临的主要问题则是每个核算期会随着公共数据的更新或者市场价值变化所带来的数据资产价值变化问题。对于一般公共数据,其数据类型通常是对时效性要求不是很高的基础信息,数据结构和数据量相对稳定,其数据使用往往不会带来数据价值的显著降低,可以不考虑其折旧问题,直接将数据更新成本加入其中,作为新核算期的公共数据资产的价值。对于公共企业数据,部分数据通常对时效性要求较强(如市政交通、公安等数据),数据的更新作用明显,因此需要考虑数据物量新增带来的价值。对于采用成本法计算的公共企业数据资产,需要将其物量增加的成本纳入新的核算期中;对于采用市场价值核算的数据资产,则需要考虑新核算期的公共数据资产的价格变化,开展重估价核算,合理核算当期数据价值;对于采用收益还原法核算的数据资产,则需要根据新的调研数据,及时调整相关的核算系数,以体现公共企业数据资产当期价值。

五、浙江省公共数据核算方案

(一)浙江省公共数据平台数据情况分析

1. 浙江省公共数据平台介绍

2015 年《促进大数据发展行动纲要》提出政府数据开放共享、实现局域数据的科学决策,浙江省展开大量探索,通过专门的公共数据立法或一般的数据条例,探索建立公共数据开放制度以及开放方式,浙江省通过构建网上数据开放平台,以此为基础构建符合数据要素特征的多元化数据开放体系。

数据浙江网站是由浙江省人民政府办公厅主办的一个数据开放平台,既包括政务公开、政务服务等政务信息数字化公开内容,又整合了关于浙江的统计数据内容,其统计数据不仅包含了国家统计部门所要求的统计数据,还囊括了具有浙江特色的统计数据。如图3所示。

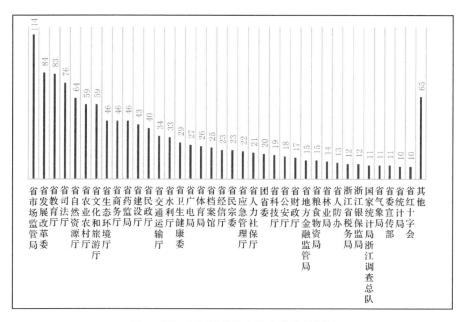

图3　浙江省厅级单位上传文件总数(件)

2.浙江省公共平台数据供给与使用情况

(1)开放数据供给情况。

目前网站数据主要以厅级单位为提交数据单位,包括省市场监管局、省发展改革委、省教育厅、省司法厅、省自然资源厅等56个厅级单位,以及各个地市上传的公开数据。平台访问次数1.6亿次,下载调用次数9千万次,平台注册用户达到87353个。

网站所提供的数据包含当下热门领域,并以较高的频率更新数据。主要包括市场监督、气象服务、城建住房、生态环境、财税金融、信用服务、教育文化、交通运输等维度。通过开放领域热词绘制词云图如图4所示。

(2)公共数据使用现状。

对于浙江省公共数据网站的数据使用以及存储现状,主要通过各类数据的浏览量以及下载量来展示,根据浙江省公共数据平台相关数据绘制厅级单位上传文件访问量如图5所示。

图 4　网站数据词云图

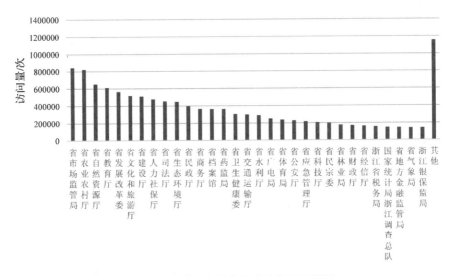

图 5　浙江省厅级单位上传文件总访问量

　　由图 5 可知,不同单位所提供数据总访问量次数相差较大,根据网站所提供的访问次数详细数据,总计访问次数前五的数据提供单位分别是省市场监管局、省农业农村厅、省自然资源厅、省教育厅以及省发展改革委,使用频次较高的数据以及频次如表 3 所示。

表3 热门数据使用频次

数据提供单位	热门数据	数据使用频次
省市场监管局	市场监管案件信息	42778
	全国工业产品生产许可明细信息	21587
	浙江省特种设备机构信息	19502
省农业农村厅	农作物种子市场观测点备供种信息调查信息	357582
	农作物种子生产情况调查信息	28520
省自然资源厅	测绘作业证	30943
	浙江省建设用地审批意见书信息	19427
省教育厅	教育事业统计—高等学校	24561
	教育事业统计—技工学校	20744
	教育事业统计—普通小学	17353
省发展改革委	浙江省投资项目实施信息表	24962
	市场价格走势信息	22682
	浙江省重点建设工程项目信息	20259

网站所提供的各厅局数据下载次数如图6所示。

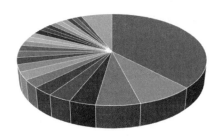

- ■ 省农业农村厅　■ 省文化和旅游厅　■ 省体育局　　　■ 省发展改革委　■ 省建设厅
- ■ 省水利厅　　　■ 省气象局　　　　■ 省生态环境厅　■ 省林业局　　　■ 省市场监管局
- ■ 省档案馆　　　■ 省公安厅　　　　■ 省自然资源厅　■ 省医保局　　　■ 省商务厅
- ■ 浙江省税务局　■ 省人力社保厅　　■ 省司法厅　　　■ 省卫生健康委　■ 省科技厅
- ■ 省民宗委　　　■ 省民政厅　　　　■ 省教育厅　　　■ 省药监局　　　■ 其他

图6 浙江省厅级单位上传文件总下载量(次)

从所有数据的下载量来看,呈现出与访问次数与数据提供量完全不同的特征,省农业农村厅的数据下载次数远超其他所有单位的数据,即不同单位提供的数据对于数据使用者来说,偏好程度具有较大的差异。从相关数据下载次数看,除省农业农村厅外,其他数据提供单位与访问量并不存在一致性,因此使用端对浙江省公共数据平台的数据存在多样化需求。

目前数据使用情况存在以下特征:第一,数据使用情况与市场需求以及科研热点基本吻合。与数字平台建设并肩而行的时政方针主要有乡村振兴、高质量发展、数字化等,其平台展现的部分数据使用分布规律与研究热点所需数据信息高度相关。第二,浏览次数与下载次数关联度较低,部分数据未能满足使用端的需要。不仅从数据使用分布可以看出部分数据的质量不满足使用者的需要,还从数据子集的状况可以看出部分数据质量不高。第三,目前浙江数据开放平台中使用频次最高的数据可以归类为市场信息数据、农业信息数据、自然地理信息数据、人文科教数据。

(二)浙江省各职能部门数据情况

1.浙江省各厅局数据提供与分布情况

(1)公开数据分布情况。

根据浙江省各厅局官网公布的各类文件及数据,绘制各厅官网公开数据条目的关键词云图如图7所示。

如图7所示,浙江各省厅公开数据主要集中于统计信息、统计数据、预决算、政策文件解读、政务公开、公告等方面,同时官网 UI 设计也主要区分为统计信息、政务公开、通知公告等栏目。

如图8所示,浙江各省厅公开数据按照条目细分主要包含了所属领域的统计信息等整表数据,所统计内容主要来自民生数据、通知公告、规划信息。

(2)公开数据涵盖内容。

浙江省各厅局公开数据涵盖方面如图9所示,浙江各省厅公开数据涵盖方面分布参差不齐,其中浙江省统计局作为国家统计部门要求的统计数据的主要部门,其涵盖方面在数量上遥遥领先于其余厅级单位;其次,浙江省经信厅作为负责调节全省近期国民经济运行、推进工业和信息化的省政府组成部门,其涵盖方面在数量上仅次于省统计局。

图 7 浙江各厅局官网公开数据条目

图 8 浙江各厅局官网公开数据

2.浙江省公共企业数据提供与分布情况

公共企业数据作为公共数据的重要组成部分,在信息公开中有着不可忽视的作用,本报告调取归纳了杭州市、宁波市、温州市水电等公共企业的数据。如图 10 所示,杭州市作为省会城市,其公共数据涵盖条目更为丰富,用电量方面主要分为全社会用电信息、高压用户企业用电量、规上工业用电量等,公共用水数据包括自来水销售价格以及水位统计信息,此外还涵盖了

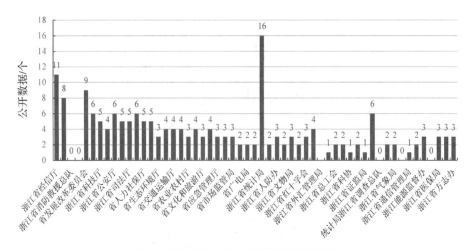

图9　浙江各省厅公开数据涵盖方面统计

成品油价格信息(浙江省)。宁波市与温州市作为浙江省经济发展前列的城市,其公开信息中都涵盖了全社会用电情况,两者间差异主要在于宁波市是以火核电用水调查数据汇总表的形式呈现公开数据,同时公布相关生产与供应端的从业人数;而温州市公布了十一大行业的用电信息以及以市区小区为统计层级的每月用水统计信息。

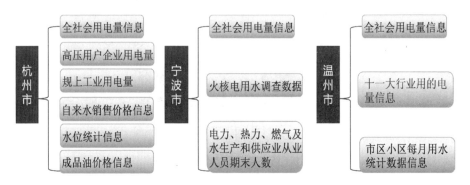

图10　浙江省(杭、宁、温)公共企业数据提供情况

3.浙江省各职能部门公开数据更新频率

(1)浙江省数据开放平台内数据更新情况。

如图11所示,在2023年1月以后,平台数据集更新的数量快速上升,数据更新量大,在3月后增速减缓,趋于稳定。

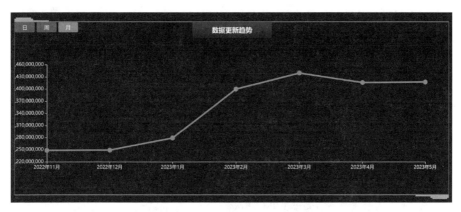

图11　浙江省数据开放平台数据情况

由图 12 可知,市场监管局、省发展改革委、省教育厅等部门在平台公开的数据集数量排名前列。而省科协、省国资委等部门公开数据集数量最少。

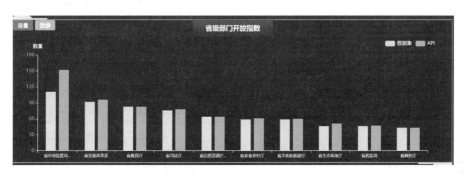

图12　浙江省数据开放平台省级部门数据公开情况

(2)官网与平台数据更新情况对比。

本报告选取在浙江数据开放平台公开量较大的省级部门,进行官网与平台数据更新情况的对比。具体如表 4 所示。

表4　省级部门官网与平台更新情况

省级部门	官网数据更新频率	平台数据更新频率
浙江省经信厅	定期发布上年一季度、上半年、三季度和年度"亩均效益有关情况"。每月发布上年部分行业经济运行分析以及行业运行情况	在年中以及年底更新

续　表

省级部门	官网数据更新频率	平台数据更新频率
浙江省档案馆	声像档案每月更新,更新频率高	于2016年12月和2017年2月公布了大部分数据,此后更新频率低、公布数据少
省发展和改革委员会	数据统计栏更新频率较低,每年不定期更新2—3次	2022年以来,数据每月会有更新,2023年更新数据集逐渐增多
省教育厅	浙江省教育事业发展统计公报和各级各类教育基本情况每年更新两次	在每年2—3月公布学校等统计信息、在2022年10—11月集中更新了各类奖项、课题统计信息
浙江省科技厅	每年3月、5月、11月公布上一年度、当年第一季度、当年前三季度科技活动相关数据	平均5—6月更新一次动物实验许可证信息,总体来看,数据集集中在2月、8月、12月更新
浙江省民政厅	分为年度、季度和月度统计,更新频率稳定	数据更新频率从最初的一年一次,逐步稳定在每2—3月集中公布一次
浙江省司法厅	季度统计,不定期公开全省法律工作数据	从每年更新逐步稳定为半年更新。在2023年,数据更新频率趋于稳定,每月更新且公布数据集数量多
省人力社保厅	每年7月公布上年人力社保年度统计公报	2023年以前更新频率不高,2023年后更新频率趋于稳定,基本每月发布大量的数据集
省自然资源厅	不定期发布上季度矿产资源情况;土地资源统计自2019年后未更新	2021年没有公布新的数据集,2022—2023年数据更新频率越来越高,2023年基本每月更新,且在5月发布大量数据集
省生态环境厅	实时检测全省各设区城市环境质量数据	大部分数据为2023年公开,每月更新较多数据集
省建设厅	更新频率低,每年4月发布上年度住房公积金年度报告	2023年基本每月更新,且在5月发布大量数据集
省交通运输厅	平均每月更新,发布当年1月至上月的全省交通经济运行指标表	2022年平均2—3月更新一次,2023年起每月更新
省文化和旅游厅	每月更新上一月浙江省出入境、旅游市场情况	2022年起更新频率逐渐增加

省级部门	官网数据更新频率	平台数据更新频率
省卫生健康委	卫生统计近2年来更新统计信息	2023年3—5月更新大量数据集
省应急管理厅	每月发布数量不定的重要公告	2022年起更新频率逐渐增加,2023年3月更新大量数据集
浙江省统计局	更新内容、周期稳定	更新频率较低
浙江省文物局	更新频率较低,每年2—3次	现有数据集集中在2022年发布
浙江省科协	每月更新各项赛事、课题结果公示	现有数据集集中在2023年5月发布

从内容上看,各省级部门平台公开数据集与其官网公开数据的重合度并不高。从更新频率上看,各省级部门在官网公开数据集的频率更高,更加稳定。而与大部分部门不同,浙江省卫健委的官网数据近两年停止更新,平台更新数据更加频繁。浙江省经信厅、浙江省科技厅、浙江省生态环境厅的数据更新较为频繁且稳定。

(三)浙江省公共数据核算方案

1.浙江省公共数据核算方案

(1)物量核算方案。

浙江省公共数据主要通过浙江省公共数据平台和浙江省各厅局的官方网站公布,其公布数据主要依据数据的归属部门和数据的业务功能开展。而本报告认为基于宏观核算的目的,浙江省公共数据的物量统计要充分考虑公共数据的类别和特征,以便为后续价值量核算奠定基础。因此,可根据前文中公共数据的分类,结合公共数据的开放共享属性来设计浙江省公共数据资产物量统计表。对于各厅局基于行政业务形成的一般政府部门公共数据,可使用表4-1所示的物量统计表,纵向指标一方面要反映数据的开放共享属性,只有无条件开放共享及满足条件后可开放共享的公共数据才能纳入公共数据资产;另一方面,从公共数据供给、公共数据使用两个维度进行统计,供给维度应该考察公共数据的供给情况,包括数据产生情况、数据存储情况等,使用情况考虑因素包括使用次数、使用周期、使用频率、数据反馈等。

(2)价值量核算思路。

对于浙江省各厅级部门公开的数据资产价值,可以选择使用成本法核算其价值,对满足公共数据资产条件的数据产品,以生产成本进行估价,基于浙江省各厅局数据资产的生产过程,核算其采集成本(包括人力、网络成本)、存储成本(包括硬件的物理设备及软件系统成本)、管理成本(包括隐私维护、加工成本)、治理成本(包括行政、政策、制度法律等成本),具体数据可借助各厅局财政预算与决算数据,以及相关的劳动力成本数据,再结合专项的调查,合理剥离其数据成本。

对于浙江省公共数据平台开放共享的一般公共数据,其虽然是无偿开放,但相关单位在获得数据后,会对自身科学研究、市场营销等方面起到积极作用,因此成本法并不能完全体现其价值,可以考虑采用收益还原法,通过建立专项的"浙江省公共数据对企业发展作用"调研,设计包含各项数据特征以及对企业的增值作用等相关问题的问卷。

对于浙江省诸多数据暂未公开的水利、电力等公共企业数据,由于其市场性较强,数据的采集本身也为市场化过程,本报告认为该类数据是市场产出,用途包括公共企业自身使用、无偿开放给公众、有偿交易。对自用数据产品,主要是满足公共管理需求,不满足市场法和收益法的估价条件,因此同样选择生产成本法进行估价,与浙江省市场监管局等部门的数据计算一致,主要包括采集、存储、管理、治理成本。具体到核算实践,同样分为各地区水电煤气等公共企业直接产生的数据和间接产生的数据,前者根据相关的项目进行全部加总计算,后者同样需要进行相关的剥离,具体的剥离程度同样需结合数据的应用场景进行确定。

2.浙江省公共数据纳入资产负债表的思考

浙江省公共数据供给和使用情况均较好,在数据开放和数据共享方面走在了前列,随着数据管理的完善,以及相关数据保密性的降低,越来越多的公共数据可以逐步进入无偿开放或者有偿开放环节。对于无偿开放的公共数据,虽然其所有权明晰,具备现实的公共服务价值和社会价值,但是由于其无法为相关政府单位直接带来收益,该类数据不具有偿债能力,因此,不能将其纳入浙江省资产负债表的核算范围内。而对于有偿开放共享的数据,其开放共享的收益可直接为政府部门带来收益,类似于政府部门所有的其他各类公共资产,可以将其纳入政府资产负债表核算范围中。

将公共数据纳入政府资产负债表中面临的主要问题就是该类数据的价值核算,由于公共数据的可复制性,其市场化数据所有权的转移并不会影响公共数据原有的价值,因此,如何合理地估计其价值则是目前的难点问题。政府部门所拥有的各类公共数据在多次有偿共享之后,其价值是否还能保持不变,抑或基于收益还原的角度,其价值是否进一步提升,这些都是目前核算的难点问题。在实践中,还需要根据具体有偿共享的公共数据的类型以及其使用场景,进行详细的分析,也需要开展专项的有针对性的研究。

六、结论与建议

(一)研究结论

浙江省公共数据开放和利用均走在了前列,基于公共数据管理和统计的角度,其包含范围应该更为广泛。公共数据具有"公共性"与"非公共性"兼备,开放性与共享性共存,政治、经济、社会价值并重的特征,需结合其产生主体、权属关系、用途、开放程度等因素进行分类,才可以为公共数据资产核算范围的界定奠定基础。基于资产应具备所有权明晰及预期收益的条件,公共数据资产是法定所有权归政府、国家或者全民所有,经济所有权归政府所有的可开发利用、能够产生完整数据流动闭环、经济价值或者潜在经济价值明晰且使用期限在一年以上的公共数据。

从宏观核算的实践出发,可以先将具有明确经济价值的公共数据纳入公共数据资产范围,随着价值核算方法和实践操作的成熟,逐步将具有潜在价值或者社会价值的公共数据纳入公共数据资产范围内。浙江省公共数据资产物量统计表的设计应当综合考虑不同的公共数据类型、计量单位和价值影响因素;在具体实践中,应综合考虑上述因素进而采用成本法、收益还原法等不同的方法开展具体各类型的公共数据资产价值核算,基于公共数据资产偿债能力的考虑,可以在核算方法不够成熟的时期采用区间估计。

(二)政策建议

通过对公共数据资产核算问题的研究,本报告提出以下建议:(1)数据分类分级管理是实现公共数据资产化和物量统计的关键一环。政府部门相比企业部门,数据来源清晰易追溯、种类易区分、分级分类统一管理更易操作,因此对公共数据的合理分级分类,是后续核算公共数据资产的关键环节,并可为其他部门数据资产核算问题提供一定的参考。(2)数据资产统计应该在政府部门先行先做,不断充实完善后再在其他部门推广。政府部门基于其行政职能特殊性,其资产统计更易执行,在试行中不断调整完善,进而推广到其他部门,有利于数据资产的管理、开发、利用及增值,释放数据红利。(3)拓展浙江省公共数据开发利用场景,鼓励社会力量参与,及时更新价值核算方法。浙江省公共数据可开发利用空间大,要鼓励企业、社会组织、公众参与到公共数据的开发利用中来,进而不断丰富公共数据的内容,使公共数据成为全民共享的宝贵数据资源。同时,基于社会力量的参与,公共数据价值的核算也需要及时更新方法,适应新场景下公共数据开放开发的需要,进而形成政府、企业和个人多项互动参与的良性数据整合及共享平台,提升数据的使用价值。

项目负责人:朱　贺

项目组成员:梁　燕　李朝阳　张　玉

叶金妍　王欣宇　阮伟锋

[参考文献]

[1] 范佳佳.中国政府数据开放许可协议(CLOD)研究[J].中国行政管理, 2019(1):23-29.

[2] 高敏雪.面向新时代的国民经济核算研究议题及相关问题[J].统计研究,2021(10):3-11.

[3] 胡亚茹,许宪春.企业数据资产价值的统计测度问题研究[J].统计研究,2022(9):3-18.

[4] 李原,刘洋,李宝瑜.数据资产核算若干理论问题辨析[J].统计研究,2022(9):19-28.

[5] 李静萍.数据资产核算研究[J].统计研究,2020(11):3-14.

[6] 李花菊.关于数据资产核算[J].中国统计,2021(2):52-53.

[7] 贾小爱,潘雯铃.经济所有权视角下的数据资产确权[J].统计学报,2023,4(2):73-82..

[8] 穆勇,王薇,赵莹,等.我国数据资源资产化管理现状、问题及对策研究[J].电子政务,2017(2):66-74.

[9] 田杰棠,刘露瑶.交易模式、权利界定与数据要素市场培育[J].改革,2020(7):17-26.

[10] 许宪春,张钟文,胡亚茹.数据资产统计与核算问题研究[J].管理世界,2022(2):16-30.

[11] 向书坚,吴文君.OECD数字经济核算研究最新动态及其启示[J].统计研究,2018(12):3-15.

[12] 向书坚,梁燕,朱贺.政府数据资产核算若干理论问题研究[J].统计研究,2023,40(8):18-31.

[13] 夏义堃.政府数据治理的维度解析与路径优化[J].电子政务,2020(7):43-54.

[14] 杨林.数据资产化的会计核算研究[J].中国统计,2021(7):35-37.

[15] 易明,冯翠翠,莫富传,等.政府数据资产的价值发现:概念模型和实施路径[J].电子政务,2022(1):27-39.

[16] 杨东,毛智琪. 公共数据开放与价值利用的制度建构[J]. 北京航空航天大学学报(社会科学版),2023,36(2):36-45.

[17] 叶雅珍,朱扬勇. 数据资产[M]. 北京:人民邮电出版社,2021.

[18] 张鹏,蒋余浩. 政务数据资产化管理的基础理论研究:资产属性、数据权属及定价方法[J]. 电子政务,2020(9):61-73.

[19] HUGHES C E, CORONADO J. The Value of US Government Data to US Business Decisions[J]. Journal of Economic Perspectives, 2019, 33(1):131-146.

[20] LEVIKANGAS P,MOLARIUS R. Open government data policy and value added-Evidence on transport safety agency case[J]. Technology in Society, 2020, 63(2): 1-9.

[21] OECD. Exploring the Economics of Personal Data[R]. OECD Publishing, 2013.

[22] OECD. Perspectives on the value of data and data flows[R]. OECD Publishing,2020.

[23] RASSIER D G, KORNFELD R J, STRASSNER E H. Treatment of Data in National Accounts[R]. Paper prepared for the BEA Advisory Committee,2019.

[24] RUAN K. Digital Asset Valuation and Cyber Risk Measurement: Principles of Cybernomics [M]. Academic Press,2019.

[25] Statistics Canada,2019, Measuring Investment in Data, Databases, and Data Science: Conceptual Framework [EB/OL]. https://www150. statcan. gc. ca/n1/pub/13-605-x/2019001/article/00008-eng. htm,2019-06-24.

[26] UN Group of Experts on National Accounts. Recording of data in the National Accounts[R]. Economic Commission for Europe Conference of European Statisticians,2022.

函数型空间自回归模型的
贝叶斯分析及其应用

一、引言

在当今的大数据时代,随着信息技术的飞速发展,收集数据和储存数据的技术水平得到了快速的提高,并且随着使用工具越来越先进,人们收集到的数据也越来越复杂。在计量经济学、气象学、医学等方面,常常会获得带有明显函数特性的数据,即观测数据是在空间或时间的一个或多个维度上获得的,这一类型的数据称为函数型数据。函数型数据分析已经成为统计学家研究的热点领域之一。目前有很多专家对函数型数据模型进行了参数估计、变量选择、模型检验等比较系统的研究。例如,基于函数型主成分分析,Hall 和 Horowitz(2007)提出了具有标量响应变量和函数型解释变量的函数型线性回归模型的最小二乘方法,并且证明了获得的估计量具有非参数的最优收敛速度。Shin(2009)提出了部分函数型线性回归模型,并研究了模型中未知回归系数的理论性质。Feng 等(2021)研究了函数型单指标变系数模型的参数估计,并且在一定的正则条件下建立了获得估计量的良好理论性质。Zhou 和 Peng(2020)研究了缺失数据下部分函数型线性回归模型的参数估计。Hu 等(2020)研究了偏正态数据下函数型线性回归模型的异方差检验和参数估计问题。Shi 等(2021)研究了函数型分位数回归模型的模型检验问题。另外,有关函数型数据分析的其他研究内容可以参见其他文献。在以上这些文献研究中,函数型数据分析的响应变量是一个独立变量,不是一个具有空间相关的响应变量。然而在实际应用中会发现,在函数型数据建模分析时不仅会存在函数型解释变量,有时还会同时出现具有空间相依关系的响应变量的情形。

目前研究具有空间相依关系的最主要模型是空间自回归模型。空间自回归模型广泛应用于经济学、环境科学以及地理信息等领域,且有大量的统计学家和计量经济学家对其进行深入研究。例如,Liu 等(2018)基于惩罚拟极大似然估计方法研究了空间自回归模型的变量选择问题。Jin 和 Lee(2019)考虑了空间自回归模型的广义经验似然估计和检验问题。王周伟等(2019)基于 Spatial AIC 准则研究了空间自回归模型的变量选择。Xie 等(2020)研究了发散维时空间自回归模型的变量选择,并证明了变量选择方法具有相合性和 Oracle 性质。Cheng 和 Chen(2021)提出了部分线性单指标空间自回归模型并且针对模型研究了截面极大似然估计问题。Hu 等(2020)基于函数型主成分分析研究了函数型空间自回归模型的估计,并建立了参数部分和函数系数部分估计的理论性质。

另外近年来由于计算机的快速发展,贝叶斯统计发展非常迅速,取得了非常丰硕的研究成果。例如,Li 等(2014)研究了基于似然比检验统计量的贝叶斯版本假设检验。Tang 等(2018)基于 P 样条对线性混合效应变换模型进行贝叶斯估计和贝叶斯局部影响分析。Tian 和 Song(2020)基于贝叶斯桥惩罚分位数回归研究了模型的贝叶斯变量选择问题。田瑞琴等(2021)研究了纵向数据下半参数均值方差模型的贝叶斯分析。Zhang 等(2021)基于分位数回归研究了半参数混合效应双重回归模型的贝叶斯估计问题。但是有关部分函数型空间自回归模型的贝叶斯统计推断成果却几乎没有。因此本文主要基于函数型主成分分析,应用联合 Gibbs 抽样和 Metropolis-Hastings 算法相结合的混合算法来研究函数型空间自回归模型的贝叶斯估计。

二、模型与似然函数

(一)函数型空间自回归模型

部分线性函数型空间自回归模型

$$Y_i = \rho \sum_{j=1}^{n} w_{ij} Y_j + Z_i^T \theta + \int_0^1 \beta(t) X_i(t) \mathrm{d}t + \varepsilon_i \tag{1}$$

其中，Y_i 是实值空间相依响应变量，Z_i 是 p 维协变量，$X_i(t)$ 是二阶随机过程 $L^2([0,1])$ 上的均值为 0 的函数型解释变量，$i = 1, \cdots, n$。w_{ij} 表示给定 $n \times n$ 维空间权重矩阵 W 的第 (i,j) 个元素，并且满足当 $i = j$ 时，$w_{ij} = 0$。此外，$\theta = (\theta_1, \theta_2, \cdots, \theta_p)^T$ 是 p 一维未知回归参数，$\beta(t)$ 是定义在 $[0,1]$ 上的平方可积函数，ε_i 是独立同分布服从均值为零，方差为 σ^2 的多元正态分布。

为方便，模型(1)写成矩阵的形式，令 $Y = (Y_1, Y_2, \cdots, Y_n)^T$，$Z = (Z_1, Z_2, \cdots, Z_n)^T$，$X(t) = (X_1(t), X_2(t), \cdots, X_n(t))^T$，$\varepsilon = (\varepsilon_1, \varepsilon_2, \cdots, \varepsilon_n)^T$。那么模型(1)可以重新写成

$$Y = \rho W Y + Z\theta + \int_0^1 \beta(t) X(t) \mathrm{d}t + \varepsilon \tag{2}$$

其中，随机误差满足 $\varepsilon \sim N(0, \sigma^2 I_n)$，$\boldsymbol{I}_n$ 是 $n \times n$ 单位阵。

(二)似然函数

首先，定义函数型变量 $X(t)$ 的协方差函数和经验协方差函数分别为

$$K(s,t) = Cov(X(t), X(s)), \quad \hat{K}(s,t) = \frac{1}{n} \sum_{i=1}^{n} X_i(s) X_i(t)$$

在这假设协方差函数对应的特征根从大到小排列为 $\lambda_1 > \lambda_2 > \cdots > 0$，对应的经验协方差函数特征根为 $\hat{\lambda}_1 \geqslant \hat{\lambda}_2 \geqslant \cdots \geqslant 0$，$\{\phi_j\}$ 和 $\{\hat{\phi}_J\}$ 分别为对应的正交特征向量。显然，这里 $\{\phi_j\}$ 和 $\{\hat{\phi}_j\}$ 为空间 $L^2([0,1])$ 上的标准正交基，那么利用 Mercer 定理可得 $K(s,t)$ 和 $\hat{K}(s,t)$ 分别有如下的谱分解

$$K(s,t) = \sum_{j=1}^{\infty} \lambda_j \phi_j(s) \phi_j(t), \hat{K}(s,t) = \sum_{j=1}^{\infty} \hat{\lambda}_j \hat{\phi}_j(s) \hat{\phi}_j(t)$$

然后根据 Karhunen-Loève 表示定理可得

$$X(t) = \sum_{i=1}^{\infty} \xi_i \hat{\phi}_i(t), \beta(t) = \sum_{i=1}^{\infty} \gamma_i \phi_i(t) \tag{3}$$

其中，ξ_i 是不相关的随机变量，且满足 $E[\xi_i]=0, E[\xi_i^2]=\lambda_i$ 和 $\gamma_i = \langle \beta, \phi_i \rangle$，
这里 $\langle \cdot, \cdot \rangle$ 表示在 $L^2(T)$ 上的内积。因此把(3)代入模型(2)可得

$$Y = \rho W Y + Z\theta + \sum_{j=1}^{\infty} \gamma_i \langle \phi_j, X \rangle + \varepsilon \tag{4}$$

然后模型(4)可以按照以下近似为

$$Y \approx \rho W Y + Z\theta + \sum_{j=1}^{m} \gamma_i \langle \phi_j, X \rangle + \varepsilon \tag{5}$$

其中，$m \leqslant n$ 表示截断参数。若用 $\hat{\phi}_j$ 近似 ϕ_j，模型(5)可以被重新写成

$$Y \approx \rho W Y + Z\theta + U\gamma + \varepsilon \tag{6}$$

其中，$U = \{\langle X, \hat{\phi}_j \rangle\}_{j=1,\dots,m}$ 和 $\gamma = (\gamma_1, \gamma_2, \cdots, \gamma_m)^r$。那么由模型(6)可以获得似然函数

$$L(\theta, \gamma, \rho, \sigma^2 \mid Y, Z, X) \propto |A| (\sigma^2)^{-n/2} \exp\left\{ -\frac{e^T e}{2\sigma^2} \right\} \tag{7}$$

其中，$e = AY - Z\theta - U\gamma, A = I_n - \rho W\theta$ 和 I_n 是 $n \times n$ 维单位阵。

三、贝叶斯估计

(一)先验分布

为了应用贝叶斯方法估计模型(1)中的未知参数，需要具体化未知参数的先验分布。类似于 Ju 等(2018)，为了简便，在这假设 θ 和 γ 相互独立且具有正态先验分布，分别为 $\theta \sim N(\theta_0, \sum_{\theta})$，$\gamma \sim N(\gamma_0, \sum_{\gamma})$，其中假设超参数 θ_0, γ_0 和 $\sum_{\theta}, \sum_{\gamma}$ 是已知的。另外假设 $\rho \sim U(-1,1)$，$\sigma^2 \sim IG(c_0, d_0)$，其中 c_0 和 d_0 是已知的超参数，"$U(\cdot, \cdot)$"表示均匀分布，"IG"表示逆

Gamma 分布。这样未知参数的联合先验定义如下

$$\pi(\theta,\gamma,\rho,\sigma^2) = p(\theta)p(\gamma)p(p)p(\sigma^2) \tag{8}$$

其中,"$p(\cdot)$"表示参数的先验概率密度函数。

(二)贝叶斯后验推断

令 $\psi = (\theta,\gamma,\rho,\sigma^2)$,在这里主要利用 MCMC 方法获得未知参数 ψ 的贝叶斯估计。基于似然函数(7)和联合先验分布(8)可以获得参数 ψ 的联合后验分布,具体为

$$p(\psi \mid Y,X,Z) \propto L(\theta,\gamma,\rho,\sigma^2 \mid Y,Z,X)\pi(\theta,\gamma,\rho,\sigma^2) \tag{9}$$

基于上式进行直接抽样和后验推断是比较困难的。为了解决这个问题,首先需要推导获得每一个未知参数的条件分布,然后利用 Metropolis-Hastings 抽样算法和 Gibbs 抽样相结合的混合 MCMC 抽样算法来从各自的条件分布中抽样,具体如下。

1. θ 的条件分布

$$p(\theta \mid Y,Z,X,\gamma,\rho,\sigma^2) \sim N(\tilde{\mu}_\theta,\tilde{\Sigma}_\theta) \tag{10}$$

其中,$\tilde{\mu}_\theta = \tilde{\Sigma}_\theta(Z^T(AY-U\gamma)/\sigma^2 + \Sigma_\theta^{-1}\theta_0)$,$\tilde{\Sigma}_\theta = (Z^TZ/\sigma^2 + \Sigma_\theta^{-1})^{-1}$。

2. γ 的条件分布

$$p(\gamma \mid Y,Z,X,\theta,\rho,\sigma^2) \sim N(\tilde{\mu}_\gamma,\tilde{\Sigma}_\gamma) \tag{11}$$

其中,$\tilde{\mu}_\gamma = \tilde{\Sigma}_\gamma(U^T(AY-Z\theta)/\sigma^2 + \Sigma_\gamma^{-1}\gamma_0)$,$\tilde{\Sigma}_\gamma = (\Sigma_\gamma^{-1} + U^TU/\sigma^2)^{-1}$。

3. σ^2 的条件分布

$$p(\sigma^2 \mid Y,Z,\theta,\gamma,\rho) \sim IG(a_{\sigma^2},b_{\sigma^2}) \tag{12}$$

其中,$a_{\sigma^2} = \frac{n}{2} + c_0$ 和 $b_{\sigma^2} = \frac{(AY-Z\theta-U\gamma)^T(AY-Z\theta-U\gamma)}{2} + d_0$。

4. ρ 的条件分布

$$p(\rho \mid Y,Z,X,\theta,\gamma,\sigma^2) \propto |A| \exp\left\{-\frac{1}{2\sigma^2}(AY-Z\theta-U\gamma)^T(AY-Z\theta-U\gamma)\right\} \tag{13}$$

那么这样就可以通过表 1 中的具体 MCMC 算法产生后验样本序列 $(\theta^{(l)},$ $\gamma^{(l)},\rho^{(l)},\sigma^{2(l)}),l=1,\cdots,J$。从 (10)$-$(12) 表达式中很容易发现,这些条件分布是熟悉的正态分布和逆 Gamma 分布,那么从这些分布抽取随机数是比较容易的。但条件分布 $p(\rho\mid Y,Z,X,\theta,\gamma,\sigma^2)$ 是不熟悉且相当复杂的分布,从这个分布中抽取随机数是比较困难的。选择 Metropolis-Hastings 算法来从这个分布中抽取随机数,并选择正态分布 $N(0,\sigma_p^2)$ 作为建议分布,通过选择 σ_p^2 使接受概率在 0.25 与 0.45 之间。算法具体应用如下:在 $(l+1)$ 次迭代且目前值为 $\rho^{(l)}$ 时,从建议分布 $N(\rho^{(l)},\sigma_p^2)$ 产生一个新的备选值 ρ^*,它被接受的概率为

$$\min\left\{1,\frac{p(\rho^*\mid Y,Z,X,\theta,\gamma,\sigma^2)}{p(\rho^{(l)}\mid Y,Z,X,\theta,\gamma,\sigma^2)}\right\}$$

这样基于以上 MCMC 算法就可以收集到收敛的后验样本并记收集到的 MCMC 样本为 $(\theta^{(k)},\gamma^{(k)},\rho^{(k)},\sigma^{2(k)}),k=1,\cdots,M,M<J$。这样参数的后验均值估计 $(\hat{\theta},\hat{\gamma},\hat{\rho},\hat{\sigma^2})$ 分别可以估计

$$\hat{\theta}=\frac{1}{M}\sum_{k=1}^{M}\theta^{(k)},\hat{\gamma}=\frac{1}{M}\sum_{k=1}^{M}\gamma^{(k)}$$

$$\hat{\rho}=\frac{1}{M}\sum_{k=1}^{M}\rho^{(k)},\hat{\sigma^2}=\frac{1}{M}\sum_{k=1}^{M}\sigma^{2(k)}$$

表 1　未知参数 $\psi=(\theta,\gamma,\rho,\sigma^2)$ 的后验样本抽样算法

算法:针对未知参数 $\Psi=(\theta,\gamma,\rho,\sigma^2)$,基于 MCMC 技术的抽样算法。
输入:给定初始值 $\Psi^{(0)}=(\theta^{(0)},\gamma^{(0)},\rho^{(0)},\sigma^{2(0)})$,且假设抽样算法的迭代次数为 J
输出:基于 MCMC 技术抽样获得后验样本序列 $(\Psi^{(1)},\Psi^{(2)},\cdots,\Psi^{(J)})$。
k 从 1 到 J 执行如下操作:
1. 抽样 $\sigma^2\mid Y,Z,X,\theta,\gamma,\rho\sim IG(a_{\sigma^2},b_{\sigma^2})$;
2. 抽样 $\theta\mid Y,Z,\gamma,\rho,\sigma^2\sim N(\tilde{\mu}_\theta,\tilde{\sum}_\theta)$;
3. 抽样 $\gamma\mid Y,Z,\theta,\rho,\sigma^2\sim N(\tilde{u}_\gamma,\tilde{\sum}_\gamma)$;
4. 基于 Metropolis-Hastings 算法从式子 (13) 抽样 $\rho\mid Y,Z,X,\theta,\gamma,\sigma^2$。
结束

四、模拟研究

本节通过数值模拟研究来说明前面提出的贝叶斯估计方法的有效性。数据从模型(2)产生,其中 $\theta = (1, -0.5, 0.5)$;Z 产生于多元正态分布 $N(0, \Sigma_Z)$,$(\Sigma_Z)_{i,j} = 0.5^{|i-j|}$;$i, j, = 1, 2, 3$。为了比较不同的信噪比影响,选取模型方差 $\sigma^2 = 0.25$ 和 1。另外空间参数 $\rho = 0.5, 0, -0.5$ 表示不同程度与方向的空间依赖性。类似于 Lee(2004),设置权重函数 $W = I_R \otimes H_q$,$H_q = (l_q l_q^T - I_q)/(q-1)$,其中 l_q 表示全是 1 的 q 维向量,"$\otimes$"表示 Kronecker 积,$n = R \times q$。针对函数型部分,类似于 Shin(2009),函数型系数 $\beta(t) = \sqrt{2}\sin(\pi t/2) + 3\sqrt{2}\sin(3\pi t/2)$ 和 $X(t) = \sum_{j=1}^{50} \xi_j \phi_j(t)$,其中 ξ_j 独立同分布于均值为 0,方差为 $\lambda_j = ((j-0.5)\pi)^{-2}$ 的正态分布,$\phi_j(t) = \sqrt{2}\sin((j-0.5)\pi t)$。在这个模拟中,考虑未知参数 $\theta, \gamma, \rho, \sigma^2$ 的无信息先验: $\theta_0 = 0_3$,$\Sigma_\theta = 10 \times I_3$,$\gamma_0 = 0_m$,$\Sigma_\gamma = 10 \times I_m$,$c_0 = d_0 = 0.01$,其中 0_m 表示全是 0 的 m 维向量。进一步选择 $R = 50, 70$ 和 $q = 3, 6$。这里通过使用函数型主成分分析方法获得最优的截断参数 m,即 $m = \min\{k: \sum_{i=1}^{k} \hat{\lambda}_i / \sum_{i=1}^{n} \hat{\lambda}_i \geqslant 90\%\}$。

在上面的各种设置环境下,应用联合 Metropolis-Hastings 算法和 Gibbs 抽样的混合 MCMC 算法来计算未知参数的贝叶斯估计。对于每一种情形重复计算 100 次。对于重复产生的每一次数据集,MCMC 算法的收敛性可以通过 EPSR 值来检验,并且在每次运行中观测得到在 3000 次迭代以后 EPSR 值都小于 1.2 且接近于 1。因此在每次重复计算中丢掉前 3000 次迭代以后再收集 $M = 2000$ 个样本来产生贝叶斯估计。所有的结果展示在表 2—表 4 中。另外,为了测量函数型系数估计的好坏,选择用如下定义的 RASE 来衡量精确度

$$\text{RASE} = \left\{\frac{1}{N}\sum_{s=1}^{N}[\hat{\beta}(t_s) - \beta(t_s)]^2\right\}^{\frac{1}{2}}$$

其中 $t_s, s = 1, \cdots, N$ 表示函数型系数 $\hat{\beta}(t)$ 计算的格子点,$N = 200$。模拟结

果展示在表 5 中。为了更加直接地看出函数型系数估计的好坏,画出并展示了一部分曲线估计图在图 1—图 6 中。

在表 2—表 4 中,"Bias"表示基于 100 次重复计算未知参数的贝叶斯估计和真值之间的偏差,"SD"表示未知参数贝叶斯估计的标准差。从表 2—表 5 中可以得到以下结论:(1)在估计的偏差 Bias 和 SD 值方面,不管何种情形下贝叶斯估计都相当精确。并且随着样本量的增大,模型中参数部分和函数型系数部分的贝叶斯估计结果变得越来越好。(2)基于不同的空间参数 ρ,贝叶斯估计结果都是一样好。(3)当模型方差逐渐变小时,贝叶斯估计效果也变得越来越好。(4)随着样本量的增大,RASE 值变得越来越小,这也表明函数型系数估计得越来越好。从图 1—图 6 也展示了不管何种情形下,估计出来的函数型系数的曲线与相应的真实函数的曲线逼近得都比较好,这与表 5 展示出来的结果是一样的。总之,从以上所有结果中可以看出应用提出的贝叶斯估计方法能很好地恢复函数型空间自回归模型中的真实信息。

表 2 当 $\rho=0.5$ 时不同情况下未知参数的贝叶斯估计结果

σ^2	R	参数	$q=3$		$q=6$	
			Bias	SD	Bias	SD
1	50	θ_1	0.016	0.109	−0.001	0.077
		θ_2	0.000	0.097	−0.010	0.073
		θ_3	−0.001	0.101	0.015	0.074
		ρ	−0.012	0.036	−0.013	0.037
		σ^2	0.030	0.122	0.005	0.084
	70	θ_1	0.010	0.079	−0.004	0.053
		θ_2	0.014	0.081	0.002	0.064
		θ_3	0.002	0.075	0.003	0.057
		ρ	−0.006	0.030	−0.007	0.032
		σ^2	0.009	0.101	0.001	0.081

σ^2	R	参数	$q=3$		$q=6$	
			Bias	SD	Bias	SD
0.25	50	θ_1	0.009	0.055	0.000	0.039
		θ_2	−0.001	0.049	−0.005	0.037
		θ_3	0.001	0.051	0.008	0.037
		ρ	−0.006	0.022	−0.007	0.024
		σ^2	0.008	0.030	0.001	0.021
	70	θ_1	0.006	0.039	−0.002	0.027
		θ_2	0.007	0.040	0.001	0.032
		θ_3	0.001	0.038	0.002	0.028
		ρ	−0.003	0.019	−0.004	0.020
		σ^2	0.003	0.025	0.000	0.020

表3　当 $\rho=0$ 时不同情况下未知参数的贝叶斯估计结果

σ^2	R	参数	$q=3$		$q=6$	
			Bias	SD	Bias	SD
1	50	θ_1	0.011	0.105	−0.003	0.077
		θ_2	0.002	0.096	−0.009	0.073
		θ_3	−0.003	0.101	0.014	0.073
		p	−0.011	0.055	−0.020	0.066
		σ^2	0.020	0.114	0.000	0.083
	70	θ_1	0.008	0.079	−0.006	0.053
		θ_2	0.015	0.080	0.003	0.064
		θ_3	0.000	0.074	0.003	0.056
		p	−0.005	0.047	−0.010	0.057
		σ^2	0.004	0.101	−0.002	0.080
	50	θ_1	0.006	0.053	−0.001	0.039
		θ_2	0.000	0.048	−0.004	0.036

续　表

σ^2	R	参数	$q=3$		$q=6$	
			Bias	SD	Bias	SD
0.25		θ_3	0.000	0.051	0.007	0.037
		ρ	-0.006	0.034	-0.011	0.043
		σ^2	0.006	0.029	0.001	0.021
	70	θ_1	0.004	0.040	-0.003	0.027
		θ_2	0.007	0.040	0.001	0.032
		θ_3	0.000	0.037	0.002	0.028
		ρ	-0.003	0.031	-0.006	0.036
		σ^2	0.002	0.025	0.000	0.020

另外,为了测试提出的贝叶斯估计方法在协变量高维情况下的效果,令 $\theta=0.5\times1_K,K=15$,"1_K"表示全是 1 的 K 维向量。其他参数的设置和前面一样。为了节省空间,在这里仅列出 $\sigma^2=0.25,R=70,q=3$ 情况下的模拟结果并展示在表 6 中,表中" $Bias_\theta$ "表示所有 θ 分量估计的偏差绝对值的和," SD_θ "表示所有 θ 分量估计的标准差的和;" $Bias_{\sigma^2},Bias_\rho,SD_{\sigma^2},SD_\rho$ "表示相应参数的绝对偏差和标准差;"$RASE_\beta$"表示函数型系数 β 估计的 RASE 值。从表 6 中不难发现,在不同的空间参数下,所有参数的估计效果差别不大且是比较满意的。这说明所提出的贝叶斯估计方法在高维情况下运行是可行有效的。

表 4　当 $\rho=-0.5$ 时不同情况下未知参数的贝叶斯估计结果

σ^2	R	参数	$q=3$		$q=6$	
			Bias	SD	Bias	SD
1	50	θ_1	0.010	0.104	-0.005	0.077
		θ_2	0.002	0.096	-0.008	0.072
		θ_3	-0.003	0.101	0.013	0.072
		ρ	-0.004	0.060	-0.021	0.087
		σ^2	0.018	0.116	-0.003	0.083

σ^2	R	参数	$q=3$		$q=6$	
			Bias	SD	Bias	SD
0.25	70	θ_1	0.008	0.082	−0.006	0.054
		θ_2	0.016	0.081	0.003	0.064
		θ_3	0.000	0.073	0.003	0.056
		ρ	0.000	0.052	−0.009	0.076
		σ^2	0.005	0.108	−0.003	0.080
	50	θ_1	0.006	0.052	−0.002	0.039
		θ_2	0.000	0.048	−0.004	0.036
		θ_3	−0.001	0.051	0.007	0.036
		ρ	−0.003	0.038	−0.013	0.057
		σ^2	0.006	0.029	0.000	0.021
	70	θ_1	0.004	0.042	−0.003	0.027
		θ_2	0.008	0.040	0.002	0.032
		θ_3	0.000	0.036	0.001	0.029
		ρ	−0.001	0.034	−0.006	0.048
		σ^2	0.002	0.026	0.000	0.020

表5　不同情况下函数型系数 $\beta(t)$ 的贝叶斯估计结果（RASE 值）

ρ	σ^2	R	$q=3$	$q=6$
0.5	1	50	0.570	0.398
		70	0.464	0.335
	0.25	50	0.394	0.274
		70	0.326	0.226
0	1	50	0.572	0.397
		70	0.466	0.335
	0.25	50	0.393	0.274
		70	0.326	0.226

ρ	σ^2	R	$q=3$	$q=6$
-0.5	1	50	0.574	0.397
		70	0.471	0.335
	0.25	50	0.394	0.275
		70	0.328	0.227

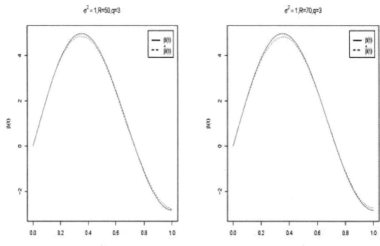

图 1　当 $\rho=0.5$ 时，$\sigma^2=1,R=50,q=3$ 和 $\sigma^2=1,R=70,q=3$ 的函数型系数 $\beta(t)$ 的贝叶斯估计结果

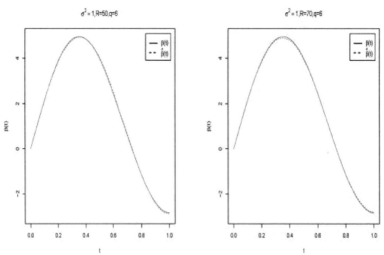

图 2　当 $\rho=0.5$ 时，$\sigma^2=1,R=50,q=6$ 和 $\sigma^2=1,R=70,q=6$ 的函数型系数 $\beta(t)$ 的贝叶斯估计结果

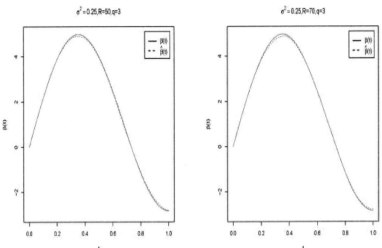

图 3 当 $\rho = 0.5$ 时, $\sigma^2 = 0.25, R = 50, q = 3$ 和 $\sigma^2 = 0.25, R = 70, q = 3$ 的函数型系数 $\beta(t)$ 的贝叶斯估计结果

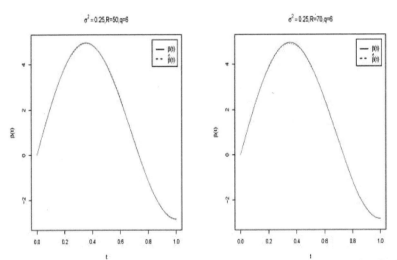

图 4 当 $\rho = 0.5$ 时, $\sigma^2 = 0.25, R = 50, q = 6$ 和 $\sigma^2 = 0.25, R = 70, q = 6$ 的函数型系数 $\beta(t)$ 的贝叶斯估计结果

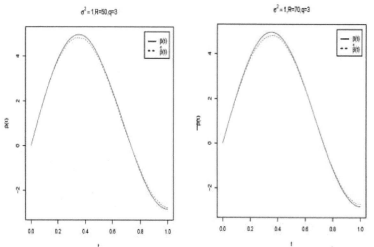

图5 当 $\rho = 0.5$ 时，$\sigma^2 = 1, R = 50, q = 3$ 和 $\sigma^2 = 1, R = 70, q = 3$ 的函数型系数 $\beta(t)$ 的贝叶斯估计结果

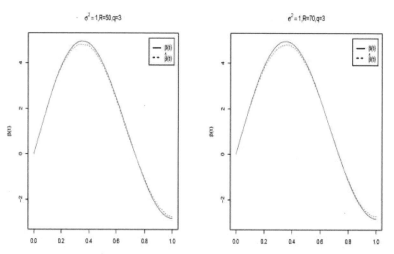

图6 当 $\rho = -0.5$ 时，$\sigma^2 = 1, R = 50, q = 3$ 和 $\sigma^2 = 1, R = 70, q = 3$ 的函数型系数 $\beta(t)$ 的贝叶斯估计结果

表6 当 $R = 70, q = 3, \sigma^2 = 0.25$ 时高维协变量情况下所有参数的贝叶斯估计结果

p	$Bias_\theta$	$Bias_\rho$	$Bias_{\sigma^2}$	SD_θ	SD_e	SD_{σ^2}	$RASE_\beta$
0.5	0.0585	0.0013	0.0014	0.6756	0.0102	0.0254	0.3082
0	0.0597	0.0009	0.0011	0.6734	0.0162	0.0252	0.3080
−0.5	0.0595	0.0002	0.0012	0.6735	0.0183	0.0252	0.3079

五、实际数据分析

本节利用前面提出的函数型空间自回归模型与贝叶斯方法来分析加拿大气温数据,有关数据描述可以参见 R 语言包 fda 中 CanadianWeather 的介绍。该数据由加拿大 35 个气象站 1960 年到 1994 年期间每天的平均降雨量,平均气温以及气象站所处的经纬度等信息数据组成。为了分析年降雨量和气温之间的关系,假设 35 个气象站的年平均降雨总量的对数为 Y,35 个气象站的每天平均气温曲线为 $X(t)$。在这里首先用如下定义的莫兰指数计算空间相关性:

$$I = \frac{n}{S_0} \frac{\sum_{i=1}^{n} \sum_{j=1}^{n} w_{ij}(Y_i - \bar{Y})}{\sum_{i=1}^{n}(Y_i - \bar{Y})^2}$$

其中 $n = 35$,ω_{ij} 是空间权重值,即空间权重矩阵 W 的元素;S_0 是所有空间权重的聚合,即 $S_0 = \sum_{i=1}^{n} \sum_{j=1}^{n} w_{ij}$。在这个实证分析中,首先利用 35 个气象站的经纬度数据计算它们各自的欧氏距离,然后用欧氏距离的倒数以及进行标准化生成空间权重矩阵 W。在此基础上计算出莫兰指数为 0.2655 和显著性检验 p 值为 0.000,因此可以认为 35 个气象站的年降雨量存在空间相关性,有理由认为存在空间效应。故为了分析每天平均气温对年平均降雨量的影响,采用以下的函数型空间自回归模型进行分析,

$$Y = \rho WY + \int_{1}^{365} \beta(t) X(t) \mathrm{d}t + \varepsilon, t = 1, \cdots, 365$$

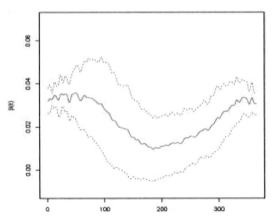

图 7　实例分析中函数型系数 $\beta(t)$ 的贝叶斯估计（实线）；以及 95%的置信带估计曲线（虚线）

通过应用文中提出的贝叶斯估计方法和无信息先验获得空间参数的估计为 $\hat{\rho} = 1.184$ 以及函数型系数 $\beta(t)$ 的曲线估计和 95%的置信带估计如图 7 所示。其中为了测试算法的收敛性，画出了所有未知参数的 EPSR 值的图，且列在图 8 中，从图 8 中也能看出 3000 次迭代以后所有参数的 EPSR 值都小于 1.2，这表示 3000 次迭代以后算法都收敛了。

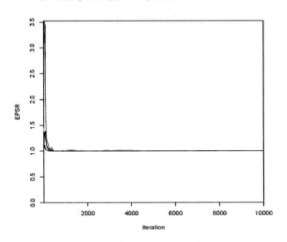

图 8　实际数据分析中所有参数的 EPSR 值

最后再次对残差数据计算获得莫兰指数为 -0.054 和显著性检验 p 值为 0.449，因此可以认为使用该空间模型有效提取了信息和模型拟合效果较好。

六、贝叶斯变量选择

(一)先验分布

为了应用贝叶斯 Adaptive Lasso 方法估计模型(1)中的未知参数,需要具体化未知参数的先验分布。具体地,θ 考虑如下双层先验:

$$
\begin{cases}
\theta \mid \eta_1^2, \cdots, \eta_p^2 \sim N_p(0, D_\eta) \\[2mm]
f(\eta_j^2) = \dfrac{\lambda_j^2}{2} \exp\left(\dfrac{\lambda_j^2 \eta_j^2}{2}\right) \\[2mm]
p(\eta) = \prod\limits_{j=1}^{p} f(\eta_j^2) \\[2mm]
D_\eta = \mathrm{diag}\{\eta_1^2, \cdots, \eta_p^2\}, \eta = \{\eta_1^2, \cdots, \eta_p^2\}^T
\end{cases}
$$

换言之就是,$\theta_j \mid \eta_j^2 \sim N(0, \eta_j^2)$。这样的双层先验导致 θ 是条件独立的双指数先验密度

$$
p(\theta \mid \lambda_1, \lambda_2, \cdots, \lambda_p) = \prod_{j=1}^{p} \lambda_j \exp(-\lambda_j \mid \theta_j \mid)
$$

其中,$\theta_j \mid \lambda_j \sim DE(\lambda_j) = \lambda_j \exp(-\lambda_j \mid \theta_j \mid)$,$DE(\lambda_j)$ 表示双指数密度函数。根据贝叶斯定理,可以获得 θ 的后验分布为:

$$
p(\theta \mid Y, Z, X, \gamma, \rho, \sigma^2) \propto p(Y \mid Z, X, \theta, \gamma, \rho, \sigma^2) P(\theta \mid \lambda_1, \lambda_2, \cdots, \lambda_p)
$$

$$
\propto \exp\left\{-\frac{1}{2\sigma^2}(AY - Z\theta - U\gamma)^T(AY - Z\theta - U\gamma) - \sum_{j=1}^{p} \lambda_j \mid \theta_j \mid \right\}
$$

可以看出,θ 的后验估计正好是 Adaptive Lasso 估计。其中 λ_j 是调整参数,对应于重要的解释变量一般取值比较小,不重要的变量则取值比较大。在这里令 λ_j^2 的先验分布为 Gamma 分布,即 $\lambda_j^2 \sim \Gamma(c_1, d_1) \propto (\lambda_j^2)^{c_1-1} \exp(-d_1 \lambda_j^2)$,其中 c_1 和 d_1 是已知的超参数。另外,其他未知参数的先验分别为:$\gamma \sim N(\gamma_0, B_y)$,$\rho \sim U(-1, 1)$,$\sigma^2 \sim IG(c_0, d_0)$,"$U(\bullet, \bullet)$" 表示均匀分布,"IG" 表示逆 Gamma 分布。这样未知参数的联合先验定义如下,

$$
\pi(\theta, \gamma, \rho, \sigma^2) = p(\gamma) p(\rho) p(\theta \mid \lambda_1, \lambda_2, \cdots, \lambda_p) \prod_{j=1}^{p} p(\lambda_j) \tag{14}
$$

（二）贝叶斯后验推断

令 $\Psi = (\theta, \gamma, \rho, \sigma^2)$，利用 MCMC 方法获得未知参数 Ψ 的贝叶斯估计。基于似然函数（7）和联合先验分布（14）可以获得参数 Ψ 的联合后验分布，具体如下：

$$p(\Psi \mid Y, Z, X) \propto L(\theta, \gamma, \rho, \sigma^2 \mid Y, Z, X) \pi(\theta, \gamma, \rho, \sigma^2) \qquad (15)$$

基于上式进行直接抽样和后验推断是比较困难的。为了解决这个问题，首先需要推导获得每一个未知参数的条件分布，然后利用 Gibbs 抽样和 Metropolis-Hastings 抽样算法相结合的混合 MCMC 抽样算法来从各自的条件分布中抽样，具体如下：

1. θ 的条件分布：

$$p(\theta \mid Y, Z, X, \gamma, \sigma^2) \propto \exp\left\{ -\frac{1}{2}(\theta - \tilde{\mu}_\theta)^T \tilde{\sum}_\theta^{-1} (\theta - \tilde{\mu}_\theta) \right\} \qquad (16)$$

其中，$\tilde{\mu}_\theta = \tilde{\sum}_\theta Z^T (AY - U\gamma)/\sigma^2$，$\tilde{\sum}_\theta = (\sum_\xi^{-1} + Z^T Z/\sigma^2)^{-1}$，$\sum_\xi = diag\{\eta_1^2, \eta_2^2, \cdots, \eta_p^2\}$。

2. γ 的条件分布：

$$p(\gamma \mid Y, Z, X, \theta, \sigma^2) \propto \exp\left\{ -\frac{1}{2}(\gamma - \tilde{\mu}_\gamma)^T \tilde{\sum}_\gamma^{-1} (\gamma - \tilde{\mu}_\gamma) \right\} \qquad (17)$$

其中，$\tilde{\mu}_\gamma = \tilde{\sum}_\gamma (U^T (AY - Z\theta)/\sigma^2 + B_\gamma^{-1} \gamma_0)$，$\tilde{\sum}_\gamma = (B_\gamma^{-1} + U^T U/\sigma^2)^{-1}$。

3. η_j^2 的条件分布：

$$p(\eta_j^{-2} \mid Y, Z, X, \theta, \sigma^2) \sim inverse\text{-}Gaussian(\mu', \lambda') \qquad (18)$$

其中，$\mu' = \left| \frac{\lambda_j}{\theta_j} \right|$，$\lambda' = \lambda_j^2$。

4. λ_j^2 的条件分布：

$$p(\lambda_j^2 \mid Y, Z, \theta, \sigma^2) \propto (\lambda_j^2)^{a_\lambda - 1} \exp\{-b_\lambda \lambda_j^2\} \qquad (19)$$

其中，$a_{\lambda_j} = c_1 + 1$ 和 $b_{\lambda_j} = \frac{\eta_j^2}{2} + d_1$。

5. σ^2 的条件分布:

$$p(\sigma^2 \mid Y,Z,X,\theta,\gamma,\rho) \propto (\sigma^2)^{-a_{\sigma^2}-1} \exp\{-b_{\sigma^2}/\sigma^2\}, \qquad (20)$$

其中,$a_{\sigma^2} = \dfrac{n}{2} + c_0$ 和 $b_{\sigma^2} = \dfrac{(AY - Z\theta - U\gamma)^t(AY - Z\theta - U\gamma)}{2} + d_0$。

6. ρ 的条件分布:

$$p(\rho \mid Y,Z,X,\theta,\gamma,\sigma^2) \propto \mid A \mid \exp\left\{-\frac{1}{2\sigma^2}(AY - Z\theta - U\gamma)^T(AY - Z\theta - U\gamma)\right\},$$

$$(21)$$

那么这样就可以通过表 7 中的具体 MCMC 算法产生后验样本 $(\theta^{(1)}, \gamma^{(1)}, \rho^{(1)}, \sigma^{2(1)})$,$l = 1,\cdots,J$。从(16)—(20)表达式中很容易发现,这些条件分布是熟悉的正态分布和逆 Gamma 分布等,那么从这些分布抽取随机数是比较容易的。但条件分布 $p(\rho \mid Y,Z,X,\theta,\gamma,\sigma^2)$ 是不熟悉且相当复杂的分布,从这个分布中抽取随机数比较困难。选择 Metropolis-Hastings 抽样算法来从这个分布中抽取随机数,并选择正态分布 $N(0,\sigma_\rho^2)$ 作为建议分布,通过选择 σ_ρ^2 使接受概率在 0.25 与 0.45 之间。算法具体应用如下:在 $(l+1)$ 次迭代时且目前值为 $\rho^{(l)}$,从建议分布 $N(\rho^{(l)},\sigma_\rho^2)$ 产生一个新的备选值 ρ^*,它被接受的概率为

$$\min\left\{1, \frac{p(\rho^* \mid Y,Z,X,\theta,\gamma,\sigma^2)}{p(\rho^{(l)} \mid Y,Z,X,\theta,\gamma,\sigma^2)}\right\}$$

基于以上 MCMC 算法就可以收集到收敛的后验样本并记收集到的 MCMC 样本为 $\Psi^{(k)} = (\theta^{(k)},\gamma^{(k)},\rho^{(k)},\sigma^{2(k)})$,$k = 1,\cdots,M,M < j$。参数的后验均值估计 $(\hat{\theta},\hat{\gamma},\hat{\rho},\hat{\sigma}^2)$ 分别可以估计为

$$\hat{\theta} = \frac{1}{M}\sum_{k=1}^{M}\theta^{(k)}, \hat{\gamma} = \frac{1}{M}\sum_{k=1}^{M}\gamma^{(k)}$$

$$\hat{\rho} = \frac{1}{M}\sum_{k=1}^{M}\rho^{(k)}, \hat{\sigma}^2 = \frac{1}{M}\sum_{k=1}^{M}\sigma^{2(k)}$$

表 7　未知参数 $\Psi = (\theta, \gamma, \rho, \sigma^2)$ 的后验样本抽样算法

算法:针对未知参数 $\Psi = (\theta, \gamma, \rho, \sigma^2)$,基于 MCMC 技术的抽样算法。
输入:给定初始值 $\Psi^{(0)} = (\theta^{(0)}, \gamma^{(0)}, \rho^{(0)}, \sigma^{2(0)})$,且假设抽样法的迭代次数为 J。
输出:基于 MCMC 技术抽样获得后验样本序列 $(\Psi^{(1)}, \Psi^{(2)}, \cdots, \Psi^{(J)})$。
k 从 1 到 J 执行如下操作:
1.抽样 $\sigma^2 \mid Y, Z, \theta, \gamma, \rho \sim IG(a_{\sigma^2}, b_{\sigma^2})$;
2.抽样 $\theta \mid Y, Z, \gamma, \rho, \sigma^2 \sim N(\tilde{\mu}_\theta, \tilde{\sum}_\theta)$;
3.抽样 $\gamma \mid Y, Z, \theta, \rho, \sigma^2 \sim N(\tilde{\mu}_\gamma, \tilde{\sum}_\gamma)$;
4.抽样 $\lambda_j^2 \mid Y, Z, X, \theta, \gamma, \rho, \sigma^2 \sim \Gamma(a_{\lambda_j}, b_{\lambda_j})$
5.抽样 $\eta_j^2 \mid Y, Z, X, \theta, \gamma, \rho, \sigma^2 \sim inverse\text{-}Gaussian(\mu', \lambda')$;
6.基于 Metropolis-Hastings 算法从式子(21)抽样 $\rho \mid Y, Z, X, \theta, \gamma, \sigma^2$。
结束

七、模拟研究

在这部分通过数值模拟研究来说明前面提出的贝叶斯估计和变量选择方法的有效性。数据从模型(1)产生,其中 $\theta = (1, -1, 0, 0, 1, 0, 0, 0)$,$Z$ 产生于多元正态分布 $N(0, \sum_Z)$,$(\sum_Z)_{ij} = 0.5^{|i-j|}$,$i, j = 1, 2, \cdots, 8$。为了比较不同的信噪比影响,选取模型方差 $\sigma^2 = 0.25$ 和 1。另外令空间参数 $\rho = 0.5, 0, -0.5$ 表示不同程度与方向的空间依赖性。类似于 Lee(2004),设置权重函数 $W = I_R \otimes H_q$,$H_q = (1_q 1_q^t - I_q)/(q-1)$,其中 1_q 表示全是 1 的 q 维向量,"$\otimes$"表示 Kronecker 积,$n = R \times q$。针对函数型部分,类似于 Shin (2009),函数型系数 $\beta(t) = \sqrt{2}\sin(\pi t/2) + 3\sqrt{2}\sin(3\pi t/2)$ 和 $X(t) = \sum_{j=1}^{50} \xi_j \phi_j(t)$,其中 ξ_j 独立同分布于均值为 0,方差为 $\lambda_j = ((j-0.5)\pi)^{-2}$ 的正态分布,$\phi_j(t) = \sqrt{2}\sin((j-0.5)\pi t)$。在这个模拟中,考虑未知参数 θ, γ, ρ,

σ^2 的无信息先验：$\gamma_0 = 0_m, \beta_\gamma = I_m, c_0 = d_0 = 0.01, c_1 = 1, d_1 = 0.1$，其中 0_m 表示全是 0 的 m 维向量。进一步选择 $R = 50,100$ 和 $q = 3$，那么 $n = 150,300$。这里通过使用函数型主成分分析方法获得最优的截断参数 m，即

$$m = \min\{k: \sum_{i=1}^{k} \hat{\lambda}_i / \sum_{i=1}^{n} \hat{\lambda}_i \geqslant 90\%\}.$$

在上面的各种设置环境下，应用联合 Gibbs 抽样和 Metropolis-Hastings 算法的混合 MCMC 算法来计算未知参数的贝叶斯估计。对于每一种情形重复计算 100 次。对于每次重复产生的每一次数据集，MCMC 算法的收敛性可以通过 EPSR 值来检验，并且在每次运行中观测得到在 3000 次迭代以后再收集 $M = 2000$ 个样本来产生贝叶斯估计。所有的结果展示在表 8—表 10 中。另外，为了测量函数型系数估计的好坏，选择用如下定义的 RASE 来衡量精确度

$$\text{RASE} = \left\{ \frac{1}{N} \sum_{s=1}^{N} \left[\hat{\beta}(t_s) - \beta(t_s)^2 \right] \right\}^{1/2}$$

其中，$t_s, s = 1, \cdots, N$ 表示函数型系数 $\hat{\beta}(t)$ 计算的格子点，$N = 200$。模拟结果展示在表 11 中。

在表 8—表 10 中，"Bias"表示基于 100 次重复计算未知参数的贝叶斯估计和真值之间的偏差，"SD"表示未知参数贝叶斯估计的标准差，"PP"表示基于 100 次重复计算能识别出零的比例，其中只要 95% 贝叶斯置信区间包含 0 就认为参数为零。从表 8—表 11 中可以得到以下结论：(1)在估计的偏差 Bias 和 SD 值方面，不管何种情形下贝叶斯估计都相当精确。并且随着样本量的增大，模型中参数部分和函数型系数部分的贝叶斯估计结果变得越来越好。(2)基于不同的空间参数，贝叶斯估计结果都是一样好。(3)当模型方差逐渐变小时，贝叶斯估计效果也变得越来越好。(4)和预期的一样，提出的贝叶斯变量选择方法能识别正确的模型，因为重要解释变量对应的 PP 值为零，不重要的解释变量对应的 PP 值都大于 90%。(5)随着样本量增大，RASE 值的平均值和标准差都变得越来越小，这也表明函数型系数估计得越来越好。总之，从以上所有结果中可以看出应用提出的贝叶斯估计方法能很好地恢复函数型空间自回归模型中的真实信息。

表 8 当 $\rho=0.5$ 时不同情况下未知参数的贝叶斯估计结果

σ^2	(R,q)	Para	θ_1	θ_2	θ_3	θ_4	θ_5	θ_s	θ_γ	θ_g	ρ	σ^2
1	(50,3)	Bias	−0.025	0.032	−0.005	0.012	−0.023	0.014	−0.008	0.003	0.000	0.016
		SD	0.097	0.103	0.090	0.077	0.110	0.088	0.085	0.075	0.034	0.140
		PP	0.00	0.00	0.98	0.98	0.00	0.98	0.99	0.96	0.00	0.00
	(100,3)	Bias	−0.022	0.022	−0.016	0.001	−0.022	0.016	0.001	−0.009	−0.003	0.010
		SD	0.075	0.078	0.067	0.069	0.066	0.061	0.059	0.057	0.026	0.093
		PP	0.00	0.00	0.97	0.95	0.00	0.99	1.00	0.94	0.00	0.00
0.25	(50,3)	Bias	−0.006	0.009	−0.001	0.005	−0.007	0.006	−0.006	0.002	−0.001	0.004
		SD	0.046	0.049	0.051	0.044	0.055	0.050	0.050	0.043	0.020	0.034
		PP	0.00	0.00	0.96	0.98	0.00	0.98	0.96	0.95	0.00	0.00
	(100,3)	Bias	−0.009	0.008	−0.008	0.000	−0.009	0.008	0.001	−0.005	−0.001	0.003
		SD	0.036	0.039	0.037	0.038	0.033	0.033	0.033	0.031	0.016	0.023
		PP	0.00	0.00	0.96	0.95	0.00	0.99	0.97	0.94	0.00	0.00

表 9　当 $\rho=0$ 时不同情况下未知参数的贝叶斯估计结果

σ^2	(R,q)	Para	θ_1	θ_2	θ_3	θ_4	θ_5	θ_6	θ_7	θ_8	ρ	σ^2
1	(50,3)	Bias	−0.025	0.032	−0.005	0.012	−0.023	0.014	−0.008	0.003	0.000	0.016
		SD	0.096	0.102	0.090	0.077	0.108	0.088	0.085	0.075	0.053	0.136
		PP	0.00	0.00	0.98	0.98	0.00	0.98	0.98	0.97	0.95	0.00
	(100,3)	Bias	−0.024	0.023	−0.016	0.001	−0.023	0.016	0.001	−0.009	−0.005	0.007
		SD	0.075	0.077	0.068	0.069	0.066	0.060	0.059	0.057	0.042	0.090
		PP	0.00	0.00	0.98	0.96	0.00	0.99	1.00	0.94	0.92	0.00
0.25	(50,3)	Bias	−0.006	0.009	−0.001	0.005	−0.007	0.007	−0.006	0.002	−0.001	0.004
		SD	0.045	0.049	0.051	0.044	0.054	0.050	0.050	0.043	0.031	0.034
		PP	0.00	0.00	0.96	0.98	0.00	0.98	0.97	0.96	0.98	0.00
	(100,3)	Bias	−0.009	0.009	−0.008	0.000	−0.009	0.008	0.001	−0.005	−0.002	0.002
		SD	0.036	0.038	0.037	0.038	0.033	0.033	0.033	0.031	0.025	0.022
		PP	0.00	0.00	0.96	0.95	0.00	0.99	0.99	0.94	0.92	0.00

表 10 当 $\rho=-0.5$ 时不同情况下未知参数的贝叶斯估计结果

σ^2	(R,q)	Para	θ_1	θ_2	θ_3	θ_4	θ_5	θ_6	θ_7	θ_8	ρ	σ^2
1	(50,3)	Bias	-0.025	0.031	-0.005	0.012	-0.023	0.015	-0.009	0.003	0.000	0.017
		SD	0.097	0.103	0.090	0.077	0.109	0.089	0.086	0.076	0.059	0.138
		PP	0.00	0.00	0.97	0.98	0.00	0.98	0.98	0.97	0.00	0.00
	(100,3)	Bias	-0.025	0.025	-0.016	0.001	-0.024	0.016	0.002	-0.010	-0.007	0.004
		SD	0.077	0.078	0.067	0.069	0.067	0.060	0.059	0.057	0.047	0.092
		PP	0.00	0.00	0.97	0.95	0.00	0.98	1.00	0.94	0.00	0.00
0.25	(50,3)	Bias	-0.007	0.009	-0.001	0.005	-0.007	0.007	-0.006	0.002	-0.002	0.004
		SD	0.046	0.050	0.051	0.044	0.055	0.050	0.050	0.043	0.035	0.033
		pp	0.00	0.00	0.95	0.98	0.00	0.98	0.96	0.95	0.00	0.00
	(100,3)	Bias	-0.010	0.009	-0.008	0.000	-0.010	0.008	0.001	-0.005	-0.002	0.002
		SD	0.038	0.038	0.037	0.038	0.034	0.033	0.033	0.031	0.028	0.022
		pp	0.00	0.00	0.96	0.95	0.00	0.98	0.98	0.94	0.00	0.00

表 11　在不同情况下函数型系数的 RASE 的平均值(mean)和标准差(SE)

ρ	σ^2	(R,q)	mean	SE
0.5	1	(50,3)	0.642	0.314
		(100,3)	0.394	0.173
	0.25	(50,3)	0.390	0.170
		(100,3)	0.261	0.091
0	1	(50,3)	0.642	0.313
		(100,3)	0.394	0.172
	0.25	(50,3)	0.391	0.170
		(100,3)	0.262	0.089
-0.5	1	(50,3)	0.643	0.312
		(100,3)	0.396	0.173
	0.25	(50,3)	0.392	0.170
		(100,3)	0.264	0.088

项目负责人:徐登可

项目组成员:赵月旭　董　君　刘史诗

[参考文献]

[1] HALL P,HOROWITZ J L. Methodology and convergence rates for functional linear regression[J]. The annals of statistics,2007,35(1): 70-91.

[2] SHIN H. Partial functional linear regression[J]. Journal of statistical planning and inference,2009,139: 3405-3418.

[3] FENG S Y,TIAN P,HU Y P,et al. Estimation in functional single-index varying coefficient model[J]. Journal of statistical planning and inference,2021,214: 62-75.

[4] ZHOU J J,PENG Q Y. Estimation for functional partial linear models with missingresponses [J]. Statistics & probability letters, 2020,

156：108598.

[5] HU Y P,XUE L G,ZHAO J,et al. Skew-normal partial functional linear model and homogeneity test[J]. Journal of statistical planning and inference,2020,204：116-127.

[6] SHI G M DU J,SUN Z H,et al. Checking the adequacy of functional linear quantile regression model [J]. Journal of statistical planning and inference,2021,210：64-75.

[7] CAO R Y, DU J, ZHOU J J, et al. FPCA-based estimation for generalized functional partially linear models[J]. Statistical papers, 2020,61：2715-2735.

[8] 王亚飞,杜江,张忠占.相依误差下部分函数型线性模型的估计[J].应用数学学报,2017,40(1):49-65.

[9] LIU X, CHEN J B, CHENG S L. A penalized quasi-maximum likelihood method for variable selection in the spatial autoregressive model[J]. Spatial statistics,2018,25：86-104.

[10] JIN F,LEE L F. GEL estimation and tests of spatial autoregressive models[J]. Journal of econometrics,2019,208：585-612.

[11] 王周伟,陶志鹏,张元庆.基于 Spatial AIC 准则的空间自回归模型变量选择研究[J].数理统计与管理,2019,38:69-80.

[12] XIE T F, CAO R Y, DU J. Variable selection for spatial autoregressive models with a diverging number of parameters[J]. Statistical papers,2020,61:1125-1145.

[13] CHENG S L,CHEN J B. Estimation of partially linear single-index spatial autoregressive model[J]. Statistical papers,2021,62:495-531.

[14] HU Y P,WU S Y,FENG S Y,et al. Estimation in partial functional linear spatial autoregressive model[J]. Mathematics,2020,8：1-12.

[15] LI Y,ZENG T,YU J. A new approach to Bayesian hypothesis testing [J]. Journal of econometrics,2014,178(3)：602-612.

[16] TANG N S,WU Y,CHEN D. Semiparametric Bayesian analysis of

transformation linear mixed models [J]. Journal of multivariate analysis,2018,166: 225 -240.

[17] TIAN Y Z,SONG X Y. Bayesian bridge-randomized penalized quantile regression [J]. Computational statistics and data analysis, 2020, 144: 106876.

[18] JU Y Y, TANG N S, LI X X. Bayesian local influence analysis of skew-normal spatial dynamic panel data models [J]. Journal of statistical computation and simulation,2018,88: 2342-2364.

[19] LEE L F. Asymptotic distributions of quasi-maximum likelihood estimators for spatial econometric models[J]. Econometrica,2004, 72: 1899-1926.

[20] GELMAN A. Inference and monitoring convergence in Markov chain monte carlo in practice[M]. London: Chapman and Hall,1996.

长三角生态绿色一体化高质量发展的统计监测与评价

一、引言

推动长江三角洲区域一体化发展,是习近平总书记亲自谋划、亲自部署、亲自推动的重大国家战略,是新时代引领全国高质量发展、完善改革开放空间布局、打造发展强劲活跃增长极的重大举措。2019 年 7 月,中共中央政治局审议印发的《长江三角洲区域一体化发展规划纲要》明确提出建设长三角生态绿色一体化发展示范区。推进示范区建设是实施长三角一体化发展国家战略的先手棋和突破口,旨在探索在不打破行政区划的基础上实现区域协调融合一体化发展路径,要求着力破解生态发展矛盾,在高标准生态基础上推进高质量发展,打造生态友好一体化发展样板。2019 年 10 月 25 日,国务院批复了《长三角生态绿色一体化发展示范区总体方案》,方案从项目建设、制度创新、体制机制等对示范区建设进行高起点规划,并将"率先构建跨行政区域的一体化高质量发展的指标体系"作为制度创新的核心内容之一。

就其意义而言,首先,示范区监测体系构建可为跨区域一体化高质量发展统计评价制度与方法提供理论探索。长三角生态绿色一体化发展示范区由上海市青浦区、江苏省苏州市吴江区和浙江省嘉兴市嘉善县组成,总规划行政辖区约 2413 平方千米,占长三角主要城市行政区域的 1.08％。两区一县地理相近、文化同源、人文相亲,生态环境和历史文化资源优势明显,历史上同属于"吴根越角",有浓厚的江南文化特色,生态基础及区位优势较好,但"两区一县"分属苏浙沪三省市,发展基础存在显著差异,2021年吴江区经济总量最大,GDP占示范区的51.36%,青浦区第三产业占比最高,2021年占比64.79%,嘉善县发展速度最快,2021年GDP增速达到10.3%,此外两省一市的统计制度和体系存在一定差异,率先构建体现新发展理念落地的绩效评价体系和率先实施以高质量发展为主要导向的政绩考核制度,对区域联动尤其是在不打破行政藩篱,推进政策机制创新集成方面具有重要的实践价值。

其次,开展过程性评价是彰显示范区一体化发展成效的重要举措。长三角生态绿色一体化发展示范区是我国第一次跨省建立的以经济社会的全面高质量发展为目标的一体化发展示范区。示范区建设的关键是实现区域一体化发展,但一体化只是手段,高质量发展才是最终目标。全面监测示范区的发展动态和趋势,并对示范区的各项工作成果作出客观、公正、科学的评价,能助力管理层把握示范区发展脉络,更有效地发挥其统筹规划的作用。

最后,为合理确定示范区及"两区一县"发展目标、补齐发展短板、提供量化依据。当前示范区还存在主要河道水质尚不稳定、湖荡富营养化问题尚未解决、系统性生态廊道和功能性生态斑块尚未建立等问题。加快提升示范区生态资源价值和生态服务水平应是近期示范区建设的重点。"两区一县"现有的社会发展特征、资源分配诉求、环境管理体系、环境治理水平甚至生态资源禀赋都存在一定差异,如何协调和平衡各级行政机构,以及各地区在污染治理责任和资源开发权益之间的关系,是跨区域制度创新和政策集成的难点。面对新的历史机遇,如何发挥示范区政治优势和区位优势,对标高质量发展要求,全面贯彻落实长三角一体化发展国家战略,推动三地更高质量优势互补、创新协同、融合发展,具有深远意义。

毫无疑问,示范区高质量发展必须坚持以生态绿色为底色,锚固生态基地、厚植生态优势、发展生态经济,凸显江南水乡的自然生态之美;必须以高质量发展为前提,顺应新时代发展潮流,全面贯彻新发展理念,在发展中实现生态、创新、开放的有机融合,实现更有活力、更可持续的高质量发展;必须坚持以提升跨行政区域一体化发展水平为目标,聚焦全面深化改革和制度创新,在跨省级行政区、没有行政隶属关系、涉及多个平行行政主体的框架下,以制度创新探索一体化的行为准则和优质资源共享。2020年嘉兴市统计局同"两区一县"统计部门联合对长三角生态绿色一体化示范区高质量发展进行了初步评价,本文在前期基础上,旨在对评价体系进行进一步丰富和完善。

二、文献综述

国内外学者对区域生态绿色发展的研究主要从评价体系和全要素生产率测算两条路径展开。OECD(2009)构建了基于环境、资源、政策、生活四大方面的绿色增长体系框架。UNEP(2012)构建了包括环境、政策、幸福公平三大方面的绿色经济测度指标体系。国内学者胡鞍钢最早开展绿色发展评价研究。近年来,郭芸、范柏乃等(2020)从发展动力、发展结构、发展方式、发展成果等维度,构建了包括28个指标在内的ESMA高质量发展指数;李志清等(2021)从经济发展、自然环境和环境问题治理三个维度,构建了示范区绿色发展指标体系;孙浩(2021)从生态优化能力、绿色发展能力、制度创新能力、科技创新能力以及生活宜居水平5个维度构建了评价指标体系。2021年3月浙江省人民政府在《关于促进和保障长三角生态绿色一体化发展示范区建设若干问题的决定》实施情况的报告中从跨省协同、联动机制、规划体系、改革集成、资源要素、重大项目6个方面就嘉善的实施情况进行了总结。

Reilly(2012)、Wawan(2015)等学者通过测算绿色全要素生产率,衡量在环境、能源和生态约束下的区域绿色发展效率。余泳泽等(2019)以绿色TFP作为经济高质量发展的代理指标,用绿色TFP和GDP增速构建了二维矩阵分析框架,分析高质量发展的区域差异。汪侠(2020)采用M-L指数和Dagum基尼系数法测算长江经济带高质量发展的时空演变与区域差距。陈芳等(2021)利用熵值法和复合系统协同度模型对长三角生态绿色发展的有序度和协同度进行了测定。

三、示范区高质量发展统计监测体系构建的依据

党的十八大以来,我国政府、机构、学者围绕长三角一体化、高质量发展、绿色发展构建了相应的评价体系。示范区生态绿色一体化高质量发展作为长三角一体化发展战略的先手棋和突破口,其评级指标体系的构建既具有时代性和区域性,同时具有延续性和传承性,因此,梳理并将高质量、一体化、绿色发展的评价指标作为示范区生态绿色一体化高质量发展评价体系构建的依据是十分必要的。

(一)长三角一体化发展统计监测体系

为深入贯彻党的十九大关于建立更加有效的区域协调发展新机制的精神,实施长三角一体化发展国家战略,落实《长江三角洲区域一体化发展规划纲要》,长三角一体化发展统计监测协调领导小组在科学把握长三角一体化发展的本质、内涵和要求的基础上,根据长三角一体化发展规划纲要,构建了一套既能反映三省一市基本情况,又能反映长三角一体化发展的监测指标体系。该指标体系由 9 个一级指标,26 个二级指标,48 个三级指标构成。其中,区域整体综合实力,包括发展水平、质量效率、辐射带动、全球资源配置等 4 个二级指标 8 个三级指标;城乡区域协调发展包括区域联动、分工合作、城乡融合发展等 3 个二级指标 6 个三级指标;科创产业融合发展包括创新驱动、产业升级、创新成果合作交流、产学研协同发展等 4 个二级指标 7 个三级指标;基础设施互联互通包括交通基础设施连通、信息基础设施联通等 2 个二级指标 5 个三级指标;生态环境共保联治包括环境质量和节能减排 2 个二级指标 5 个三级指标;公共服务便利共享包括政务服务、教育文化、医疗健康、就业社保等 4 个二级指标 7 个三级指标;开放合作协同推进包括对外开放水平、走出去、引进来等 3 个二级指标 4 个三级指标;区内市场统一开放包括产品市场一体化、要素市场一体化等 2 个二级指标 4 个

三级指标;体制机制一体化包括规则统一的制度体系、重点领域的合作机制等 2 个二级指标 3 个三级指标。

该指标体系在指标的选取上,包括全域指标、城市协调系数、地区协调系数和主观指标。其中:全域指标指以整个长三角地区(沪、苏、浙、皖四地)为统计范围的指标;城市协调系数指长三角中心区 27 个城市之间的离散系数;地区协调系数指长三角沪、苏、浙、皖四省市之间的离散系数;主观指标指通过专家主观评价给出数值的指标。

(二)长三角一体化发展规划"十四五"实施方案

长三角一体化发展规划"十四五"实施方案立足新发展阶段,贯彻新发展理念,构建新发展格局,紧扣"一体化"和"高质量"两个关键,围绕打造国内大循环的中心节点,推进重点区域联动发展,构建协调创新产业体系,推进更高水平协调开放,加强基础设施互联互通,共建绿色美丽长三角,共享高品质公共服务,创新一体化发展体制机制,高水平建设安全长三角,为全国高质量发展发挥重要支撑和引领示范,提出到 2025 年中心区人均 GDP 与全域人均 GDP 差距缩小到 1.2∶1,常住人口城镇化率达到 70%,研发投入强度达到 3%以上;铁路网密度达到 507 千米/万平方千米;城市空气质量优良天数比率达到 80%以上,跨界河流断面水质达标率达到 80%,能源利用效率大幅提升,完成国家下达的"十四五"能耗双控目标;人均公共财政支出达到 2.1 万元,劳动年龄人口平均受教育年限达到 11.5 年,人均预期寿命 79 岁等目标。

(三)高质量发展统计监测体系

为贯彻落实中央关于推动高质量发展的决策部署,科学衡量和客观反映全省高质量发展水平和进程,国家统计局制定了高质量发展统计评价指标体系。该指标体系包括综合质效 10 项指标、创新发展 6 项指标、协调发展 5 项指标、绿色发展 5 项指标、开放发展 4 项指标、共享发展 8 项指标、主观感受 2 项指标。

2019 年浙江省政府围绕高质量发展的基本内涵和新发展理念要求,紧

扣"两个高水平""四个强省""六个浙江"建设奋斗目标,把高质量发展任务
具体化、指标化,构建了浙江省高质量发展统计指标体系,该指标体系由质
效提升 10 项指标、结构优化 12 项指标、动能转化 18 项指标、绿色发展 9 项
指标、协调共享 10 项指标、风险防范 7 项指标,共 66 个指标构成。

(四)绿色发展统计评价体系

为贯彻绿色发展理念,推进生态文明建设,2016 年 12 月,国家发展改
革委、国家统计局、环境保护部、中央组织部等部门制定印发《绿色发展指标
体系》和《生态文明建设考核目标体系》。绿色发展指标体系采用综合指数
法进行测算,包括资源利用 14 个指标、环境治理 8 个指标、环境质量 10 个
指标、生态保护 10 个指标、增长质量 5 个指标、绿色生活 8 个指标和 1 个公
众满意度指标,共 56 个指标。绿色发展评价以 2015 年为基本期,测算全国
及分地区绿色发展指数和资源利用指数、环境治理指数、环境质量指数、生
态保护指数、增长质量指数、绿色生活指数 6 个分类指数,该绿色发展指标
体系并非"一刀切",一些地区没有的地域性指标,相关指标不参与总指数计
算,其权数平均分摊至其他指标,体现差异化。

(五)长三角生态绿色一体化发展示范区总体方案

2019 年 11 月国家发展改革委发布的《长三角生态绿色一体化发展示
范区总体方案》提及,一体化示范区的发展目标是,到 2025 年,一批生态环
保、基础设施、科技创新、公共服务等重大项目建成运行,先行启动区在生态
环境保护和建设、生态友好型产业创新发展、人与自然和谐宜居等方面有明
显提升,一体化示范区主要功能框架基本形成,生态质量明显提升,一体化
制度创新形成了一批可复制、可推广的经验,重大改革系统集成释放红利,
示范引领长三角更高质量一体化发展的作用初步发挥。到 2035 年,形成更
加成熟、更加有效的绿色一体化发展制度体系,全面建设成为示范引领长三
角更高质量一体化发展的标杆。

四、示范区生态绿色一体化高质量发展评价体系构建

(一)评价体系的构建原则

构建示范区生态绿色一体化高质量发展评价体系,除了需要准确把握示范区生态绿色、一体化、高质量发展的内涵外,还需要从统计测度和评价的角度理解统计评价体系。首先,示范区高质量发展要秉持新发展理念,实现绿色经济、高品质生活、可持续发展有机统一,走出一条跨行政区域共建共享、生态文明与经济社会发展相得益彰的新路径;其次,围绕一体化示范区发展的基本内涵,紧扣"生态绿色""一体化""高质量"三个关键,突出"生态＋绿色＋创新"战略定位;最后,构建生态绿色一体化示范区高质量发展评价体系,要优化权重设置,把一体化发展任务具体化、指标化,科学衡量两区一县一体化高质量发展水平和进程,动态反映一体化示范区启动以来的建设成果,树立标杆、真抓实干,推进一体化示范区发展步伐,精准反映其对长三角一体化发展的推动作用。

从评价对象的视角,评价指标体系的构建要以示范区整体为对象,指标的选取包括示范区整体全域性指标、两区一县的均衡性指标、反映示范区一体化的指标。

构建客观反映示范区生态绿色一体化高质量发展评价指标体系,还要遵循以下主要原则:

(1)紧扣"探索新发展理念集中落实、一体化制度率先突破、深化改革措施系统集成"的总体要求。

(2)围绕《总体方案》中"生态优势转化新标杆、绿色创新发展新高地、人与自然和谐宜居新典范"的目标要求。

(3)体现《长三角一体化发展规划"十四五"实施方案》中的量化要求,涵盖了方案中明确要求的人均 GDP、常住人口城镇化率、研发强度、空气质量优良天数、水质达标率、能源利用效率、平均受教育年限、预期寿命等指标。

(4)加强了前瞻性思考、全局性谋划，按照"立足长三角，对比粤港澳、京津冀，对标国际都市圈"的构建标准，指标选择和内涵力求与《国家高质量发展指标体系》相衔接，又体现示范区特色。

(二)统计监测指标体系的构建

示范区高质量发展指标选取遵循系统性、有效性、可比性、可操作性和可获得性等原则，力求数量指标与质量指标相结合，正向指标与负向指标相结合。按照绩效评估理论和方法，采取定性研究与定量研究相结合的方法，以增强指标的科学性和客观性。

第一步，在文献调研的基础上，结合示范区建设总体方案、国家和地区高质量发展评价指标、国家绿色发展评价体系等构建示范区高质量发展的第一轮评价指标体系。

第二步，采用层次分析法，通过专家赋权的方式，对指标进行了筛选。

第三步，经过信度和效度检验，最终确定示范区高质量发展确定评价指标(由于篇幅有限，指标遴选过程省略)。示范区高质量发展评价指标体系由生态绿色、高质量发展、一体化发展三大维度，共51项具体指标组成。

1.在生态绿色维度，我们设置蓝绿空间共建和节能减排互促两个一级指标

蓝绿空间共建由反映生态底色的森林覆盖率、绿化覆盖率，以及当前人民群众关注度较高的PM$_{2.5}$浓度、空气质量表现、地表水质状况等5个指标构成。

表1　全球土壤无机碳库比较

一级指标	序号	二级指标	计量单位	正反向
蓝绿空间共建	1	森林覆盖率	％	＋
	2	绿化覆盖率	％	＋
	3	PM$_{2.5}$年平均浓度	微克/立方米	－
	4	空气质量优良天数比率	％	＋
	5	地表水达到或好于Ⅲ类水体比例	％	＋

节能减排互促由 7 个指标构成。单位 GDP 二氧化碳排放、单位 GDP 能耗分别对应新时代碳中和、碳达峰的新要求，单位 GDP 用水量、单位工业增加值化学需氧量排放量分别反映了节水和减污的要求，污水处理厂集中处理率、工业固体废物弃综合利用率、生活垃圾无害化处理率反映了废弃物循环治理的状况。

表 2　节能减排互促指标

一级指标	序号	二级指标	计量单位	正反向
节能减排互促	6	单位 GDP 二氧化碳排放量	吨/万元	—
	7	单位 GDP 能耗	吨标煤/万元	—
	8	单位 GDP 用水量	立方米/万元	—
	9	单位工业增加值化学需氧量排放量	吨/亿元	—
	10	污水处理厂集中处理率	%	+
	11	工业固体废弃物综合利用率	%	+
	12	生活垃圾无害化处理率	%	+

2.在高质量维度我们设置了发展质效并增和创新开放共赢两个一级指标

在发展质效并增包含 9 个指标，其中示范区地区生产总值占两省一市比重反映了示范区发展的引领作用，人均地区生产总值和人均可支配收入是评判一国人民生活水平的重要参考指标；全员劳动生产率、亩均增加值比单纯地区生产总值增速更能体现社会生产进步情况，战略性新兴产业总产值占工业总产值比重、现代服务业占地区生产总值比重反映了结构优化情况；民间投资占固定资产投资比重、投资效果系数反映区域投资结构和效率情况。

表 3　发展质效并增指标

一级指标	序号	二级指标	计量单位	正反向
发展质效并增	13	示范区生产总值占两省一市比重	%	+
	14	人均地区生产总值	万元/人	+
	15	人均可支配收入	元/人	+

续　表

一级指标	序号	二级指标	计量单位	正反向
发展 质效 并增	16	全员劳动生产率	元/人	＋
	17	亩均增加值	万元/亩	＋
	18	战略性新兴产业总产值占工业总产值比重	％	＋
	19	现代服务业占地区生产总值比重	％	＋
	20	民间投资占固定资产投资比重	％	＋
	21	投资效果系数	％	＋

创新开放共赢由创新驱动和对外开放两个方面10个指标构成。其中创新驱动瞄准科技强国和数字中国战略,主要考察研发经费投入情况、每万家企业法人专精特新企业数、每万人中人才数量、发明专利拥有量、技术合同成交额与地区生产总值之比以及高新技术企业产业产值占规上工业总产值比重。对外开放方面,出口总额占区域比重、人均实际使用外资额、FDI占区域比重反映了外贸依存度及改革开放高地的情况。

表4　创新开放共赢指标

一级指标	序号	二级指标	计量单位	正反向
创新 开放 共赢	22	研发支出与地区生产总值之比	％	＋
	23	科学技术支出占一般公共预算支出比重	％	＋
	24	每万家企业法人中专精特新企业数	个	＋
	25	每万人中人才数	人	＋
	26	每万人发明专利拥有量	件	＋
	27	技术合同成交额与地区生产总值之比	％	＋
	28	高新技术企业产业产值占规上工业总产值比重	％	＋
	29	出口总额占两省一市的比重	％	＋
	30	人均实际使用外资额	美元/人	＋
	31	FDI占两省一市的比重	％	＋

3.在一体化维度我们设置了协调均衡共进和公共服务优享两个一
级指标

协调均衡共进主要考察城乡协调、产业协同的成果,同时从收入、消费、
住房和就业等方面的差异系数反映了一体化程度。

表5 协调均衡共进指标

一级指标	序号	二级指标	计量单位	正反向
协调均衡共进	32	城镇化水平	%	+
	33	产业协同度	/	+
	34	就业人员平均工资协同度	/	+
	35	居民可支配收入协同度	/	+
	36	消费价格协同度	/	+
	37	平均受教育年限差异系数	/	—
	38	城镇人均住房建筑面积差异系数	/	—
	39	城镇失业率地区差异系数	/	—

在公共服务优享指标方面,设置了包括公共基础设施、交通互联互通、
医疗资源共享及制度创新4个方面12个指标。5G基站、公路密度、人均快
递反映公共信息交通物流建设情况,示范区跨区域公交情况反映了互联互
通水平,医疗资源共享反映了优质资源共享情况,制度创新和重点项目反映
了一体化成效。这些指标紧扣居民对美好生活的向往,具有前瞻性和针
对性。

表6 公共服务优享指标

一级指标	序号	二级指标	计量单位	正反向
公共服务优享	40	5G基站室外覆盖密度	个/平方千米	+
	41	公路密度	千米/百平方千米	+
	42	人均邮政收入	万元/人	+
	43	示范区跨省公交线路	条	+
	44	示范区跨省公交发车班次	万次	+

一级指标	序号	二级指标	计量单位	正反向
	45	示范区跨省公交运营线路乘客人次	人	+
	46	每千人执业(助理)医师数	人	+
	47	异地就医免备案覆盖人数	万人	+
	48	异地就医结算人次	万人次	+
	49	跨区域"一网通办"事项数	项	+
	50	制度创新成果	项	+
	51	重点项目	项	+

(三)示范区高质量发展的统计测度与评价

1.单指标的测度与合成

示范区生态绿色一体化高质量发展指数的测算界定各项指标的测度方法,本研究中指标分全域性指标、协同性指标和均衡性指标三类。

对于示范区全域发展性指标,以示范区三地的 GDP、常住人口数、建成区面积、行政区域面积、规上工业产值等占比为权重将三级指标进行加权,计算得到示范区各项指标单指标数值。

对于区域均衡性指标,示范区均衡发展指数是对"两区一县"的高质量发展不均衡的调整,是对"两区一县"在生态价值、创新发展和绿色宜居三个领域平衡发展水平的概括性度量。测度示范区均衡发展指数主要包括:单指标不均衡系数的测算、均衡系数的调整和均衡指数汇总。

单指标不均衡系数的测算。区域单指标不平衡的测度方法可采用基尼系数法、泰尔指数法和相对平均偏差法等。由于本研究对象仅包含 3 个地区,为便于理解,本文选用泰尔指数法进行测算。

泰尔指数计算公式为:

$$T = \sum_{i=1}^{3} \left(\frac{1}{3} \left(\frac{x_i}{u_x} \right) \ln \left(\frac{x_i}{u_x} \right) \right)$$

两种指数均用于度量区域不平衡的指标,取值在 0—1 之间,本文测度方法选取的原则:(1)易理解;(2)不均衡区分度适中。

$$单项指数均衡系数 = 1 - T 或 1 - G$$

对于区域协同性指标,计算两区一县的系统指标的协同度,计算公式如下:

$$C = \frac{(\prod X_i)^{1/3}}{(\sum X_i^2/3)^{1/2}}$$

其中,C 为协调度。C 的取值在 0—1 之间,其越小则越不协调,$C = 1$ 表示达到最佳协调状态,$C = 0$ 表示根本不协调。

2. 指标的归一化处理

基于示范区一体化高质量发展评价指标体系,以 2018 年为基期,首先计算各指标的发展变化指数,由于单个指标有正向指标、负向指标和适度指标之分,因此需要分三种情况分别测算各自的实现程度。

设 z_i 为 x_i 的评价值,x_i 为实际值,x_{i0} 为 2018 的基期值,

正向指标的测算公式为:$z_i = \frac{x_i}{x_{i0}} \times 100\%$。

逆向指标的测算公式为:$z_i = \frac{x_{i0}}{x_i} \times 100\%$。

3. 单个指标熵值权重确定

熵值确定权重法是依据熵的概念和性质,根据各指标所含信息有序度的差异性,以及各指标相对重要程度的不确定性来分析各指标的权重的,所以它是一种客观赋权的方法。

两区一县评价指标的初始数据矩阵,由于各指标的量纲、数量级及指标优劣的取向均有很大差异,故需采用归一化后指标计算。

(1)根据信息论中信息熵的定义,一组数据的信息熵如下:

$$h_j = -(\ln n)^{-1} \sum_{i=1}^{m} p_{ij} \ln p_{ij}, j = 1, 2, \cdots, n$$

其中,$p_{ij} = x_{ij} / \sum x_{ij}$

(2)计算各属性的变异程度系数。

$$c_j = 1 - h_j, j = 1, 2, \cdots, n$$

（3）计算各属性的加权系数 $w_j = \dfrac{c_j}{\sum\limits_{j=1}^{n} c_j}, j = 1, 2, \cdots, n$。

利用熵值法估算各指标的权重，其本质是利用该指标信息的价值系数来计算的，其价值系数越高，对评价的重要性就越大。

五、示范区生态绿色一体化高质量发展指数比较

（一）示范区发展指数测算

根据以上评价指标体系，通过熵权法确定了各指标的具体权重，一级指标权重如表 7 所示。

表 7　示范区生态绿色一体化高质量发展评价体系权重

一级指标	蓝绿空间共建	节能减排互促	发展质效并增	创新开放共赢	协调均衡共进	公共服务优享
权重	9.1	13.5	19.3	18.1	14.4	25.6

2018—2021 年示范区生态绿色一体化高质量发展指数的实际测算结果见表 8。

表 8　示范区生态绿色一体化高质量发展评价结果

维度	一级指标	2018 年	2019 年	2020 年	2021 年
示范区	综合发展指数	100.00	109.45	112.04	115.10
生态绿色	蓝绿空间共建	100.00	105.80	117.04	117.49
	节能减排互促	100.00	109.22	110.51	114.34
高质量	发展质效并增	100.00	102.56	103.53	110.71
	创新开放共赢	100.00	115.11	119.43	121.81

续　表

维度	一级指标	2018 年	2019 年	2020 年	2021 年
一体化	协调均衡共进	100.00	103.55	103.11	103.20
	公共服务优享	100.00	115.37	117.29	119.94

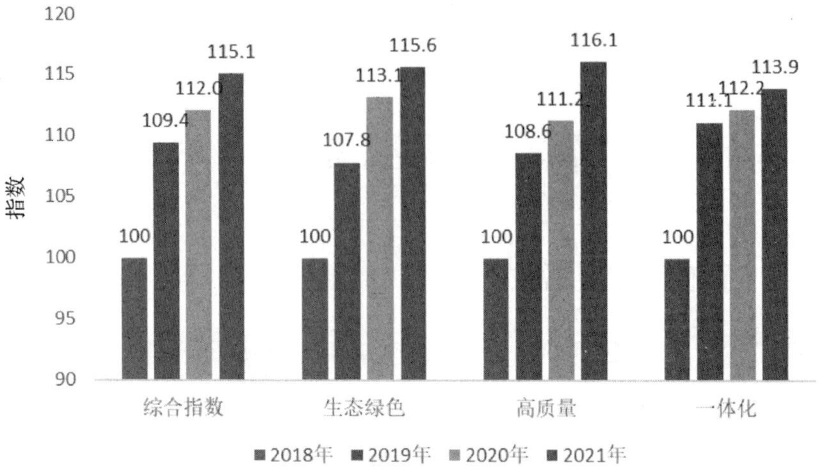

图 1　示范区发展指数

　　三年来,示范区紧扣"一体化"和"高质量"两个关键词,坚持制度创新和项目建设双轮驱动,共推出 112 项制度创新成果,38 项已面向全国复制推广;推进 108 个重点项目,总投资 5630 多亿元,引领带动长三角乃至全国区域一体化发展取得显著成效。2021 年示范区发展总指数为 115.10,蓝绿空间共建、节能减排互促、发展质效并增、创新开放共赢、协调均衡共进、公共服务优享六个一级指标的发展指数都高于 100,表明示范区在践行新发展理念、推动一体化高质量发展方面取得初步成效。

　　其中创新开放共赢发展指数最高,达到 121.81。三年来,示范区的 112 项制度成果,有 38 项向全国复制推广,108 个重点项目,为创新开放发展注入强劲动力,53 家高能级主体加入示范区开发者联盟,示范区发放长三角科技创新券 4580 万元,跨区域通用通兑,2021 年示范区专利授权量达 3.6 万件,比 2019 年翻了一番。

　　公共服务优享次之,为 119.94。三年来,示范区开通跨省公交线路 8

条,累计发送 13.62 万班次,乘客 202.1 万人次,异地就医免备案政策惠及 246 万参保人员,示范区居民可享受以医保卡为载体的"一卡通"服务。智慧办税服务厅已办理"全程网上办"业务 5.4 万笔,为 2 万多纳税人提供个性化服务,2021 年中高职一体化招生推出 22 个优势专业、291 个跨省学额。

蓝绿空间共建指数为 117.49,表明生态绿色底色得以加固,示范区空气质量指数优良率、地表水环境质量持续改善,"一河三湖"水环境质量提前达到 2025 年目标。节能减排降碳成效显著。协调均衡方面受示范区"两区一县"水平差异影响,发展指数相对较低。

(二)"两区一县"发展均衡性测度

为了客观反映示范区内部"两区一县"发展的均衡性,分别采用泰尔系数(T)和协同系数(C)对生态绿色和高质量发展两个维度四个一级指标中各单个指标的均衡性进行了测度,测算结果发现泰尔系数(T)过于集中,区分度不够,协同系数 C 的测度区间更为合理,据此根据各单指标的协调系数 C,可得到示范区生态绿色一体化高质量发展均衡性评价结果如表 9 所示。

表 9　示范区生态绿色一体化高质量发展均衡性评价结果

维度	一级指标	2018 年	2019 年	2020 年	2021 年
示范区	综合发展	90.76	90.96	91.56	91.56
生态绿色	蓝绿空间共建	95.89	95.89	95.78	96.02
	节能减排互促	84.67	87.56	88.79	87.87
高质量发展	发展质效并增	93.49	93.77	93.85	93.70
	创新开放共赢	89.80	88.01	89.07	89.79

示范区发展水平均衡性在稳步提高。2021 年均衡度为 91.56,高于 2018 年和 2019 年水平,与 2020 年持平。说明了作为实施长三角一体化发展国家战略的重要承载区,示范区在推进新发展理念集中落实方面初步取得成效。相比较而言,蓝绿空间共建均衡度相对较高,其次是发展质效并增,节能减排互促方面均衡度较低。

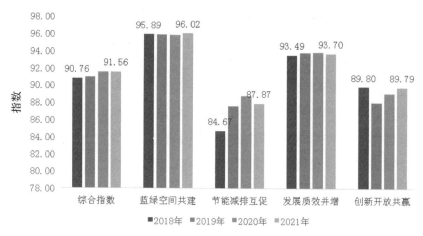

图 2　示范区发展均衡指数

(三)嘉善县发展指数与示范区比较

为客观反映嘉善县高质量发展示范县的发展成效,本文对嘉善县高质量发展成效进行测算,为便于与示范区比较,一体化指标数据与示范区采用同一口径数据,测算结果如表 10 所示。

表 10　嘉善县高质量发展评价结果

维度	一级指标	2019 年		2020 年		2021 年	
		嘉善	示范区	嘉善	示范区	嘉善	示范区
综合指数		109.57	109.45	113.00	112.04	116.53	115.10
生态绿色	蓝绿空间共建	106.97	105.80	115.93	117.04	117.28	117.49
	节能减排互促	107.86	109.22	113.83	110.51	119.27	114.34
高质量	发展质效并增	103.70	102.56	109.21	103.53	117.81	110.71
	创新开放共赢	115.00	115.11	116.78	119.43	118.53	121.81
一体化	协调均衡共进	103.55	103.55	103.11	103.11	103.20	103.20
	公共服务优享	115.37	115.37	117.29	117.29	119.94	119.94

从表 10 可见,2021 年嘉善县生态绿色一体化高质量发展指数比示范区整体高 1.43 个点,其中节能减排互促指数比示范区高 5 个点,发展质效并增指数比示范区高 7 个点。相比较而言,嘉善县在蓝绿空间共建方面与

示范区发展基本同步,但创新开放共赢指数率低于示范区整体发展水平。

在创新开放共赢的单个指标中,2021年嘉善县R&D占GDP比重指数比示范区低7个百分点,科学技术支出占一般公共预算支出比重指数比示范区低11个点,技术合同成交额与地区生产总值之比也低于示范区整体水平;受疫情影响,2018—2021年嘉善县人均实际使用外资波动较大,发展指数低于示范区整体水平。

六、对策建议

示范区肩负着"积极探索深入落实新发展理念、一体化制度率先突破、深化改革举措系统集成"的重任,三年来示范区建设尽管取得了显著成效,但结合示范区现有的问题和面临的挑战,提出以下相关工作建议:

(一)坚持系统思维,强化示范区一体化发展的顶层设计

示范区一体化高质量发展总指数为115.1,示范区的发展总体呈现出一体化趋势,但是节能减排互促、发展质效并促、协调均衡共享三个维度的发展指数都低于整体发展指数,还存在较大提升空间。在涉及多个平行行政主体的框架下探索形成一体化发展新机制是快速提升示范区一体化的重要保障。建议尽快确立示范区以"分工合作、条块结合、综合协调"为特色的组织管理机制。横向上,各行政管理部门需要主动跨前一步,打破行政边界束缚,加强与跨省毗邻地区相关部门的沟通协调,从区域层面更加系统、高效地推进生态绿色发展。纵向上,各行政管理部门需要加强上下层级之间的对接,特别是与生态绿色发展密切相关的规划与土地利用、能源、交通、水务、绿化、市容等相关管理部门,要建立完善推进示范区生态绿色一体化发展自上而下和自下而上有机结合的推进机制,对于一批跨区域、跨流域的重大项目,促使其纳入国家战略布局,帮助协调完善项目推进机制,推动解决瓶颈问题。

(二)坚持绿色发展理念,强化示范区生态绿色一体化发展

虽然示范区 2021 年蓝绿空间共建指数为 117.5,但是示范区在节能减排降碳方面指数低于平均水平,说明示范区生态治理的发展还存在很大的上升空间。示范区应坚持绿水青山就是金山银山理念,深入实施可持续发展战略,完善生态文明领域统筹协调机制,构建生态文明体系,促进经济社会发展全面绿色转型,建设人与自然和谐共生的现代化。要大力发展湖区经济,建立生态补偿机制,积极打造世界级湖区;进一步强化示范区区域内污染物协同控制和协同治理,加强细颗粒物协同控制,全面提升空气质量;协同推进示范区城镇污水管网改造升级,坚持推行垃圾分类和减量化、资源化,加快构建一套适合示范区的废旧物资循环利用体系。

(三)坚持制度创新,推动示范区协调共享进入快车道

三年来,示范区 112 项制度成果,有 38 项向全国复制推广,但是一体化发展指数为 113.9,在协调均衡共进方面,指数值为 103.20,在六个维度中位居末尾。示范区要立足资源环境承载能力,发挥各地比较优势,坚持实施区域协调发展战略,健全示范区协调发展体制机制,构建高质量发展的土地空间布局和支撑体系。示范区要按照市场决定资源配置,加强示范区内部基础设施互联互通、环境共治、产业互补、信息共享、教育医疗共建共享、文化旅游体育一卡通等。示范区要同步开展城乡人口、土地等资源和指标的流通与互转,进一步强化示范区经济的大规模性、高效连通性优势。

(四)坚持一体化发展,快速提升示范区发展水平

示范区内部的两区一县本身存在发展基础不均衡的情况,三年来,示范区在蓝绿空间共建方面成效显著,且地区差异较小,但是在节能减排降碳方面差距较大,均衡指数相对较低,在发展质效方面,差异较小,均衡指数达到 93.7,但是创新开放发展方面差异仍然较大。从整体发展水平比较,示范区目前与浙江和江苏持平,与上海还存在较大的差距。示范区应该进一步加大发展力度,同时保持在绿色宜居方面的发展态势,快速提升示范区的发展

水平。示范区要鼓励企业加大研发投入,支持创新型中小微企业成长,提高科技创新水平;要积极利用示范区一体化建设平台,推动产业链上中下游、大中小企业融通创新;要进一步健全基本公共服务体系和社会保障体系。

项目负责人:宁自军
项目组成员:沈周明　陈洪波　常生群
　　　　　　刘　利　范丽娟

[参考文献]

[1] 陈莹,杨凯,杨梦杰,等.长三角生态绿色一体化示范区优先污染物筛选及协同监测探讨[J].长江流域资源与环境,2022,31(2):358-365.

[2] 伽光,林文鹏,徐润浇,等.基于遥感的 SDG 15.1.2 生物多样性指标计算与分析:以长三角生态绿色一体化发展示范区为例[J].环境科学研究,2022,35(4):1025-1036.

[3] 李志青,胡时霖,刘瀚斌.长三角生态绿色一体化发展示范区绿色发展现状评估[J].科技导报,2021,39(24):30-35.

[4] 孙浩,高广阔.长三角生态绿色一体化示范区高质量发展评价指标体系构建[J].科学发展,2021(9):68-73.

[5] 刘垚燚,曾鹏,张然,等.基于 GEE 和 BRT 的 1984—2019 年长三角生态绿色一体化发展示范区植被覆盖度变化[J].应用生态学报,2021,32(3):1033-1044.

[6] 张璟垚.生态绿色目标下长三角一体化示范区资源环境承载力评价[J].低碳世界,2020,10(8):1-3.

[7] 李娜,张岩.长三角生态绿色一体化发展示范区建立财税分享机制的问题及对策建议[J].上海城市管理,2020,29(4):38-43.

[8] 顾骅珊.长三角生态绿色一体化发展需提高协同度[J].环境经济,2020(9):32-35.

[9] 余泳泽,杨晓章,张少辉.中国经济由高速增长向高质量发展的时空转换特征研究[J].数量经济技术经济研究,2019,36(6):3-21.